中元崇智著

明治期の立憲政治と政党

―自由党系の国家構想と党史編纂―

吉川弘文館

目次

凡例

引用史料の文章表記に関しては、以下のように対応した。

一、引用史料の句読点は著者が適宜これを付した。刊行史料の句読点についても原意を損なわない範囲で句読点を加除・変更した場合がある。

一、合字は原則的に平仮名に統一した。

一、明白な誤字などについては、（ママ）で右脇に示した。ただし、当時常用されていた表現については、あえて示さなかった場合がある。

一、史料中の著者注記は（　）内に記し、重要な部分は適宜傍線を付した。

一、本書での人名表記は原則として新字で行い、正字表記は行わなかった。

序章　課題と方法

一　本書の分析対象と問題関心

明治二三（一八九〇）年一一月、東洋最初の国会として第一回帝国議会が召集された。そして、第一議会後の明治二四年三月、自由党総理に復帰した板垣退助は衆議院議員でも貴族院議員でもない非議員として政党を指揮した最初の人物であり、立憲改進党の大隈重信とともに、その後の政党指導を考える上で重要な人物である。なぜならば、戦前における政党党首（総裁）・現職の衆議院議員として内閣を組織したのは原敬・浜口雄幸・犬養毅のわずか三名であり、政党党首の多くが貴族院議員（ないしは非議員）として政党を指導し、あるいは内閣を組織したことはよく知られているからである。

なぜ、板垣退助は非議員として帝国議会に臨むこととなったのか。そして、板垣は院外からどのような政党指導を行い、党内構造はどのように変容したのか。この点を明らかにすることが、著者の第一の問題関心である。

一方、衆議院を基盤とする、板垣率いる自由党と大隈率いる立憲改進党は藩閥政府と初期議会期を通じて対立を繰り返したが、日清戦後の明治二八年一一月、自由党は第二次伊藤博文内閣との「提携」を発表した。明治二九年四月、板垣は伊藤内閣の内務大臣として入閣し、議会開会から約五年半の歳月を経て、自由党は政権参入を果たした。そして、明治三一年六月に自由党と進歩党が合同して憲政党を結成し、日本最初の政党内閣である隈板内閣が成立したが、わずか半年足らずで崩壊した。

明治三三年九月、伊藤博文を総裁とし、憲政党（自由党系）が合流した立憲政友会が結成され、同年一〇月に伊藤を首相とする第四次伊藤内閣が成立した。ここに、自由党系の政党と伊藤系の藩閥官僚が合流した政友会が政権を担当することになったのである。

このように、明治二〇年代から三〇年代初頭の日本政治は藩閥政府と政党勢力が対立と妥協を繰り返しつつ、両者の「提携」を経て、立憲政友会成立へ至る過程であったといえる。そして、この過程で藩閥政府と「提携」の発端を開いたのが自由党系であり、政友会に合流し、政党内閣を樹立する上で大きな政治的役割を果たした。本書が自由党系、特に板垣を領袖とする派閥、土佐派に焦点をあてて政治史の再検討を行う所以である(1)。

こうした、明治二〇年代から三〇年代初頭の政治的変化にさいし、板垣ら土佐派はいかなる国家構想や経済政策を構築し、政治過程の中で提示していったのか。この点を明らかにすることが、著者の第二の問題関心である。

政友会結成直前の明治三二年一一月、板垣退助は政界を突然引退し、自由党の歴史編纂に着手する。そして、明治三三年九月の憲政党解党大会で正式に党史編纂が決定され、それから約一〇年の歳月を経た明治四三年三月、板垣退助監修、宇田友猪・和田三郎編纂『自由党史』が刊行された。『自由党史』は戦前・戦後における自由民権運動研究における「歴史書」、「史料集」として重要な位置を占めてきた。しかし、こうした重要性にもかかわらず、『自由党史』はこれまで十分な分析が行われてこなかった。

『自由党史』はどのような編纂過程の下、いかに叙述されたのか。そして、『自由党史』の背景にある歴史観や政治的背景はどのようなものであったのか。この点を明らかにすることが、著者の第三の問題関心である。

上記の問題関心に基づき、次節では第一と第二の問題関心に沿った政治史研究と第三の問題関心に沿った『自由党史』に関する先行研究、残された課題について検討する。

二　研究史の概観と課題

1　政治史研究

従来、明治二〇年代の政治史研究では、衆議院を基盤とし、民力休養、経費節減などを掲げる自由党、立憲改進党の「民党」と、富国強兵路線を推進する藩閥政府との対立と妥協の過程を分析した上で、自由党と藩閥政府の提携原因とその時期を解明する研究が中心となってきた。そして、一九六〇年代から七〇年代初頭にかけて、自由党の党内構造を分析し、その結果、自由党が藩閥政府と「提携」した原因が「積極政策」（鉄道問題や道路敷設、実業奨励などの地方利益）にあったことを指摘する研究が相次いで発表された。

鳥海靖氏は第一議会における自由党幹部の統制力の弱さを指摘した上で、党幹部が藩閥政府と「提携」することで、地方利益を引き出し、それを党内に分配することで統制力を維持しようとしたことを明らかにした(2)。升味準之輔氏は自由党の派閥領袖が藩閥政府との提携により党内勢力を拡大する過程や派閥領袖間の対立・妥協の構図を鮮明に描き(3)、小山博也氏は板垣らが代議士組織を中心とする自由党の中央集権化を推進したのに対して、大井憲太郎ら反主流派が地域ブロック連合を志向して敗退したことを明らかにした(4)。

坂野潤治氏は明治憲法の機能に鋭く着目し、自由党・改進党が地租軽減法案を提出しても藩閥系の多い貴族院に阻まれて民力休養が成立しないこと、第四議会を契機に自由党が藩閥政府の鉄道問題や実業奨励など「積極政策」へ同調する過程を指摘した。(5)

有泉貞夫氏は自由党などの衆議院議員が山梨県を舞台に地方利益を誘導する「積極主義」のため藩閥政府に同調する過程を解明する一方、星亨が明治三二年の東北遊説以降、地方利益欲求を喚起し、その実現を政府に求めることで党勢拡張を図ったことを指摘した。(6)

一方、村瀬信一氏は自由党の党内構造や土佐派に着目し、土佐派が立憲政治の成功を国内外に示すために、第一議会で藩閥政府と妥協して予算を成立させたことを明らかにした。また、村瀬氏は明治二六年の九州遊説を契機に自由党が改進党との民党連合路線を放棄し、星・松田正久と民党連合路線を放棄した河野広中によって安定的な自由党首脳部が形成されたことを指摘している。(7)

佐々木隆氏は超然主義の理念・目標を解明し、自由党が政権参入を目標として民力休養論から政府を攻撃する一方、藩閥政府の独立・近代化路線に同調したと指摘した。(8)

一九九〇年代以降、立憲政治、条約改正などの多様な視角から自由党と藩閥政府の提携原因を明らかにしようとする研究が行われ、自由党の指導者として星亨が再評価された。伊藤之雄氏は藩閥政府の伊藤博文と自由党の星亨が立憲国家の確立と協調外交という目標で「提携」したこと、「積極政策」が鳥海氏らの述べるほど効果を発揮しなかったことを解明した。また、伊藤氏は星―板垣体制の下で政務調査部が設置され、星が自由党を代議士中心の党組織に編成したことを指摘している。(9) 小宮一夫氏も伊藤と星の条約改正問題での一致が対外硬派の批判を生み、その批判が逆に藩閥政府と自由党の「提携」を促進したことを論証している。(10)

一方、自由党系の非主流派となった大井憲太郎については、河西英通氏が初期議会期の大井派が党の組織改正よりも条約改正を重視したことを明らかにし[11]、塩出浩之氏も大井が条約改正などの国家問題で政党間の連合が可能であると捉えていたことを指摘した。さらに、塩出氏は議会政治の導入によって政党が政策決定の責任者として、地方問題の利害調整を行わざるを得なくなった結果、第四議会を契機に自由党が民党路線を放棄し、「積極政策」に同調したことを論じた[12]。

これに対して、原田敬一氏は議会制度が近代日本に定着する過程を、藩閥政府、貴族院、衆議院の議会対策・政治動向から描き、自由党が幹事による集団指導体制から板垣を総理として星が党運営の主導権を握る形の代議士政党へと変容したことを指摘した[13]。

また、清水唯一朗氏は近代日本の政党と官僚の関係について隈板内閣の統治構造を検討し、責任内閣志向の進歩派モデルと実利的に党勢拡張を図る自由派モデルが議論されたこと、桂園時代から官僚の党派化が進行したことなどを論証している[14]。

近年の政治史研究では、五百旗頭薫氏が藩閥政府に組織的な圧力をかけ続けた自由党、政策対立を演出した改進党の差違を明確にし[15]、中里裕司氏が桂園時代の始まりを第二次山県有朋内閣と憲政党の提携と位置づけ、両者が協力して国家的な政策課題に対応していったことを指摘した[16]。前田亮介氏は帝国議会開設に伴い、藩閥が政策革新の不在から再編される一方、日清戦争後、自由党が土佐派を中心に治水政策や銀行政策などの地方問題を通じて台頭した経緯を指摘している[17]。

一方、飯塚一幸氏は明治期の地方制度を官治的性格と規定せず、地域社会から捉え直した。その結果、飯塚氏は地方制度改革の過程などを通じて、全郡連合町村会・全町村組合・府県会・常置委員会・参事会の役割とその権限について指摘した。また、飯塚氏は京都府を事例に地方利益誘導と政党の地盤形成について検討し、神鞭知常（進歩党系）が地域振興策により地盤を形成したが挫折したこと、憲政党・立憲政友会が府財政を通じた地方利益供与によって地域を自らの党へ組織化したことを解明した。(18)

近年、板垣退助や自由党の領袖に関する研究も増加している。真辺美佐氏は板垣退助が議会開設前に「自由主義」を軸とする一大政党の結成を目指したこと、第一議会における挫折を経て、党内融和と議員中心の組織改革を重視し、消極主義政策と積極主義政策を併行して主張したことを指摘した。(19)真辺将之氏は板垣が明治維新の精神を自由民権運動・社会政策と一貫して把握し、晩年に封建的門閥打破の観点から「一代華族論」を主張したことを指摘した。(20)安在邦夫氏も明治二〇年に板垣が伯爵を二度にわたって辞爵し、最終的に受爵した理由として、板垣の一君万民＝四民平等論や華族制度への批判などを挙げ、後の「一代華族論」の端緒となったことを論じている。(21)

また、長井純市氏は東北派の指導者河野広中を民権派ナショナリスト・保守系政党政治家の源流として描き、(22)家近良樹氏は福井県の政党政治家、杉田定一の背景に父仙十郎の精神的影響とその名声、杉田家伝来の資産などがあったことを指摘した。(23)西山由理花氏も九州派の指導者松田正久が「党人派の代表」として漸進的な政党政治の確立を目指したことを指摘している。(24)

以上のような研究史の成果を踏まえ、先行研究の課題を挙げておきたい。

第一に、従来の先行研究で藩閥政府と自由党の提携原因とされてきた、藩閥政府が提起した「積極政策」（あるいは、「積極主義」、「独立・近代化路線」）についてである。藩閥政府の「積極政策」については、地方利益としての効果が大きかったとする鳥海・坂野・有泉・塩出氏らに対して、むしろ地方利益としての効果は小さかったとする伊藤氏の間で「積極政策」の効果をめぐって見解が分かれている。そして、「積極政策」に対して、自由党は「同調」する客体として描かれていることが多い。

では、自由党は藩閥政府の提示する「積極政策」に同調したにすぎないのであろうか。あるいは、自由党が主体的に「積極政策」と対峙していたとするならば、自由党はいかなる背景の下、独自の国家構想や政策を打ち出したのであろうか。従来の先行研究で十分に検討されてこなかったこの二点が疑問点として浮上してくることとなる。つまり、自由党の国家構想や政策を検討することが必要であると考えられる。

第二に、明治二〇年代以降における自由党系土佐派を分析した研究が少なく、現在に至るまで、平尾道雄氏[25]や外崎光広氏[26]らによる土佐派の概説的な分析などにとどまっている点である。また、自由民権運動期以降の板垣退助や林有造、片岡健吉といった土佐派の幹部クラスを対象とした伝記類もいまだ少なく、研究の余地が大きいといえよう[27]。こうした研究状況の一因には後述するように、板垣ら土佐派に関する史料が十分残されていない現状があると考えられる。

また、土佐派の研究が遅れた一因には自由民権運動研究が明治一〇年代の政治運動に対して高い評価を与える一方で、明治二〇年代における大同団結運動や初期議会期の自由党土佐派に対して民権運動の変質や堕落といった低い評価しか与えなかったことがあった[28]。特に、しばしば藩閥政府と妥協・「提携」し、第一議会の「土佐派の裏切り」の主役となった土佐派については、従来の自由民権運動研究が低い評価しか与えなかった。その結果、初期議会期以降の土佐派の研究が進展しなかったともいえよう。

第三に、従来の先行研究では、自由党内の政策立案者や政策立案機関に関する検討がほとんど行われておらず、伊藤之雄氏による自由党政務調査部の検討がその例外となっているに過ぎない。特に、政策立案者に関する研究は少なく、板垣退助の側近で、自由党土佐派の政策立案に大きな役割を果たした栗原亮一[29]に関する研究も管見の限り皆無である。これは栗原だけではなく、自由党内で栗原同様、実際に政策立案にあたった他の人物に関する研究も非常に少ない。[30]

しかし、栗原は自由党と藩閥政府との「提携」方針を位置づけた「自由党方針」（明治二八年七月）や、自由党の後身である憲政党の綱領などの起草にもあたり、自由党系による政策立案の中心人物の一人であった。板垣が「栗原氏の書いた処のものは、明治十一年愛国社再興以来、或は自由党の意見となり、又た余の意見ともなり積んで巻を為して居るであります」と述べたように、栗原は土佐派だけでなく、板垣の代筆や自由党の方針執筆などを行う自由党の政策立案者として大きな役割を果たしていたのである。[31]

こうした先行研究の偏在は、戦後の自由民権運動研究が戦後民主主義の原点を戦前の「民主主義の伝統」に求め、「戦後民主主義の歴史的な前提として考察」するという立場から研究を行ってきた点にも問題があると考えられる。[32]その結果、自由民権運動の理論的指導者であった植木枝盛や中江兆民に研究者の問題関心が集中し、その革命的・急進的な先駆性が高く評価されたのとは対照的に、初期議会期以降の土佐派やその政策立案者である栗原亮一に関する研究が行われてこなかったのである。

さらに、従来の政治史研究の問題点は自由党総理板垣退助の発言がそのまま板垣の発言とみなされ、あるいは自由党の政策を表すものとして捉えられてきたことにある。そのことは、板垣の発言の背景にある国家構想や政策、あるいはそれを立案した栗原のような政策立案者の役割を事実上無視することになった。つまり、板垣が自由党の政策として打ち出したとされる政策に栗原が関与し、そこに彼の国家構想が反映していたことが見過ごされてきたのである。

第四に、先行研究では、経済状況の変化と政党の経済政策を関連させて論じた研究が少ないという点が挙げられる。[33]その背景には、従来の自由民権運動研究が政治運動の側面を重視したため、政治運動の背景にある政党の国家構想や経済政策の分析が等閑視されてきた経緯がある。たとえば、先行研究では、本書第Ⅰ部第二章で取り上げる土佐派のアジア貿易計画などについても分析対象とされてこなかった。また、第I部第四章で取り上げるような、日本の経済が大きく変化した日清戦後恐慌が政党の経済政策に与えた影響についても、検討される必要があると考えられる。

2　『自由党史』と土佐派の歴史観

前述のように、板垣退助監修『自由党史』は自由民権運動研究においてこれまで重要な位置を占めてきた。現在でも、高校日本史教科書の史料集や用語集で登場する文献でもある。では、なぜ『自由党史』なのか。

戦前に開始された自由民権運動研究は「戦後歴史学」の下、自由民権百年運動に象徴される市民的基盤に支えられて発展してきた。しかし、一九八〇年代に入ると、「新しい歴史学」(「民衆史派」)の立場から、自由民権運動における民衆の自立性、国民国家建設という運動目標における藩閥政府との共通性、新聞などのメディアに代表される政治文化という批判的視点が提示された(34)。

一方、安在邦夫氏・田﨑公司氏・高島千代氏らは自由民権運動における行動と思想の内在的分析(民権運動の実践や主体・激化事件参加者の思想・民権運動の経験と継承)を行った(35)。そして、安在・田﨑・高島氏らを中心とする激化事件研究会は一八八〇年代を「激化の時代」と捉え、あるべき政治・国家像を構想し、その実現のために実力行使を企図した激化事件について、自由民権と激化の関係を主体・弾圧・顕彰の視点から検討した(36)。近年では、松沢裕作氏が「戊辰戦後デモクラシー」の概念を提唱し、自由民権運動を「ポスト身分制社会」を自らの手で作り出すことを目指した運動と位置づけ、その指導者板垣退助を戊辰戦争の勝者として権威を獲得した「軍事英雄」として描いた(37)。

このように、現在の自由民権運動研究では民権運動の位置づけや明治維新・激化事件との関係性などが問われている。そこで、板垣ら土佐派が自由民権運動と明治維新や激化事件の関係について、『自由党史』でどのように位置づけたのか。この点を考察することは自由民権運動の歴史的意義を同時代の人々から問うことであり、土佐派が明治維新から自由民権運動・激化事件に至る政治的・社会的変革をどのように捉えていたかを示すことであると考える。それは同時に、明治期における土佐派の動向や政治的背景、歴史観を逆に照射することにもなろう。

こうした観点から、本書では土佐派の『自由党史』に至る編纂過程とその歴史観・政治的背景などを検討する。

しかし、管見の限り、『自由党史』に関する先行研究は非常に少ない。『自由党史』の編纂過程やその歴史観に関する本格的な分析はほとんど存在せず、『自由党史』の解題が中心である。後藤靖氏は『自由党史』を「自由民権運動にとって欠くことのできない基礎的な・第一級の史料」と高く評価する一方、自由党系の政治的立場を反映し、「旧敵（藩閥政府）と同穴する立場（立憲政友会結成）を合理化」したと結論づけた[38]。また、遠山茂樹氏は『自由党史』の編纂過程を分析した結果、『自由党史』の分析視角を「板垣派」による在野意識に満ちた叙述として評価する一方、国権意識や天皇尊崇意識が前面に出ており、明治維新を尊王と民権の達成としている点などを限界であると指摘した[39]。

一方、自由民権派の「明治維新観」について分析を行った田中彰氏は、民権派が維新の変革を人民の自由拡大ととらえる一方で、立憲政体を造るために明治維新は克服すべき存在であり、第二維新を必然の歴史法則と考えていたことを指摘した[40]。また、外崎光広氏は土佐における自由民権運動の研究史を詳細に解説している[41]。宮澤誠一氏は日露戦後の明治維新像として『自由党史』を紹介し、自由党の唱える「高等個人主義」が国家の支配的なイデオロギーに包摂され、それを支える形に変質したことを指摘した[42]。

こうした『自由党史』や自由民権派の歴史観に関する研究の一方で、『自由党史』の正誤に関する研究は盛んであり、近年にいたるまで『自由党史』に関する疑問点や誤りが山辺健太郎・長谷川昇・森山誠一・真辺美佐の各氏によって指摘されている[43]。一方、寺崎修氏は『自由党史』で記述された「一般的大動乱」計画について、ほぼ正確であるとの指摘を行った。[44] つまり、自由民権運動史研究はこうした『自由党史』の叙述についてその問題点や誤りを修正することで進展してきたといえる。その意味でも、『自由党史』の叙述を分析するだけでなく、編纂過程や政治的背景の分析も不可欠といえよう。

以上のような研究史の成果を踏まえ、先行研究の課題も併せて挙げておきたい。

第一に、先行研究では『自由党史』の正誤や問題点を指摘するにとどまり、なぜそのような記述が行われたのか、『自由党史』のテキスト分析が十分に行われてこなかった点である。

第二に、『自由党史』の編纂過程に関する考察が遠山氏を除いて、ほとんど行われてこなかったため、その歴史観や政治的背景については明らかにされていない点である。

第三に、史料上の問題が挙げられる。そもそも特定の歴史書についてその執筆の意図や経過を明確に示す史料を探すこと自体が困難であるが、『自由党史』でも執筆の経緯や背景を示す史料はほとんど存在しないと考えられてきた。その背景には、板垣ら土佐派が自ら史料を残さなかった（あるいは残せなかった、意図的に残さなかった可能性もある）こともあった。板垣自身も明治三二年一一月、「全体私は拘へられやうとして危険な目に遭ふたことが前後三回ばかりあつて、其時に保存して置ては、面倒な書類は、一切焼き捨て」ており、西郷隆盛など一部の書簡しか残していないと語っている。[45]

三　本書の構成

上記の問題関心と先行研究を踏まえた上で、本書の構成は以下の通りである。

第Ⅰ部では、自由党総理板垣退助が院外から政党の指揮を執る最初の事例となった原因とその後の政党指導、自由党の党内構造やその変容について検討する（第一章）。その上で、明治二〇年代から日清戦後における板垣ら自由党土佐派の「通商国家構想」の形成と展開を検討し（第二・第三章）、第一次日清戦後恐慌以降における経済政策の展開について解明する（第四章）。

第Ⅱ部では、板垣退助監修『自由党史』の成立過程について、板垣の政界引退と自由党再興計画（第一章）、日露戦後における激化事件顕彰運動（第二章）を踏まえた上で、検討する。そして、宇田友猪によって記述された『自由党史』稿本の記述がもう一人の編纂者和田三郎によってどのように修正されたのか、その背景も併せて考察する（第三章）。

さらに、『自由党史』における歴史観の特徴とそれを生み出した政治的背景について、土佐派の明治維新観と西郷隆盛・江藤新平像の形成（第四章・付論）、板垣退助岐阜遭難事件における叙述と激化事件の正当化（第五章）を事例に具体的に明らかにする。

註

（1）　本書では、明治二〇～三〇年代における高知県人および高知県以外の出身者を含んだ、板垣を領袖と仰ぐ自由党系の派閥を土佐派と呼称することとする。名称としての土佐派の成立は明治二四年二月の第一議会における「土佐派の裏切り」と自由倶楽部の結成以降であるが（それ以前は愛国公党系）、本書では土佐派で統一する。この後、土佐派は明治二七年三月の第三回総選挙以降、自由党の地方団体関西会の勢力範囲であった近畿・中国・四国を自らの勢力基盤としていった（本書第Ⅰ部第三章第二節）。しかし、明治三〇年三月以降、関西会が近畿会・中国会・四国会へと分立していく中で、徐々に勢力を失っていった。そして、明治三六年六月に土佐派の大部分は立憲政友会から脱会し、政友会における土佐派は消滅した。

なお、伊藤之雄氏は土佐派を高知県および高知県以外の出身者を構成員とし、立憲国家の形成、政党勢力の政治参加の拡大、条約改正と軍備の充実を図る派閥と論じている。そして、自派の地方利益問題にこだわることに積極的でなく、地域セクショナリズム的イメージを伴なう土佐派という名称を自らは使わなかったと述べている〈伊藤之雄『立憲国家の確立と伊藤博文』〈吉川弘文館、一九九九年〉、五七～五八頁〉。しかし、明治二六年六月、土佐派の中野寅次郎が自由新聞社の改組のさいに、自由新聞社が「土佐派の有」になったと述べており、土佐派が自らを土佐派と呼んでいたことは明らかである〈年月日不詳片岡〈健吉〉宛中野〈寅次郎〉書簡〈高知市立自由民権記念館所蔵「片岡家資料」E—二二〉、年月日は『自由党党報』三九号、明治二六年六月二五日の記事内容、自由新聞社の改組時期〈明治二六年七月一日〉より推定〉。

(2) 鳥海靖「初期議会における自由党の構造と機能」〈『歴史学研究』二五五、一九六一年〉。

(3) 升味準之輔『日本政党史論』〈東京大学出版会、一九六六年〉第二巻第五章。

(4) 小山博也『明治政党組織論』〈東洋経済新報社、一九六七年〉第Ⅰ部第一章。

(5) 坂野潤治『明治憲法体制の確立』〈東京大学出版会、一九七一年〉。

(6) 有泉貞夫『明治政治史の基礎過程』〈吉川弘文館、一九八〇年〉、同『星亨』〈朝日新聞社、一九八三年〉。

(7) 村瀬信一「第一議会と自由党」〈『史学雑誌』九五—一一、一九八六年〉、同「明治二六年九月の自由党九州遊説」〈『日本歴史』六四五、二〇〇二年〉。

(8) 佐々木隆『藩閥政府と立憲政治』〈吉川弘文館、一九九二年〉。

(9) 前掲註(1)伊藤『立憲国家の確立と伊藤博文』。

(10) 小宮一夫『条約改正と国内政治』〈吉川弘文館、二〇〇一年〉。

(11) 河西英通「大井憲太郎と初期議会自由党」〈『歴史評論』四四三、一九八七年〉。

(12) 塩出浩之「帝国議会開設前後の諸政党と大井憲太郎」〈『史学雑誌』一〇七—九、一九九八年〉、同「議会政治の形成過程における『民』と『国家』」〈三谷博編『東アジアの公論形成』〈東京大学出版会、二〇〇四年〉所収〉。

(13) 原田敬一『帝国議会　誕生』〈文英堂、二〇〇六年〉。

(14) 清水唯一朗『政党と官僚の近代』〈藤原書店、二〇〇七年〉。

(15) 五百旗頭薫「藩閥と政党」〈『岩波講座　日本歴史』第16巻　近現代2〈岩波書店、二〇一四年〉所収〉。

(16) 中里裕司『桂園時代の形成』〈山川出版社、二〇一五年〉。

(17) 前田亮介『全国政治の始動』(東京大学出版会、二〇一六年)。前田氏は自由党が日清戦争後に地方問題を軸に政権に参入したとするが、初期議会期における自由党土佐派の政党指導や国家構想については検討対象としていない。

(18) 飯塚一幸『明治期の地方制度と名望家』(吉川弘文館、二〇一七年)。

(19) 真辺美佐「大同団結運動末期における愛国公党結成の論理」(安在邦夫・真辺将之・荒船俊太郎編著『近代日本の政党と社会』〈日本経済評論社、二〇〇九年〉所収)、同「第一議会期における板垣退助の政党論」(『日本歴史』七五八、二〇一一年)、同「初期議会期における板垣退助の政党論と政党指導」(『日本史研究』六四二、二〇一六年)。

(20) 真辺将之「老年期の板垣退助と大隈重信」(『日本歴史』七七六、二〇一三年)。

(21) 安在邦夫「『受爵』をめぐる板垣退助の言動と華族認識」(安在邦夫・真辺将之・荒船俊太郎編著『明治期の天皇と宮廷』〈梓出版社、二〇一六年〉所収)。なお、板垣退助に関する研究動向としては、安在邦夫「板垣退助研究覚え書き」(宇田友猪著、公文豪校訂『板垣退助君伝記』第四巻〈原書房、二〇一〇年〉所収)参照。

(22) 長井純市『河野広中』(吉川弘文館、二〇〇九年)。

(23) 家近良樹『ある豪農一家の近代』(講談社、二〇一五年)。なお、地租改正反対運動から大同団結運動における杉田定一については、大槻弘『越前自由民権運動の研究』(法律文化社、一九八〇年)がある。

(24) 西山由理花『松田正久と政党政治の発展』(ミネルヴァ書房、二〇一七年)。

(25) 平尾道雄『自由民権の系譜』(高知市民図書館、一九七〇年)。

(26) 外崎光広『土佐自由民権運動史』(財団法人高知市文化振興事業団、一九九二年)、同『土佐の自由民権運動』(財団法人高知市文化振興事業団、一九八八年)。

(27) 板垣の伝記としては、前掲註(21)宇田友猪著、公文豪校訂『板垣退助君伝記』全四巻、平尾道雄『無形 板垣退助』(高知新聞社、一九七四年)、絲屋寿雄『史伝板垣退助』(清水書院、一九七四年)、榛葉英治『板垣退助』(新潮社、一九八八年)などがある。また、片岡健吉の伝記としては、川田瑞穂『片岡健吉先生伝』(湖北社、一九七八年覆刻)、片岡健吉先生銅像再建期成会編『片岡健吉先生の生涯』(大空社、一九九六年)、片岡に関する研究としては、衆議院議長時代の片岡の談話から当時の帝国議会観を分析した、村瀬信一「議長席から見た帝国議会」(鳥海靖・三谷博・西川誠・矢野信幸編『日本立憲政治の形成と変質』〈吉川弘文館、二〇〇五年〉所収)、小川原正道「『立志社』から衆議院議長・同志社社長へ 片岡健吉」(同『明治の政治家と信仰』〈吉川弘文館、二〇一三年〉所収）などが、林有造の伝記としては、田中貢太郎『林有造伝』（土佐史談会、一九七九年）がある。

(28) たとえば、家永三郎氏は自由民権運動期の植木枝盛を高く評価する一方、初期議会期の植木について「在野時代の輝かしい業績に比べて、質的にいちじるしく見劣りのすることを認めざるを得ないであろう」と、概して批判的に評価している（家永三郎『植木枝盛研究』〈岩波書店、一九六〇年〉六五〇頁）。外崎光広氏も明治二九年の第二次伊藤内閣への板垣の入閣を「奇怪な事件」と批判するなど、初期議会期以降の土佐派について批判的である（前掲註(26)外崎『土佐自由民権運動史』三五一頁）。

(29) 栗原亮一は安政二（一八五五）年三月、鳥羽藩士中村武一の次男として生まれ、同藩藩士栗原亮休の養子となった。明治九（一八七六）年三月、栗原は『草莽雑誌』を発刊し、明治一一年四月、板垣退助に愛国社再興を訴えて、「愛国社再興趣意書」を起草し、山陽・山陰・四国地方を植木枝盛らとともに遊説した。この「愛国社再興趣意書」起草以降、栗原は板垣や自由党系の名義で論説・意見書の多くを起草、立案していくこととなる。明治一三年三月、愛国社第四回大会で国会開設の請願が決議されると、栗原は植木とともに「国会を開設するの允可を上願する書」の起草にあたった。明治一四年一〇月、自由党が結成されると栗原もこれに参加し、その後自由新聞社の記者も兼ねている。明治一五年一一月、板垣の洋行に栗原も同行し、板垣の側近としての地位は確固たるものとなった（竹井駒郎『栗原亮一君小伝』〈三重日報社、一八九〇年〉一～三頁）。明治二〇年、栗原は三大事件建白運動のさいに「三大事件建白書」を起草し、東雲新聞記者を経て、明治二三年の第一回総選挙で三重県第一区から当選、衆議院議員となった。その後、栗原は第二回総選挙における選挙干渉による落選を除き（その後、第四区から補選で当選）、第三回から第一〇回総選挙まで連続当選した。

(30) 自由党で政務調査を実施した井上甚太郎については、坂本守央「井上甚太郎と中江兆民」（『史叢』五〇、一九九三年）、同「井上甚太郎と東雲新聞」（『史叢』七一・七二、二〇〇五年）、同「井上甚太郎と自由民権」（『日本塩業の研究』三四、二〇一五年）、同「足尾鉱毒事件と治水論」（『史叢』九六、二〇一七年）。日清戦争後における自由党の講和構想を立案した森本駿については、岩壁義光「自由党の日清講和条約構想」一・二（『政治経済史学』二〇三・二〇四、一九八三年）、自由党系の政治思想家末広鉄腸の政党論と政治運動・アジア論・政治小説研究については、真辺美佐『末広鉄腸研究』（梓出版社、二〇〇六年）。

(31) 『伊勢新聞』明治二五年二月一〇日号雑報「板垣伯演説筆記（於大栄座）」。

(32) 鶴巻孝雄「自由民権運動をどう評価するか」（『日本歴史』七〇〇、二〇〇六年）一一三頁。

(33) 近年におけるこうした政党史研究として、大隈重信と立憲改進党系の経済政策を検討した五百旗頭薫『大隈重信と政党政治』

（東京大学出版会、二〇〇三年）、自由民権運動から産業革命に至る政党を農村社会の変質と地租、地方財政との相関関係の中で検討した渡辺隆喜『日本政党成立史序説』（日本経済評論社、二〇〇七年）などがある。

(34) 戦前・戦後における自由民権運動研究と戦後歴史学、「新しい歴史学」の特徴については、大日方純夫「『自由民権』をめぐる運動と研究」（『自由民権』一七、二〇〇四年）九～一三頁、安在邦夫『自由民権運動史への招待』（吉田書店、二〇一二年）一二八～一四八頁。

(35) 安在邦夫・田﨑公司編著『自由民権の再発見』（日本経済評論社、二〇〇六年）。

(36) 高島千代・田﨑公司編著『自由民権〈激化〉の時代』（日本経済評論社、二〇一四年）。

(37) 松沢裕作『自由民権運動』（岩波書店、二〇一六年）。

(38) 後藤靖「解説」（板垣退助監修、後藤靖解説『自由党史』第一冊〈青木文庫、一九五五年〉所収）。

(39) 遠山茂樹「解説」（板垣退助監修、遠山茂樹・佐藤誠朗校訂『自由党史』下巻〈岩波文庫、一九五八年〉所収）。

(40) 田中彰『明治維新観の研究』（北海道大学図書刊行会、一九八七年）。

(41) 外崎光広「維新勤王運動と自由民権運動の断層」（『高知市立自由民権記念館紀要』一〇、二〇〇二年）。

(42) 宮澤誠一『明治維新の再創造』（青木書店、二〇〇五年）。

(43) 山辺健太郎「甲申事変について」（『歴史学研究』二四四、一九六〇年）、長谷川昇『博徒と自由民権』（中公新書、一九七七年）、森山誠一「愛国社創立大会（明治八年二月・大阪）の出席者について」（『金沢経済大学論集』二一巻二・三合併号、一九八七年）、前掲註(30)真辺『末広鉄腸研究』。なお、大日方純夫氏は民権家斎藤壬生雄の『自由党史』への書き込みについて考察している（大日方「ある民権家の回想」〈『歴史評論』三八七、一九八二年〉）。

(44) 寺崎修「いわゆる『一般的大動乱』計画について」（寺崎『明治自由党の研究』下巻〈慶応通信株式会社、一九八七年〉第二編Ⅲ所収）。

(45) 「板垣伯を訪ふ」（『太陽』五巻二七号、明治三二年一二月二〇日）。

第Ⅰ部　自由党系土佐派の国家構想と経済政策

第一章　板垣退助の天皇・華族観と政党指導の展開

はじめに

近代日本、特に戦前期における政党党首（総裁）・現職の衆議院議員として内閣を組織したのは原敬・浜口雄幸・犬養毅の三名であり、政党党首の多くが貴族院議員（ないしは非議員）として政党を指導し、あるいは内閣を組織したことはよく知られている。もちろん、現在の議院内閣制と異なる大日本帝国憲法下において、首相に就任するさいに現職の衆議院議員であることは必要条件ではなかった。しかし、現職の衆議院議員であった原と浜口は共に立憲政友会と立憲民政党を率いて強大なリーダーシップを発揮したとされる。その一方で、近代日本における政党党首の多くが衆議院ではなく、貴族院、あるいは院外から政党を指揮する起源はいつ、どのように生まれたのであろうか。

本章では、こうした問題関心、あるいは仮定から、近代日本における政党指導者がどのように貴族院、あるいは院外から政党を指導したのか、その起源がいかに生まれたのかについて考察したい。そこで、本章で検討対象とするのが、近代日本における政党の黎明期、自由党総理であった板垣退助である。板垣は幕末土佐藩の軍事指導者から藩閥政府の参議となった「維新の元勲」であり、自由党を率いて藩閥政府と対抗した人物である。板垣は明治一四（一八八一）年に自由党総理に就任後、自由党解党を経て、ふたたび帝国議会開会後の明治二四年三月、大阪大会で自由党総理に復帰した。しかし、その後の板垣は内務大臣に二度就任したのみであり、衆議院議員になったこともなければ、伊藤博文や大隈重信のように、貴族院議長や貴族院議員になった経歴もないのである。

このように、板垣は衆議院議員でも貴族院議員でもない非議員として政党を指揮した最初の人物であり（立憲改進党の大隈重信とともに）、その後の政党指導を考える上でも非常に重要な人物といえよう。本章で明らかにするように、板垣の天皇・華族観によって、結果的に板垣は非議員として政党を指揮することとなるが、こうした政党指導者の天皇・華族観と政党指導への影響を結びつけた研究は管見の限り、見あたらない。

また、板垣の天皇・華族観や明治二〇年の板垣退助辞爵事件に関する先行研究も管見の限り、多くない。遠山茂樹氏は板垣の「自由党の尊王論」などを事例に自由党が立憲君主制に目標を定めたことを明らかにした上で、「自由党の尊王論」が有司専制への攻撃をにぶらせ、結果的に官民調和論から軍国主義支持へと変質したことを指摘した。その上で、遠山氏は明治二〇年の板垣らに対する叙爵を政府による「首領引きぬき」とした上で、土佐派が板垣受爵によって失墜した面目をかけて、三大事件建白運動を展開したと推測している(1)。遠山氏の研究は従来検討されていなかった板垣退助辞爵事件を検討した点で重要であるが、板垣の叙爵を「首領引きぬき」とするのみで、板垣の天皇観と辞爵の背景については検討がなされていない。

一方、福井淳氏は自由党、明治天皇・政府、後藤象二郎ら官民調和派の板垣退助岐阜遭難事件への対応を政治史の観点から分析し、明治天皇・政府が勅使派遣によって尊王心の厚い板垣—自由党から一時流動化した政局の主導権をふたたび掌握したことを論証した(2)。

坂本一登氏は板垣退助辞爵事件について、伊藤首相が「官民調和」を意図して在野指導者の叙爵（板垣・大隈重信・後藤象二郎ら）を行ったことや黒田清隆との関係、条約改正問題などの「明治二〇年の危機」を明治天皇の信任によって乗り越えたことを指摘した(3)。

佐々木隆氏は板垣辞爵事件や明治天皇による「時弊十条」を批判した板垣の封事却下によって威信が失墜した元勲政治家板垣に対して、黒田が復権工作を進めていたことを指摘している(4)。川口暁弘氏は板垣辞爵事件における伊藤の政治的意図と板垣・星亨の対応について検討し、板垣の「勤王民権」が受爵によって両立不可能となり、民権派の再分裂につながったことを鋭く指摘した(5)。安在邦夫氏は明治二〇年に板垣が伯爵を二度にわたって辞爵し、最終的に受爵(板垣退助辞爵事件)した理由として、板垣の一君万民＝四民平等論や華族制度への批判などを挙げて、後の「一代華族論」の端緒となったことを鋭く指摘している(6)。

また、明治二三年の板垣退助貴族院勅選議員辞退問題については、山県有朋内閣が板垣を貴族院勅選議員に任命した経緯や意図について検討した小林和幸氏の研究(7)と原田敬一氏の研究(8)が存在する。さらに、真辺将之氏は政界引退後の板垣について、明治維新から自由民権運動の精神を一貫して主張し、封建的門閥打破の観点から「一代華族論」を論じたことを指摘した(9)。このように、板垣の天皇・華族観に関する研究は少なく、「尊王家」とされる板垣が天皇や華族についてどのように考えていたのか、不明な点が多い。

一方、帝国議会開会後の政治史研究は、序章で概観したように、藩閥政府と自由党の提携、自由党の党内構造に関する研究を中心に、これまで優れた先行研究が積み重ねられてきた(10)。そして、明治二四年の大阪大会が契機となり、星主導による板垣の総理推戴・代議士中心の中央集権的な議員政党が成立したとの理解が多い。

しかし、明治二四年の大阪大会当時、自由党総理に就任した板垣は非議員であり、板垣を擁立したとされる星や、これに反対した大井も非議員であったことはこれまでの先行研究で見逃されがちである。特に、非議員の板垣は衆議院で自らが直接党を指揮することはできない。このように、板垣が非議員であった点に着目して、板垣の政党指導や自由党改革を検討するとどうなるのか。初期議会期を中心とする板垣の自由党改革・政党指導に本章が着目するのもこうした疑問が存在するからである。

そこで、本章では、以下の三点を課題に設定したい。

第一に、板垣の天皇・華族観について「自由党の尊王論」などの史料や明治二〇年の板垣退助辞爵事件を事例に検討する。この事件は板垣が最終的に伯爵を受爵することで決着するが、その過程では板垣の天皇・華族観が伊藤博文らの政治的意図と激しく対峙した事件であった。この事件をめぐって表出した板垣の天皇・華族観を検討する。

第二に、帝国議会開設前夜の板垣退助貴族院勅選議員辞退問題を考察する。この問題では板垣が貴族院議員となるか非議員として自由党を指揮するかという岐路に立つが、板垣が非議員として政党を指揮することとなった背景を指摘する。

第三に、明治二四年の自由党大阪大会で板垣は自由党総理に就任するが、非議員の板垣がどのように自由党を指導したのか、板垣の自由党改革とその挫折について検討する。

一　板垣退助の天皇観

明治一五年四月六日の板垣退助岐阜遭難事件は、板垣を「国賊」と思いこんだ刺客相原尚褧の襲撃であった。これに関連して、『東京日日新聞』が板垣と思しき某政党の領袖が東山道の某地で、天皇を日本人民代理と呼んだとする不敬発言を報道したが、誤報と判明して自由党に謝罪した「名実ノ弁」誤報問題も起きた（第Ⅱ部第五章参照）。板垣と自由党はこうした批判に対して、自らの天皇観を主張する必要があったのである。

同年四月、板垣退助口述「自由党の尊王論」が作成された[11]。これは、板垣が東海道遊説中に静岡で『東海暁鐘新報』主筆の土居光華に口述した内容であり、「世に尊王家多しと雖も吾党自由党の如き尊王家はあらざるべし、世に忠臣少からずと雖も吾党自由党の如き忠臣はあらざるべし」と、自由党の尊王を主張した上で、「吾党は平生尊王の主義を執り、立憲政体の事業に従事するものなり」として尊王の下での立憲政体を強調した。また、英国王と自由な人民の一体的な関係を事例に、日本も人民を自由にすることで、文明国として天皇家の皇統を永遠に続かせると論じたのである。つまり、「自由党の尊王論」は英国の立憲君主制を事例に天皇と人民が一体化することで皇統を永続させる一君万民論といえよう。

板垣の主張はその後どうなったのか。明治二四年八月、板垣は「苟も堂堂たる我帝国に於て万世一系の王室を奉戴するは是れ国体であります。決して政治党派の一歩だも之に踏み込むことは許さない者であります（中略）陛下は最高の無上権即ち裁可の権を持して兆億に君臨し神聖にして政党以外に超然たるべきものにて宰相の身を以て政党以外に超然たらんなどゝは実に以ての外の事と謂は無ければなりません」と述べている[12]。板垣は「万世一系の王室を奉戴するのが国体」であり、天皇は政党外に超然とし、国民の上に立って裁可する権限を有すべきとした。そこで模範とすべきは、英国流の立憲君主制であり、板垣は天皇の無答責と大臣が天皇を輔弼することで、社会・人民に責任を負うべきであると主張したのである。

さらに、板垣は君主の役割（裁可権）と世論の関係について、「余の所謂国家の意思は、即ち国民の与論即ち是れなり（中略）而して其与論の上に、最上権の帝王に存在するあり、与論にして或は時に誤ることあらば、帝王の最上権によりて之を矯正せらるべく、此の如くにして立憲政体の能事畢る」として、国民の意思＝国家の意思が誤ったさいに矯正する役割として最上権＝天皇の意志を規定していた[13]。

こうした板垣の天皇観で考えると、第四議会で世論＝衆議院と藩閥政府が対峙し、政府予算案が暗礁に乗り上げたさいに明治天皇が下した和協の詔勅に対して、板垣が詔勅を受諾したことは理解しやすい。明治二六年二月一〇日、和協の詔勅が下り、政府が予算案について譲歩の姿勢を見せた。これに対して、板垣は「左れハ我党も涙を飲んで一歩を譲り協和の実を挙け以て鳳詔の聖旨に負かさる事を務めさるへからす」と述べた上で、衆議院が政府から行政改革により冗員・冗費を省くとの言質を取って第五議会を待つよう星亨と院内総理河野広中に伝えた。[14] このように、板垣が和協の詔勅により、政府との妥協に応じた背景には最上権である天皇の意志を尊重する姿勢があったのである。

二　板垣退助辞爵事件と板垣の華族観

明治二〇年の板垣退助辞爵事件は板垣の華族観を考えるさいに重要な事件である。明治二〇年五月九日、板垣退助・大隈重信・後藤象二郎が伯爵に叙せられ、大隈・後藤は受爵した。[15] しかし、板垣は当時高知に滞在しており、当初予定していた大阪の有志大懇親会出席と有馬温泉入浴のため五月一二日に高知を出発、一三日に神戸に到着し、そこで後藤の使者から叙爵を伝達されている。

板垣叙爵をめぐる土佐派の動向を示す貴重な史料が明治二〇年五月一四日付片岡健吉・山田平左衛門宛林有造書簡である。[16] その内容は板垣を領袖とする土佐派の幹部林が「板垣氏ハ辞スル之論ニ確乎タル赴是之儀ハ大関係有之諸同志は熟慮之上処分可致事件ナリ。勿論板垣氏を始余輩之持論ニ而ハ辞スル可然候へ共又時と場合も有之、迂生は昨夜以来熟慮致候処ニ而ハ、持論と時と場合共確乎ト辞スル可然様相考候へ共、直ニ不受之節ハ不可然候。先御受之上暫時日を経過之後断然辞ス可然」という形で辞爵に関する自らの意見を伝達したものであった。林は板垣が確乎として爵位を辞退する意向であるが、自分はいったん受爵した上で、辞退した方がよいと考えると片岡・山田に伝えている。このように、板垣は辞爵論であったが、土佐派も一枚岩ではなかったことが分かる。

六月二日、板垣は上京して三条実美内大臣と面談したが、この時は「色々論談之末終に辞爵之事に決定候に付」、「佐、福二氏之尽力は水泡に帰し可申候」となり、三条や佐々木高行・福岡孝弟の板垣に対する説得も不調に終わった。(17) そして、六月九日、板垣は修正した辞爵表を吉井友実宮内次官を通じて明治天皇に奉呈する。板垣は明治維新の勲功によって厚禄や参議・正四位の位階を与えられており、これ以上の知遇を受けることはないとした上で、「且臣平生衷に感ずる所あり高爵を拝し貴族に班するは臣に於て自から安んずる能はず」と、爵位を辞退したのである。(18)

六月一一日、板垣は吉井次官と面会し、吉井から天皇の「板垣か維新前後之功労は今に忘却は不致、右功労は何歟不報候而は朕か心底におひて不相済次第に付、今般伯爵を授け候次第」との叡慮を伝えられた。これに対して、板垣は「落涙に及ひ実に難有次第左様之訳に候得は追而猶熟考可致」と答えている。(19) 明治天皇の伯爵を受爵せよとの叡慮に対して、板垣は落涙して熟考すると答えており、明治天皇の叡慮に正面から逆らうことができない板垣と板垣への叙爵に熱心な明治天皇の姿がうかがえる。この場面は、板垣の政党指導者でありながら維新の元勲という立場を象徴的に示したものといえよう。

これに対して、伊藤総理大臣は激しく反発し、板垣＝朝敵論を以下のように展開した。(20)

中にも伊藤総理大臣の如きハ最も之に不満を抱き居る由にて既に先頃黒田内閣顧問、吉井宮内次官の両伯が夏嶋なる別荘に赴きて同大臣を訪ひたる節にも（伊藤）大臣ハ此事に付元来爵を授くるハ我〻有司の専裁に出でたるものに非ずして、即ち　陛下が板垣氏其人の旧勲を賞するより之を賜ハりたるものなるに、之を辞して受けざるハ取りも直さず板垣氏ハ勅命に背き奉るなり、我国古来勅宣に違ふ者ハ之を朝敵と称して許さゞりしことハ其例実に少なからず、故に此上ハ吉井氏より尚よく板垣氏に勅宣の趣旨を伝達し夫れにても尚服せざれば最早致し方も無きこと故、強ても勅命に従ハしむるの外なしと断言したる由

このように、伊藤は板垣に爵位を与えたのは天皇であり、板垣は天皇の勅命に背いた朝敵であると厳しく批判した上で、板垣に強制的に受爵させることを主張したのである。

六月二六日、板垣は東京浅草鷗遊館における懇親会で「元来此の爵位の事ハ板垣退助一個の事に関したるものなれば之を受けやうとも辞さうとも全く私の存意次第」であるが、社会上の一問題となったため経緯を説明するとして、以下のように述べた(21)。板垣はまず、前報もなく神戸で後藤の使者から叙爵を伝達されたとし、「早速郷里より礼服を取り寄せて上京致しました、尤もその際にハ簡単なる手続にて辞爵を聞届けらる、様に致す積り」と述べており、叙爵は突然であったが、簡単に辞爵できると考えていたことが分かる。

そして、板垣は辞爵の理由について、「私が貴族たることを嫌ふ心ハ維新の革命を遂げたる勤王の心と同一なることを諒知せられよ（中略）維新の革命ハ実に未曾有の大出来なりし、夫より着ゝ歩を進めて士の常職を解き禄を廃し四民を通じて婚礼するを許し、唯僅に華士族の名を存することとハなりたり」と述べており、明治三年一一月に高知藩大参事として高知藩士族の等級を廃止して常職を解き、世禄も廃止して、四民平等を実行した点を回顧して、華族制度を批判したのである。このように、板垣が辞爵にこだわったのは、板垣の明治維新以来の封建門閥＝華族制度批判があった。

一方で、板垣は受爵による元老院や上院（貴族院）への「押し込め」やそれに伴なう言論の封殺、孤立化への危機感も抱いていた。板垣は「内閣諸臣ノ意ハ余ニ授爵シ余ヲイジメ殺スノ覚悟ト思ハル、何セナレハ此儘受ケンカ遂ニ

ハ元老院辺へ押シ込ムヘシ、左ナクモ開会ノ上ハ必定上下ニ区別シ余ヲ上院ニ入ラシメ飽迄余ノ説ヲ押シ潰フシ余ヲシテ翼ナキノ孤鳥タラシメントスルニアルナラン」と述べていたのである。さらに、板垣の叙爵に対して旧自由党系は反発しており、「来阪後三五ノ人ニ諮リシニ栗原亮一、法貴発ノ外ハ皆ナ辞スルヲ可トセリ、就中星亭ニハ最モ辞退ノ事ニ熱心セリトノコト」という状況であった(22)。特に、板垣が「各地の旧自由党員殊に大坂《ママ》地方の旧自由党員よりハ書面又ハ電報にて続〻爵を辞退すべき旨を申来り」と語ったように、大阪を中心とする旧自由党系の反発は根強く、板垣は天皇と辞爵を迫る星ら旧自由党系との板挟みに苦しむこととなったのである(23)。

一方、藩閥政府内では、三条実美内大臣が「小生之意見にては非常出格之御取扱を以て願之通御聞届相成事得策と存候」として、板垣の辞爵を認めるよう、伊藤総理大臣兼宮内大臣に書簡を送っている(24)。これに対して、伊藤は宮内省内蔵頭杉孫七郎を通じて、三条に返書し、井上馨外務大臣とも相談するよう希望した(25)。伊藤は「板垣辞爵云々御示諭の趣敬承仕候処、同人平素の議論、到底今日の計画と背馳仕候而已ならず、到二十三年候得ば、不容易関係を惹起候事如観火に御座候故、縦令辞爵は御聞届相成候共、不如使彼持説明了於此際と奉存候」として、議会開会のさいに板垣は「不容易関係を惹起」すると認識しており、板垣辞爵は認めても、その持論を明確にさせるべきと主張したのである。

その背景には伊藤が「同人平素の議論所謂アナルキストかソシアリストと同一主義に有之候故、彼れが民権主義は到底我朝廷の所不容にして、王室前途の為めに有害物と認定するの大義を此際に明瞭ならしめ度きものと愚考候」と井上に述べたように、板垣の議論をアナルキスト（無政府主義者）かソシアリスト（社会主義者）と同一主義であるとして、辞爵事件を契機に板垣の民権主義は朝廷と相容れない有害物であることを明確にしたいとの考えがあった(26)。それゆえに、伊藤は板垣に対して「一歩も仮借せざる存意に有之」と井上に伝達し、三条らと熟慮の上、取り図るよう求めたのである。

また、伊藤は側近の首相秘書官伊東巳代治を媒介として内務省県治局長末松謙澄に板垣側近の竹内綱と接触させ、辞爵問題に関する情報を収集させていた[27]。また、伊藤は前述の板垣による鷗遊館演説も監視させており、「昨二十六日旧自由党員板垣退助以下鷗遊館に於て会合有之、景況別紙の通り報告有之、板垣の席上演説筆記中新華族の制を攻撃したりと云ふの一段に至は詳に攻撃の言辞を不載は実に惋惜の至に候へとも、右にて大概の所御推解可被遊と存候」と、伊東らに華族制度批判の言説も記録させていたのである[28]。

こうした状況の中で、『大阪日報』は板垣の辞爵を「板垣氏遂に其の板垣氏たるに背かざる也」と高く評価した[29]。そして、『大阪日報』は板垣の素論が国民権利の平等であるとした上で、自ら華族となれば不平等を生み出し、民権運動にも影響すると主張した。さらに、『大阪日報』は将来日本で二院制の国会が開設された場合、貴族が上院に列席すると予想した上で、「民権志士の領袖たる者が上院に在ると将た下院に在ると孰れか其主義持論を張るに便にして、孰れか国家前途の長計に利なるかハ苟も政治学の一端を窺ひたる者の皆な認知する所なるべく、板垣氏にして此に思ひ到らざるが如きハ万〻之れ有る可からざるの事なりとす」として、「民権志士の領袖」板垣が辞爵することで貴族から選出される上院議員にならず、自ら下院議員として選出される道を選んだことを評価した。

爵位を辞退した板垣への期待が高まる中、「今度大阪及神戸の有志者が申合せ目下上京中なる板垣退助氏に来る廿三年国会開設まで阪神間に住居せられんことを請ひ有志者より夫〻醵金して一日五円宛の入費を負担する事にせんと目下計画中」と、大阪か神戸からの衆議院議員出馬説も浮上している[30]。

七月七日、板垣は再辞爵表を提出した[31]。板垣がかつて高知藩士族の等級を廃止して、常職・世禄も廃止したことを述べた上で、華族制度を批判し、爵位を辞退したのである。しかし、七月八日、明治天皇は再辞爵表を下げ戻し、一五日に板垣は宮中に参内して伯爵号を拝受した。これに対して、星亨らは「板垣受爵シタルヲ以テ斯ル無節操ノ人物ト将来共ニ政治上ノ運動スベカラスト議決」し、板垣を厳しく批判することとなったのである。[32]

三　板垣退助の貴族院勅選議員辞退とその背景

明治二三年一一月二五日、第一回帝国議会が召集されたが、板垣の姿は衆議院議員の中になかった。板垣が衆議院議員にならなかった（なれなかった）理由は衆議院議員選挙法（明治二二年二月一一日公布）の第四章第一六条で「華族ノ当主ハ衆議院議員ノ選挙人及被選人タルコトヲ得ス」と規定されていたためであった。[33] 板垣は明治二〇年に伯爵を受爵したため、衆議院議員になることができなかったのである。

しかし、明治二三年八月、貴族院勅選議員任命にさいし、板垣が真っ先に勅選議員に任命されるとの観測が流れた。[34] 九月二六日には板垣と山県有朋首相が二時間にわたり会談し、板垣は貴族院勅選議員の内命を山県を通じて辞退している。[35] この経緯について、『明治天皇紀』は「是れより先、聖旨伯爵板垣退助を以て勅選議員に任ぜんとす、是の月（九月）二十六日内閣総理大臣伯爵山県有朋退助を招き、聖意を伝へて之れを諭す、退助固辞し、事由を有朋に告げて之れを奏聞せんことを請ふ、蓋し退助平日の主義に由り、貴族院外に在りて政党に拠り、立憲政治のために尽さんと欲するなり」と記している。[36]

山県内閣が板垣を貴族院勅選議員に任命した意図については、公平性を重視した結果か反政府派の板垣取り込みかで評価が分かれる。[37] 一方で、板垣が貴族院勅選議員を辞退した背景については、いまだ検討の余地が残るため、関連史料を検討したい。

板垣は「良政党を作り矯正の世論を起すの方角よりして立憲政体の樹立を助くるこそ自分の本位本分なれ、こは貴族院に在りしとて出来がたきにはあらずともいはれんが、先頃互選の折にも到底就職はせざる決心にて其趣を同族へも示したることなれば　勅命ありがたしと雖も、従来の行懸りと自己の良心とに質して御辞退申さんより外なし」と述べており、政党を創設することで立憲政体の樹立を補助する意向を示していた(38)。

一方、板垣側近の直原守次郎（自由新聞記者）は「（板垣は）貴族衆議何レニ意アリヤト問ハヾ寧ロ衆議院ニアルナラン、然レトモ伯爵トアレハ之レハ協ハス」、「元来伯ハ自ラ議場ニ立テ働クモノトナランヨリ寧国会議院ノ製造者ヲ以テ自ラ任スルモノナリ」と述べており、板垣が貴族院議員よりも衆議院議員を希望していたが叶わず、むしろ「国会議院ノ製造者」としての役割を果たそうとしたことを指摘していた(39)。

また、板垣が党員に行った談話でも「貴族院議員勅選ノ勅命アルモ余ハ奉答セス、先年華族ニ列セラレ伯爵ニ叙セラル、時モ本心決シテ之レヲ御受ケシタルニアラス、今日マテ御預リ申置ク心得ニテアリ。元来日本ニハ天皇陛下ト人民トノ外ニ国家ヲナシタルモノナシ、上下ノ間ニ貴族ナルモノヲ置キ籬墻《りしょう》ヲ設クル如キハ、自由主義ヲ取ル余ノ断シテ排斥スル処ナリ、サレハ這回ノ勅命（不日之レアルモノトスルモ）ノ如キ断然御受ケセサル決意ナリ」と述べている(40)。

これらを総合すると、板垣の貴族院勅選議員辞退の背景には、板垣の天皇・華族観があり、天皇と人民の間に華族のような障壁を設けない一君万民主義があったことがうかがえる。これは、同時に板垣が貴族院議員として政党を指導することへの拒否感につながっていた。一方、板垣は積極的に政党を改良する意志を有しており、政党の弊害を矯正して立憲政体の樹立をなし得るのは自分であるとの強い自負を持っていた。これが「国会議院ノ製造者」との認識につながったと考えられる。こうして、板垣は自由党を院外から指揮することとなったが、その契機となったのが貴族院勅選議員辞退問題だったのである。

四　板垣退助の自由党改革と政党指導

1　自由党大阪大会と板垣退助の政党組織論

明治二三年九月一五日、立憲自由党が結党されたが、立憲自由党は再興自由党・愛国公党・大同倶楽部・九州同志会の旧自由党系四派による寄り合い所帯であり、旧再興自由党系の大井憲太郎ら院外団体（二七会）と党所属の衆議院議員の軋轢などの課題を抱えていた[41]。また、立憲自由党は党首を置かず、「党務一切の責に任す」る党幹部として幹事五名を設置していたが、その指導力は弱体であり、幹事に次いで重要な常議員会でも大井派が多数を占める状況ではなかった[42]。板垣も立憲自由党に入党し、九月の時点では「近日自由党の挙動は如何にも乱雑なり、乱雑なれは之れに飛び込み、其乱雑を整理するコソ有志の希望すべき所なり」と述べて自由党の挙動を整理する意欲を見せていた[43]。しかし、板垣は一二月七日に常設委員（定数五名）に選出されたものの、辞意を漏らすようになっていた[44]。

明治二四年一月一九日、板垣は自らの機関紙『自由新聞』一月一八日号社説「我党の諸士に訴ふ」（栗原亮一執筆）に対する立憲自由党院外党員からの社説撤回要求に対して、自由党からの分立を宣言（二一日に撤回）した[45]。その直後の一月二四日、板垣は党の集会で院外団体の議員に対する干渉を批判した上で、「今日ノ如ク議員中ニ於テスラ党議ヲ蔑視スルモノアルハ畢竟組織宜キヲ得サルアレハ、宜ク現組織ヲ変更シテ議員ノ一致ハ勿論党員共同シテ運動スヘシ云々」と党組織改革の必要性を強調したのである[46]。

三月二〇日、自由党大阪大会が開催された。この大会は党を代議士中心に改組し、党幹部の統一的リーダーシップが確立したと先行研究で評価されている[47]。党大会の内容は板垣が自由党総理（任期六ヵ月）に就任し、幹事三名・事務員三名が設置され、従来の幹事より権限が縮小されたこと、常議員会が廃止され、権限の縮小された参務会が設置されたこと、立憲自由党から自由党へ名称が変更されたことであった[48]。

そして、大阪大会の直後、「板垣氏政党組織意見書」が『自由新聞』に発表され、板垣は「従来の党弊を矯正し大に改革を加ふべき考にて承諾をなしたり、就ては此時機を外づさず一挙して改革を試みん」と強い決意を述べた[49]。意見書は「第一　中央組織之事」、「第二　地方組織之事」、「第三　中央ト地方ト関繋之事」、「第四　選挙人ト被選人トノ関繋之事」、「第五　政党運用之事」の五項目で構成されており、特に重要なのが「第一　中央組織之事」であった。

板垣は自由党を国会議員中心の政党とし、議員が総理を推薦すること、総理の任期を削除し、その権限を強化すること、議員を各部に分けて各部長が総理を補佐する英国型の影の内閣（シャドーキャビネット）を設置することを掲げた。板垣はこの点について「議員組織ノ制ヲ立テ党中ノ議員ヲ各部ニ分チ以テ行政各省ト相対スヘシ、各部ニハ部長ヲ置キ部長ハ総理ヲ補佐シ総理ハ各部長ト協議シテ党議ヲ定メ党務ヲ施スコト、恰モ総理大臣ノ各省大臣ニ於ケルカ如クナルヘシ」と述べており、これが政務調査部となるのである。

2　板垣退助と自由党の組織改革①——政務調査部と院内総理の設置——

本節では、非議員の板垣がどのように自由党を指導する体制を構築したのかを考察したい。まず、板垣は代議士総会に出席し、その会長（議長）を務めた。自由党の党務内規第五条は「党議及重大の党務を定めんとするときは代議士総会に附し、其意見を聴き総理之を決す」と定めており、板垣は会長として議事を進行する役割を果たしたのである。[50]

次に、板垣が自らの意見書で掲げた政務調査部の設置である。[51]明治二四年五月二四日、自由党協議会で政務調査上の便利のため、自由党議員を六部に分かち、正副部長選挙を実施した[52]（表1①）。政務調査部長の権限は「部長は総理を補佐して党略を定め党勢の拡張を計画し及ひ各部を整理するものとす」（党務内規第三条）とされており、政務調査部長には、松田正久（九州）・河野広中（東北）を始め、河島醇（九州）・新井章吾（関東）・杉田定一（北信）・山田武甫（九州）が就任している。彼らは各地に地盤を持つ衆議院議員の党有力者であった。彼らを政務調査部に配置することで、政党指導と政務調査を併行させる仕組みを形成し、その下に議員を希望する部に配置したのである。なお、党有力者の星亨・大井憲太郎が欠けているのは、彼らが非議員のためであった。

九月二二日、自由党代議士会で党則改正案を議決した。[53]その党則改正案は「板垣氏政党組織意見書」に沿ってほぼ実施されたものであり、役員として総理一名、「本党一切の事務を整理」する幹事三名、庶務を担任する事務員三名を置くことを決定した。一〇月の自由党大会後、総理板垣退助、幹事石塚重平・重野謙次郎、事務員龍野周一郎・山口（畑下）熊野がそれぞれ選任されている[54]（幹事・事務員は各一名欠）。そして、「総理は大会に於て推薦し本党一切の党務を総理す」ること、総理の任期が削除され、「大会の信任に由て進退する」ことが決定され、総理の権限は強化された。また、年一度の党大会（衆議院議員＋各府県選出の代議員二名）に加えて、総理が必要と認めた場合の臨時大会も規定されたのである。

明治二五年三月二五日、代議士総会で政務調査部正副部長を各部の部員による互選とし、六部を九部に再編した（表1②）。また、政務調査部とは別に新しく政務調査局が設置され、前代議士・専門の学者に調査を委託することとし、政務調査局主幹に松田正久、理事に駒林広運が選任されている。[55]

表1　自由党政務調査部　正副部長一覧表（1）第1議会～第6議会

①自由党政務調査部　正副部長（発足時・明治24年5月24日）

各部名	部　長	副部長
第一部(外務)	松田正久(九州)	武富時敏(九州)
第二部(内務・文部)	河野広中(東北)	工藤行幹(東北)
第三部(大蔵)	河島醇(九州)	石田貫之助(関西)
第四部(司法)	新井章吾(関東)	山田東次(関東)
第五部(海陸軍)	杉田定一(北信・土佐派)	駒林広運(東北)
第六部(農商務・逓信)	山田武甫(九州)	小間粛(北信)

〔出典〕『自由』明治24年5月26日号雑報「自由党協議会」.

②自由党政務調査部　正副部長（第3議会前：6部→9部に再編・明治25年3月25日）

各部名	部　長	副部長
第一部(政法)	加藤平四郎(関西・土佐派)	山田東次(関東)
第二部(外務)	鈴木昌司(北信)	野口褧(関東)
第三部(内務)	河野広中(東北)	工藤行幹(東北)
第四部(大蔵)	星亨(関東・衆議院議長就任) →石田貫之助(関西)	湯浅治郎(関東)
第五部(司法)	新井章吾(関東・脱党) →小笠原貞信(東北)	小笠原貞信(東北)→立石寛司(九州)
第六部(陸海軍)	杉田定一(北信・土佐派)	江原素六(東海)
第七部(文部)	小林樟雄(関西・土佐派)	長谷川泰(北信)
第八部(農商務)	山田武甫(九州)	武市安哉(関西・土佐派)
第九部(逓信及鉄道)	西山志澄(関西・土佐派)	塩田奥造(関東)

〔出典〕『自由』明治25年3月26日号雑報「自由党代議士総会」,『自由党党報』11, 12, 13号.

③自由党政務調査部　部長理事（第4議会後・板垣総理の指名・明治26年3月3日）

各部名	部　長	理事(2名・欠あり)
第一部(外務)	三崎亀之助(関西・土佐派)	立川雲平(北信)
第二部(内務・文部)	加藤平四郎(関西・土佐派)	長谷川泰(北信)・田艇吉(関西)
第三部(大蔵)	石田貫之助(関西)	伊藤徳太郎(関東)・岩崎万次郎(関東)
第四部(海陸軍)	杉田定一(北信・土佐派)	武石敬治(東北)・江原素六(東海)
第五部(司法・内閣)	山田東次(関東)	伊藤大八(北信)・堀部彦次郎(関西)
第六部(農商務・逓信)	菊池九郎(東北)	斎藤珪次(関東)・鈴木万次郎(東北)

〔出典〕『自由党党報』32号, 明治26年3月10日.

④自由党政務調査部　正副部長（第6議会直前・代議士総会で選挙・明治27年4月29日）

各部名	部　長	副部長
第一部(外務)	三崎亀之助(関西・土佐派)	江口三省(関西・土佐派)
第二部(内務・文部)	河野広中(東北)	林有造(関西・土佐派・辞任) →多田作兵衛(九州)
第三部(大蔵)	石田貫之助(関西)	斎藤珪次(関東)
第四部(陸海軍)	片岡健吉(関西・土佐派)	栗原亮一(東海・土佐派)
第五部(司法・内閣)	山田東次(関東)	鈴木充美(東海)
第六部(農商務・逓信)	西山志澄(関西・土佐派)	伊藤大八(北信)

〔出典〕『自由新聞』明治27年5月1日号雑報「自由党正副部長」, 2日号雑報「自由党正副部長補欠選挙」.

＊便宜上, 自由党の地方団（東北会・関東自由会・北信八州会〈北陸・長野〉・東海十一州会・関西会〈近畿・中国・四国〉・九州自由会）に分けて分類した.

＊板垣を領袖とする土佐派の人物については, それぞれ土佐派と注記した.

このように、自由党の政策決定は政務調査部の部会（あるいは政務調査局を経て政務調査部）で政策が立案され、板垣会長臨席の代議士会で審議・可決された後、衆議院へ提出された。自由党の機関紙『自由』は第二議会における自由党の政策立案過程を「板垣総理議長席に就き先つ第五部より提出せし陸海軍制改正上奏の件を可決し、次に第二部より提出せし市制町村制改正法案に就き河野広中氏より改正の要点を陳述し、満場異議無く之を是認し」たと伝えている(56)（各議会ごとの政策立案と法案、建議案の提出過程については、第Ⅰ部第三章参照）。

次に、板垣が自由党を指導するさいに重視したのが院内総理（議場内総理）であった。これまでの先行諸研究では、院内総理は第三議会にさいしてその前身が設置されたとされる(57)。

しかし、明治二四年三月二八日付の河野広中の「辞表」によると、「先般議院内整理に御撰任相成候得共、全党の消長ニ関する斯る重大の任務ニ相膺候儀者到底難叶ニ付、辞退之儀屢幹事迄申出候得共、于今御許容無之（中略）仍て辞表進呈仕候也」との記述がある(58)。この辞表は同年三月二〇日の自由党大阪大会直後に記されたものであり、河野が「議院内整理」の辞表を板垣総理宛に執筆、提出したが却下されたか、または未提出のまま残されたものと考えられる。そして、第二議会（明治二四年一一月二一日召集）では、「一議院内に於ける我党の運動に就ては河野広中氏を以て総理代理となし其方面に当らしむる事、但河野氏事故ある時は松田正久氏をして代らしむる事」が決定された(59)。

つまり、第二議会では衆議院議員である河野広中が「総理代理」として議院内における自由党の運動を指導する体制となり、この「総理代理」が院内総理となったと考えられる。そして、それは院外から政党を指導する板垣の代理的存在として自由党大阪大会直後から構想されたものであったといえよう。

明治二五年五月四日、第三議会（明治二五年五月二日召集）に臨む自由党代議士総会で「議場内我党代議士の規律を整ふるか為め河野広中氏を以て総理を代理せしむる事」などが決定された(60)。第二議会に続いて、板垣の代理として河

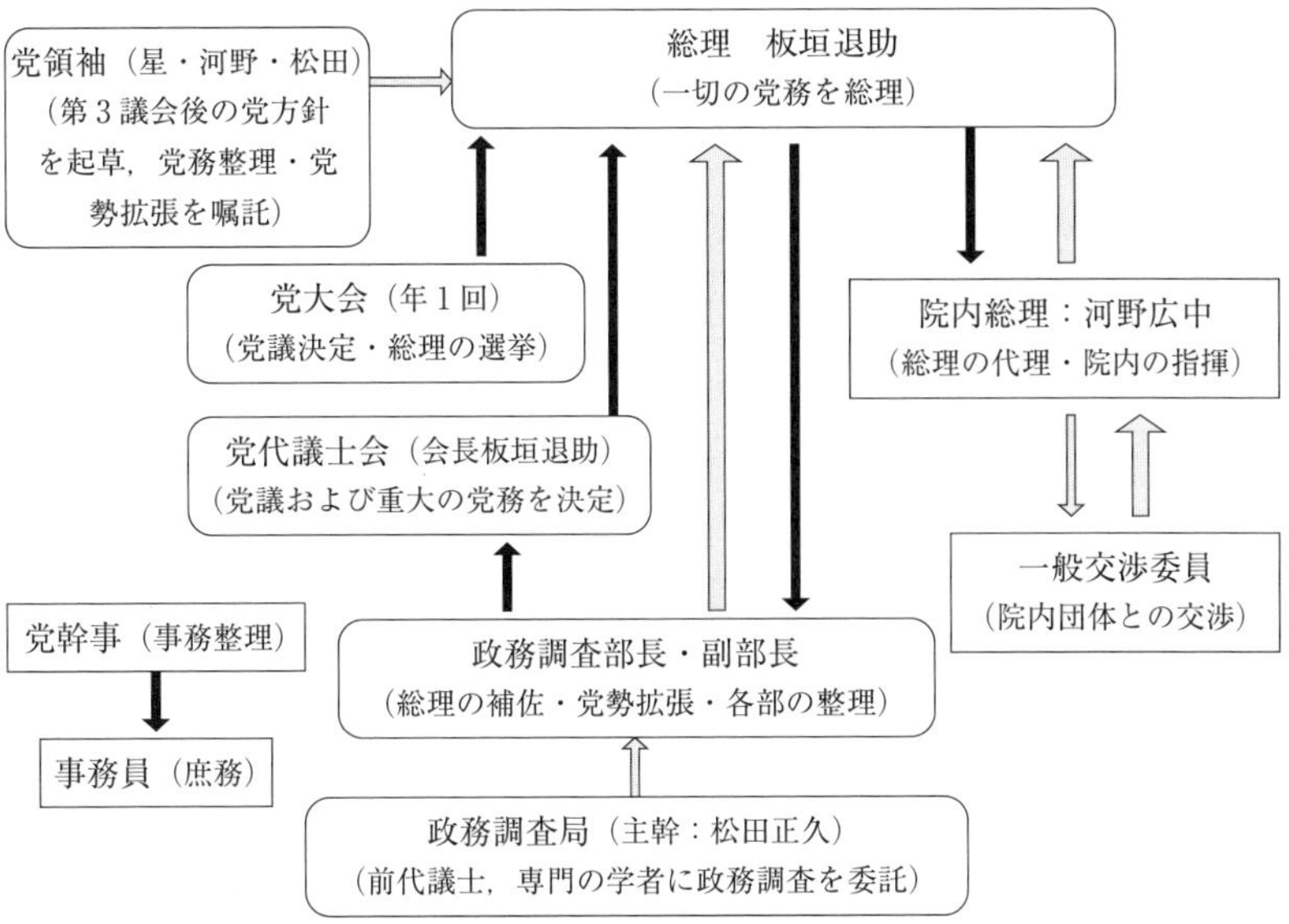

図1　第2議会～第4議会の自由党体制（明治24年10月の党大会以降）

野が衆議院自由党の規律を維持し、指揮を執ることとなったのである。

板垣は自由党の議会対策と役割分担（図1）について、「総理より議場内の進退掛引は、議場内総理たる河野氏其責に任し、各部の整理は正副部長其任を尽し、他の団体との交渉に就ては、交渉委員之を勉め、各自其責任を尽し以て、運動を機敏にし、国民をして、立憲制の真味を知らしむる様勉励ありたし」と述べており(61)、「議場内総理」が院内自由党の指揮を執る一方、政務調査正副部長が各部の政策を整理し、他の院内団体との交渉は交渉委員が担当することで、自由党が機敏な統一行動を取ることを目指したのである。

自由党の機関紙『自由』は「自由党の院内総理河野広中氏は、自由党、否寧ろ民党、否寧ろ天下自由主義者の意志を代表して、松方内閣が第三議会に対する責任如何を詰問せり、是れ実に我党が第三議会に対する掉尾の運動として、松方内閣に与へたる一打撃なりし也」と松方正義内閣攻撃を主導した河野の活躍を高く評価していた(62)。

六月一六日、板垣総理が代議士総会で「我党将来運動の方針を決定せんか為め」起草委員三名に星・河野・松田を指名する一方、六月一八日には星・河野・松田が満場一致をもって「今後一層総理を佐けて、党務整理、党勢拡張に尽力せられんことを嘱託」された[63]。こうした動きは総理板垣の補佐役・党領袖として星・河野・松田が認知されつつあったことを示しているといえよう。

明治二五年一一月、板垣総理は「我党院内の総理を前期の如く河野広中氏に嘱託せられたり」と河野に引き続き院内総理を嘱託した[64]。第四議会における河野院内総理はふたたび政府攻撃を主導し、翌明治二六年一月二三日、伊藤博文内閣弾劾上奏案が上程され、衆議院は停会となった[65]。二月七日、河野が内閣弾劾上奏案の提出理由を説明し、上奏案が衆議院で賛成一八一対反対一〇三票で可決されると、二月一〇日に和協の詔勅が発せられたのである。この時の板垣総理の対応については、すでに第一節で述べた通りである。

3　板垣退助と自由党の組織改革②——政務委員制の成立——

明治二六年三月三日、板垣総理の指名によって政務調査部が再編された[66]。この再編は若手登用と彼らを常議員として党全体を代表させる目的で実施されたが（表1③）、河野や星ら党領袖が外れたために、総理を補佐する影の内閣としての位置づけは低下した。

一一月一〇日、自由党代議士総会で任期一年の「自今総理を補佐する為めに代議士中より七名の協議員を選挙する事」が決定された[67]（図2）。そして、一一月二二日には協議員の選考により、河野広中が協議員長に選出されたのである[68]。河野協議員長を中心とする協議員が総理を補佐する公式な役職となり、本来総理を補佐するとされた政務調査部の役割はさらに低下していった。そして、注目すべきは、第五議会（明治二六年一一月二五日召集）では第二議会か

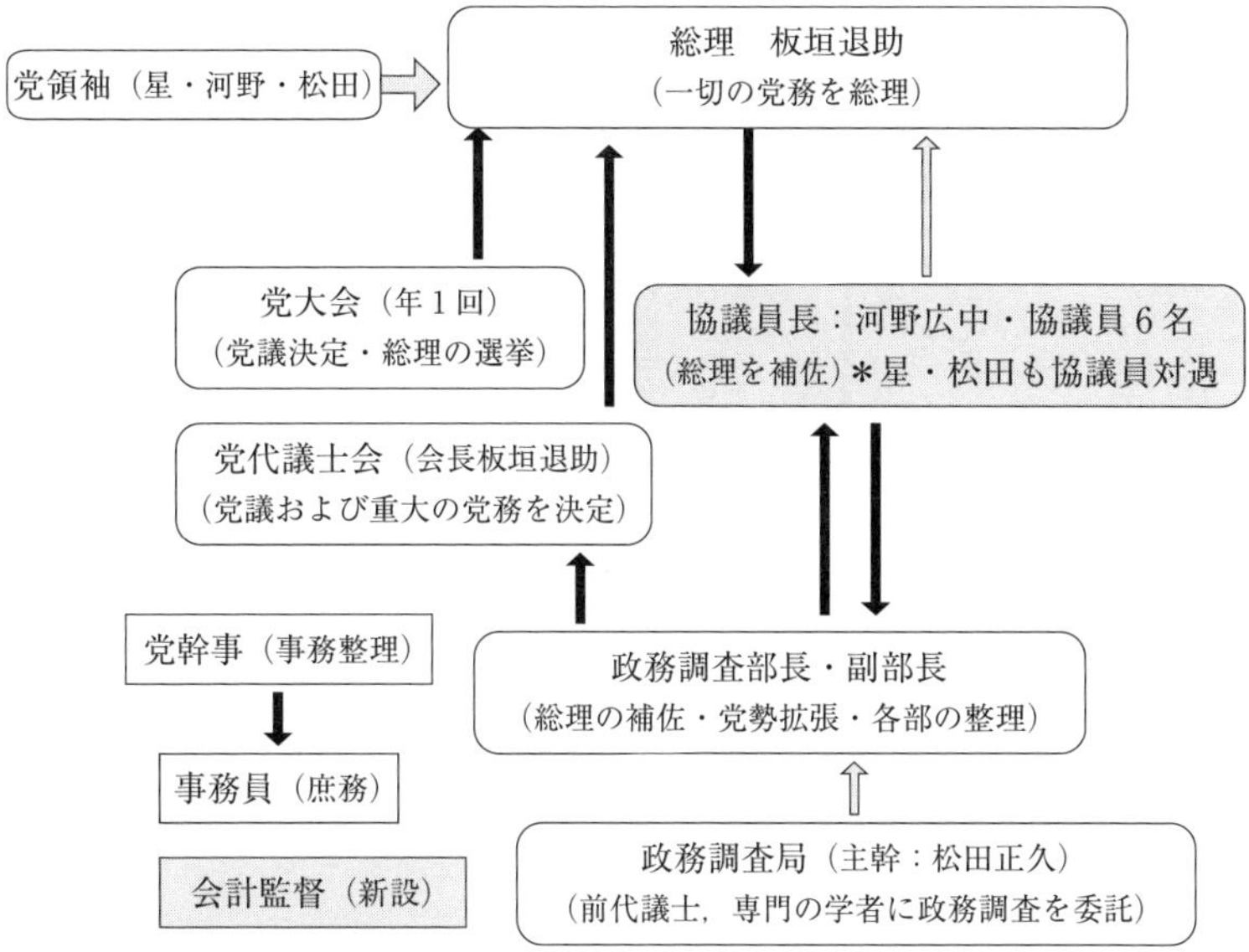

図２　第５議会期の自由党体制（明治 26 年 11 月 10 日，代議士総会）

ら名称を変更しつつ存続していた院内総理が設置されなかったことである。河野が第五議会で院内総理に就任しなかったのは協議員長に就任したことが背景にあるとされるが[69]、総理の代理＝院内総理に代わって党最高幹部である協議員長が院内自由党を指導した点もこれまでと大きく異なるといえよう。

明治二七年四月二五日、自由党臨時大会で板垣は協議員七名を廃止し、幹事三名の内、一名を常務幹事、二名を政務幹事とする構想を発表、可決された[70]。また、四月二九日に政務調査正副部長が改選され、河野や片岡健吉ら党領袖クラスも選出された[71]（表1④）。

そして、第六議会（明治二七年五月一二日召集）直前の五月一一日、板垣は院内総理を再置し、星に委託しようとしたが、固辞されたため、河野に院内総理が委託された[72]。河野は第六議会でも院内総理となったが、これ以降、院内総理が設置されることはなかった。

その背景にあるのが、第六議会の解散（六月二日）と異例の党則改正（六月三日）であった。本来、党則改正は大

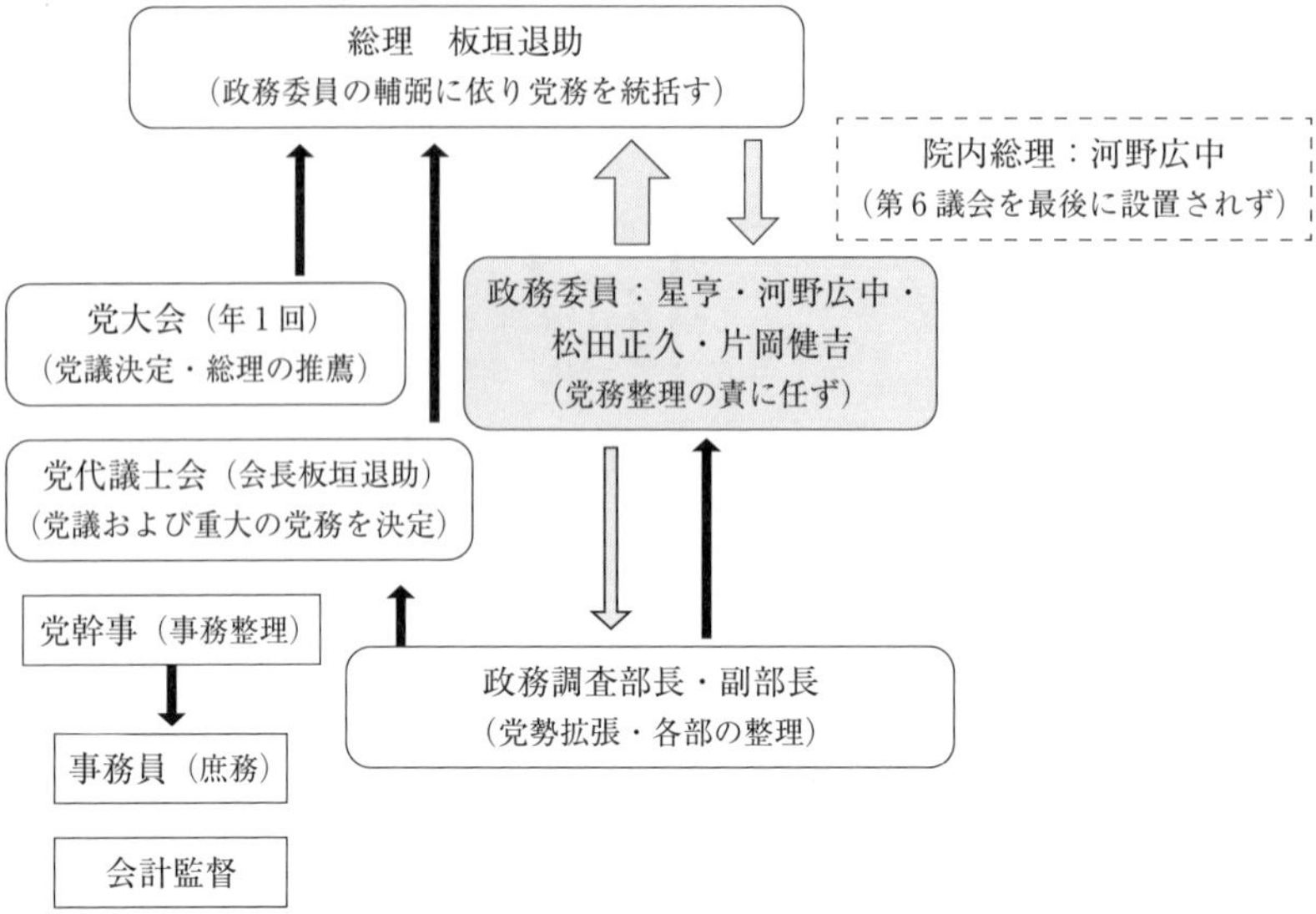

図3　第6議会後の自由党体制（明治27年6月3日，前代議士と党員の総会で党則改正）

会で議定すべきであるが、「党務上至急を要する」として前代議士と党員の総会で改正されたのである。(73)その改正では、「第三条　総理一名　総理は大会に於て推薦し政務委員の輔弼に依り党務を統括す」、「第四条　政務委員四名政務委員は大会に於て推薦し党務整理の責に任ず、但大会の信任により進退するものとす」ることが決定された。この結果、総理を補佐する政務委員が設置され、板垣と政務委員（星・河野・松田・片岡）による寡占的な指導体制が成立したのである（図3）。つまり、非議員であった板垣総理を中心とし、院内総理と政務調査部正副部長による党運営が挫折し、党領袖を政務委員に取り込み、彼ら少数の党幹部が党を指導する体制が取られたといえよう。

明治二八年三月二九日、評議員一六名が選挙され、政務調査部八部の正副部長を評議員が兼職し、土佐派の林有造が評議員長に就任する党改革が実施された。(74)だが、同年一二月一五日の自由党大会で評議員制が廃止され、政務委員制（河野・林・松田）が復活した。(75)評議員制廃止の理由について、党大会では党の運動・駆け引きにさいして、「十六名の評議員諸氏を会し一々相談の上にて之をなすに於ては却て事の敏捷を欠き運動上大に不利なりと信ずるを以て更に党則を改めて十六名の評議員を廃して三名の政務委員を置く事となさん」と説明している。これにより、少数党幹部による党の指導体制が確立し、板垣総理と河野・林・松田の三政務委員による日清戦後の党運営へとつながっていったのである。

おわりに

本章では、第一に、板垣退助の天皇・華族観と板垣辞爵事件について検討した。

板垣の天皇観は自らと自由党の尊王論を強調した上で、英国の立憲君主制を事例に天皇と人民が一体化することで皇統を永続させる一君万民論であった。板垣は天皇が政党外に超然とし、国民の上に立って裁可する権限（最上権）を有すべきと考えていた。板垣は国民の意思が国家の意思であるとしていたが、国民の意思が誤ったさいにそれを矯正する役割として最上権である天皇の意志を想定していたのである。

一方、板垣は天皇と人民の間に華族のような身分的障壁を設けることに強く反対し、爵位を辞退した。これに対して、伊藤博文らは板垣に受爵を強要し、板垣の無政府主義・社会主義的な主張を明らかにさせることを計画した。一方、旧自由党員の多くが板垣に辞爵を迫る中で、国会開設前夜の板垣に国会議員（下院議員）選出への期待が高まったことを明らかにした。そして、板垣の受爵は結果的に衆議院議員への道を閉ざすこととなったのである。

次に、本章では、板垣辞爵事件と連続する性格を有した板垣貴族院勅選議員辞退問題について検討した。板垣が貴族院勅選議員を辞退したのは板垣の天皇・華族観があったこと、板垣に貴族院議員として政党を指導することへの拒否感があったことを指摘した。一方、板垣は自由党の弊害を矯正して立憲政体の樹立をなし得るのは自分であるとの強い自負を持っており、院外から自由党を改良する意志を有していたことを指摘した。そして、板垣が貴族院勅選議員を辞退したことは、院外から政党を指揮する道を選択したこととなり、結果的に政党党首が院外から政党の指揮を執る最初の事例となったのである。

さらに、本章では、板垣辞爵事件、板垣貴族院勅選議員辞退問題の結果、自由党を院外から指揮した板垣の自由党改革と政党指導について検討した。

明治二四年三月の自由党大阪大会で板垣は自由党総理に就任し、非議員の立場から党改革を推進した。板垣は総理を頂点とする国会議員中心の政党を掲げ、英国流の影の内閣＝政務調査部が総理を補佐し、政策立案を行う体制を整備する一方、第二〜第四議会では非議員である自らの衆議院における代理として河野広中を院内総理（議場内総理）に指名した。しかし、明治二七年六月に政務委員制が成立すると、少数の党幹部による指導体制が成立し、院内総理も第六議会を最後に設置されなくなった。一方、板垣が当初総理を補佐する機関とした政務調査部は政策立案機関に特化して日清戦後も存続することとなった。

このように、板垣は自由党改革を推進する中で、非議員の政党党首が政党を指揮する体制を構築すべく試行錯誤を繰り返した。もちろん、衆議院議員が内閣総理大臣に就任する戦後の議院内閣制と戦前の内閣制は大きく異なるが、衆議院議員でない政党党首が党を指揮する構造の先駆的事例となったのが板垣といえよう。その背景には、自らの天皇・華族観により、貴族院勅選議員を辞退し、「国会議院ノ製造者」にこだわった板垣の姿勢が存在したのである。そして、板垣の党改革は挫折したが、政務調査部は政策立案機関に特化して日清戦後も存続し、政務委員制＝少数の党幹部による指導体制は日清戦後の自由党・憲政党へと継承されていったと考えられる。

註

（1）遠山茂樹『自由民権と現代』（筑摩書房、一九八五年）第六、第一一章。

（2）福井淳「板垣退助岐阜遭難事件に対する諸政治勢力の対応」（『書陵部紀要』四九、一九九七年）。

（3）坂本一登『伊藤博文と明治国家形成』（吉川弘文館、一九九一年）第三章。

（4）佐々木隆「黒田清隆の板垣復権工作」（『日本歴史』六一二、一九九九年）。

（5）川口暁弘『明治憲法欽定史』（北海道大学出版会、二〇〇七年）第二章第一節第三項。

（6）安在邦夫「『受爵』をめぐる板垣退助の言動と華族認識」（安在邦夫・真辺将之・荒船俊太郎編著『明治期の天皇と宮廷』〈梓出版社、二〇一六年〉所収）。

（7）小林和幸『明治立憲政治と貴族院』（吉川弘文館、二〇〇二年）第一部第四章。

（8）原田敬一『帝国議会　誕生』（文英堂、二〇〇六年）第四章。

（9）真辺将之「老年期の板垣退助と大隈重信」（『日本歴史』七七六、二〇一三年）。

（10）初期議会期を中心とする政治史研究については、鳥海靖「初期議会における自由党の構造と機能」（『歴史学研究』二五五、一九六一年）、升味準之輔『日本政党史論』（東京大学出版会、一九六六年）第二巻第五章、小山博也『明治政党組織論』（東洋経済新報社、一九六七年）第Ⅰ部第一章、坂野潤治『明治憲法体制の確立』（東京大学出版会、一九七一年）、有泉貞夫『明治政治史の基礎過程』（吉川弘文館、一九八〇年）、同『星亨』（朝日新聞社、一九八三年）、村瀬信一「第一議会と自由党」（『史学雑誌』九五―一二、一九八六年）、同「明治二六年九月の自由党九州遊説」（『日本歴史』六四五、二〇〇二年）、佐々木隆『藩閥政府と立憲政治』（吉川弘文館、一九九二年）、伊藤之雄『立憲国家の確立と伊藤博文』（吉川弘文館、一九九九年）、小宮一夫『条約改正と国内政治』（吉川弘文館、二〇〇一年）、前掲註(8)原田『帝国議会　誕生』第五章、真辺美佐「大同団結運動末期における愛国公党結成の論理」（安在邦夫・真辺将之・荒船俊太郎編著『近代日本の政党と社会』〈日本経済評論社、二〇〇九年〉所収）、同「第一議会期における板垣退助の政党論」（『日本歴史』七五八、二〇一一年）、五百旗頭薫「藩閥と政党」（『岩波講座　日本歴史』第16巻近現代2〈岩波書店、二〇一四年〉所収）、前田亮介『全国政治の始動』（東京大学出版会、二〇一六年）など。

（11）板垣退助口述、土居光華筆記「自由党の尊王論」（国立国会図書館憲政資料室所蔵「憲政史編纂会収集文書」四三〇―一二、明治一五年四月）。

(12)『自由』明治二四年八月七日号雑報「板垣総理の演説」。
(13)『自由』明治二六年四月三〇日号雑報「高知に於ける板垣総理の演説　主義及施政の方針」。
(14)『福島民報』明治二六年二月二一日号雑報「予算問題に関する板垣総理の意見」。
(15)板垣らへの叙爵について、伊藤博文総理大臣は「内閣有爵之面々ト遂協議大隈以下十六名」を上奏、「右十六名ハ大隈後藤板垣以上伯」と決定し、明治天皇の意向で勝海舟を伯爵に加えていた（明治〈二〇〉年五月七日付黒田清隆宛伊藤博文書簡、鹿児島県歴史資料センター黎明館所蔵「黒田清隆関係文書」四―四）。なお、板垣退助辞爵事件の経緯については、前掲註(3)坂本『伊藤博文と明治国家形成』第三章第四節、前掲註(5)川口『明治憲法欽定史』第二章第一節第三項参照。
(16)明治（二〇）年五月一四日付片岡健吉・山田平左衛門宛林有造書簡（高知市立自由民権記念館寄託）。この史料は高知市立自由民権記念館25周年記念展示「自由民権記念館25年の歩みと蔵出し資料展」（二〇一五年）で展示された。
(17)明治（二〇）年六月三日付伊藤博文宛杉孫七郎書簡、伊藤博文関係文書研究会編『伊藤博文関係文書』（以下、『伊藤文書』と略す）六（塙書房、一九七八年）四五～四六頁。
(18)宮内庁『明治天皇紀』第六（吉川弘文館、一九七一年）七五五～七五七頁。
(19)明治（二〇）年六月一三日付伊藤博文宛吉井友実書簡（前掲註(17)『伊藤文書』八、二一〇～二一一頁）。
(20)『大阪日報』明治二〇年六月三〇日号雑報「辞爵事件の続聞」。
(21)『大阪日報』明治二〇年七月二、三日号雑報「板垣氏の演説」。
(22)国立国会図書館憲政資料室所蔵「三島通庸関係文書」五三七―一九ロ（以下、「三島文書」と略す）。
(23)『大阪日報』明治二〇年七月一九日号雑報「民間の三傑一所に会す」。同時期に進行していたアジア通商計画については、本書第Ⅰ部第二章参照。
(24)明治（二〇）年六月四日付伊藤博文宛三条実美書簡（前掲註(17)『伊藤文書』五、一五四頁）。
(25)明治（二〇）年六月五日付三条実美宛伊藤博文書簡（春畝公追頌会『伊藤博文伝』中巻〈一九四〇年〉五三二～五三三頁）。
(26)明治（二〇）年六月五日付井上馨宛伊藤博文書簡（前掲註(25)『伊藤博文伝』中巻、五三三頁）。こうした考えは伊藤だけでなく、滋賀県知事中井弘（薩摩出身）も板垣を「ダントン　ロペストヒル（ロベスピエール―著者注）の奴僕」と指弾した上で、「我政府は確乎不抜の主義を採り十分鉄血政略を施行し、暴慢狂奔なる社会党否虚無党に類似する者の跡を社会に絶たしむるこそ全国人民の幸福と奉存候」と批判していた（明治〈二〇〉年七月九日付山県有朋宛中井弘書簡、『山県有朋関係文書』3〈山川出版社、二〇〇八年〉一〇～一二頁）。
(27) 明治（二〇）年六月二二日付伊藤博文宛伊東巳代治書簡（前掲註(17)『伊藤文書』二、四三頁）。
(28) 明治（二〇）年六月二七日付伊藤博文宛伊東巳代治書簡（前掲註(17)『伊藤文書』二、四三頁）。
(29) 『大阪日報』明治二〇年五月二〇、二二日号雑報「板垣退助氏の気節」。
(30) 『大阪日報』明治二〇年七月一二日号雑報「有志者の計画」。
(31) 宇田友猪著、公文豪校訂『板垣退助君伝記』第二巻（原書房、二〇〇九年）、四六〇～四六三頁。
(32) 前掲註(22)「三島文書」五三八―五。
(33) 『官報』明治二三年二月一一日付号外、前掲註(10)升味『日本政党史論』第二巻、一五四～一五五頁。
(34) 『土陽新聞』明治二三年八月二日号雑報「勅撰議員」。
(35) 『土陽新聞』明治二三年九月三〇日号雑報「板垣伯に内命あり」、一〇月一日号雑報「板垣伯と訪問者」。
(36) 前掲註(18)『明治天皇紀』第七、六四〇頁。
(37) 山県内閣の板垣に対する貴族院勅選議員任命の意図について、小林和幸氏は「したがって、この問題は、天皇や内閣は、反政府的な板垣を勅選に推薦するほど、勅選議員選考を公平なものとしようとする意図があったと考えることもできよう」と評価している（前掲註(7)小林『明治立憲政治と貴族院』一一八頁）。これに対して、原田敬一氏は「やはり、反政府派の板垣をどう取り込むかを考えた結果の人事案であったのではないか」と指摘している（前掲註(8)原田『帝国議会　誕生』一五二頁）。
(38) 『土陽新聞』明治二三年一〇月三日号雑報「板垣伯勅任議員辞退の心事」。
(39) 明治二三年七月二二日付山県有朋宛田中光顕探聞（東京大学大学院法学政治学研究科附属近代日本法政史料センター原資料部所蔵「中山寛六郎関係文書」）。
(40) 明治二三年九月三〇日付山県有朋宛田中光顕探聞（前掲註(39)「中山寛六郎関係文書」）。
(41) 前掲註(10)鳥海「初期議会における自由党の構造と機能」一六～一九頁。
(42) 前掲註(10)伊藤『立憲国家の確立と伊藤博文』二八～二九頁。
(43) 『土陽新聞』明治二三年九月二五日号雑報「板垣伯の入党」。

(44)『自由新聞』明治二三年一二月九日号雑報「立憲自由党の常議員会」、一四日号雑報「板垣氏の談話」。
(45)『自由新聞』明治二四年一月二二日号雑報「板垣氏の談話」、前掲註(10)村瀬「第一議会と自由党」一四〜一五頁。
(46)明治二四年一月二五日付山県有朋宛田中光顕探聞（前掲註(39)「中山寛六郎関係文書」）。
(47)前掲註(10)鳥海「初期議会における自由党の構造と機能」一九〜二一頁、前掲註(10)伊藤『立憲国家の確立と伊藤博文』六〇〜六四頁。
(48)『国会』明治二四年三月二四日号雑報「立憲自由党大坂大会の詳報」、前掲註(10)伊藤『立憲国家の確立と伊藤博文』六〇〜六四頁。
(49)『自由新聞』明治二四年三月二六日号社説「板垣氏政党組織意見書」、雑報「板垣氏自由党総理を承諾す」。
(50)『自由党党報』一号、明治二四年一〇月二五日。代議士総会の会長はほとんどの場合、板垣が務めたが、河野ら党有力者が務めることもあった。
(51)自由党政務調査部については、前掲註(10)伊藤『立憲国家の確立と伊藤博文』第二章第三節も参照。
(52)『自由』明治二四年五月二六日号雑報「自由党協議会」。なお、政務調査部は同年一〇月に党務内規として正式に追認された（『自由』明治二四年一〇月七日号雑報「自由党の集会」）。
(53)『自由』明治二四年九月二五日号雑報「自由党々則改正案」。
(54)『自由党党報』一号、明治二四年一〇月二五日。
(55)『自由』明治二五年三月二六日号雑報「自由党代議士総会」。
(56)『自由』明治二四年一二月八日号雑報「自由党記事　代議士総会」。
(57)院内総理について、伊藤之雄氏は第三議会で議場内の駆け引きを担当する「議場内総理」に河野広中が指名された後、第四議会で初めて院内総理に河野が委嘱され、第五議会では河野が協議員長に就任したので院内総理が置かれなかったとされる（伊藤之雄「初期議会期の自由党」〈山本四郎編『近代日本の政党と官僚』東京創元社、一九九一年所収〉二〇六〜二〇七頁、前掲註(10)伊藤『立憲国家の確立と伊藤博文』一四〇頁）。また、長井純市氏も『河野磐州伝』から第三議会で「広中は、〔衆議院〕議長職に代わって、自由党における『院内統〔総〕裁』（『磐州伝』）の地位を与えられた」としている（長井『河野広中』〈吉川弘文館、二〇〇九年〉一二四頁）。

(58) 明治二四年三月二八日付総理板垣退助宛河野広中「辞表」(国立国会図書館憲政資料室所蔵「河野広中関係文書」四四四)。
(59) 『自由党党報』四号、明治二四年一二月一〇日。
(60) 『自由党党報』一二号、明治二五年五月一〇日。なお、明治二五年五月一三日に河野は自らが指揮を執った選挙干渉上奏案敗北の責任を取る形で「議院内ニ於ケル吾党ヲ統理スルノ重任ヲ受ク(中略)依テ自ラ其任ヲ辞シ以テ斧鉞ノ責ヲ待ツ」と辞表を執筆したが、板垣ら党員の勧告で留任したとされる(明治二五年五月一三日付「自由党院内総理辞職願」〈前掲註(58)「河野広中関係文書」四三五〉、河野磐州伝編纂会編『河野磐州伝』下巻〈河野磐州伝刊行会、一九二三年〉一八〇〜一八六頁)。
(61) 『自由党党報』一四号、明治二五年六月一〇日。なお、一般交渉委員は河野広中・星亨・山田武甫が任命されるが、星が衆議院議長就任に伴い辞退したため、西山志澄が代わって就任した(『自由党党報』一一〈明治二五年四月二八日〉、一二号〈五月一〇日〉)。
(62) 無記名「自由主義の運動」三(『自由』明治二六年一月七日号論説)。
(63) 『自由党党報』一五号、明治二五年六月二五日。
(64) 『自由党党報』二六号、明治二五年一二月一〇日。
(65) 前掲註(60)『河野磐州伝』下巻、第三章。なお、第四議会における院内総理河野の活躍について『河野磐州伝』は「院内総理として絶対の権能を有し、院内総理として絶代の手腕を揮つた磐州の如きは、議会あつて以来、空前にして、又た曠後と謂つても可なるのである」と河野顕彰の立場から高く評価している(前掲註(60)『河野磐州伝』下巻、一三九頁)。
(66) 『自由』明治二六年三月四日号社説「板垣総理の演説」、雑報「自由党代議士総会」、七日号雑報「自由党大懇親会」、八日号雑報「自由党部長及理事」。
(67) 『自由新聞』明治二六年一一月一一日号雑報「自由党代議士総会」。
(68) 『自由新聞』明治二六年一一月二三日号雑報「自由党協議会」。協議員長に就任した河野広中(福島県)をはじめ、協議員には片岡健吉(高知県)・杉田定一(福井県)・長谷場純孝(鹿児島県)・工藤行幹(青森県)・石田貫之助(兵庫県)・鈴木昌司(新潟県)が一一月一一日の代議士総会で選出されたが、板垣は協議員設置に反対であり、星が地盤とする関東出身の代議士は一人も選出されなかった(前掲註(10)伊藤『立憲国家の確立と伊藤博文』一三九〜一四〇頁)。
(69) 前掲註(10)伊藤『立憲国家の確立と伊藤博文』一四〇頁。

（70）『自由新聞』明治二七年四月二六日号社説「我党大会に於る板垣総理の演説」、雑報「自由党大会」。
（71）『自由新聞』明治二七年五月一日号雑報「自由党正副部長」、二日号雑報「自由党正副部長補欠選挙」。
（72）『自由党党報』六一号、明治二七年五月二五日。
（73）『自由新聞』明治二七年六月五日号雑報「自由党々則改正」。
（74）『自由党党報』八二号、明治二八年四月一〇日。
（75）『自由党党報』九九号、明治二八年一二月二五日。

第二章　栗原亮一と旧自由党系のアジア貿易計画

はじめに

日本は四方を海に囲まれた島国である。この環海の島国という地理的条件はこの海を通じて、アジアを中心に世界の国々と航海や通商を行う機会を人々に与えてきた。この地理的条件に着目したのが、土佐派の栗原亮一である。栗原は日本が四面環海の島国であるという地形に着目し、その地形を生かして通商により日本の経済的発展、さらに国権の拡張を図ろうと考えた。本章では、この栗原の構想を「通商国家構想」の原点と位置づける。栗原は板垣退助ら旧自由党系（本章が対象とする明治一九年から二〇年には自由党が解党しているため、旧自由党系と称する）の政策立案者の一人であり、板垣を領袖とする土佐派の一員であった(1)。

明治二〇（一八八七）年、栗原はアジア貿易計画のために意見書を執筆する。それが「通商国家構想」の原点となる「亜細亜貿易趣意書」であった。「亜細亜貿易趣意書」は当該期の旧自由党系、特に土佐派の国家構想の形成過程を知る上で有益である。そして、旧自由党系の「通商国家構想」の形成過程を検討することは当該期のみならず、初期議会期以降における自由党の政治動向の原点を解明することにもなろう。

また、土佐派によるアジア貿易計画は当該期における旧自由党系の中でも特異な位置を占めており、管見の限り、類似の計画は旧自由党系の中でほとんど見あたらない。わずかに、当時洋行中であった杉田定一が未定稿の「国是策」でアジアとの貿易を主張した事例が存在する程度である(2)（第Ⅰ部第三章第一節参照）。

では、類似した計画は他になかったのであろうか。実は、藩閥政府による広業商会の計画が存在していた。北海道開拓使および内務省が設立した半官半民の広業商会は当時清国商人が商権を掌握していた日清貿易、特に海産物の直輸出に進出し、失敗していた(3)。

一方、栗原の「亜細亜貿易趣意書」は旧自由党系、特に土佐派から立案された「在野」の貿易計画の趣意書であるという点に大きな特徴がある。そして、その計画は資金調達の側面が強かったとはいえ、当時の旧自由党系において土佐派にのみ見られた特異な計画であった。

しかし、このような意義を有するにもかかわらず、「亜細亜貿易趣意書」とアジア貿易計画に関する先行研究は管見の限り、ほぼ皆無である。その背景には、この計画に関する史料が乏しいこと、また、より重要な点であるが、この計画の実施された明治一九年から二〇年が三大事件建白運動のさなかにあり、先行研究の関心がこの政治運動を重視する形で推移し、旧自由党系の貿易計画が顧みられなかったことによるものと考えられる。

この三大事件建白運動に関してはすでに多くの研究が存在する(4)。また、運動主体の土佐派に着目した研究として寺崎修氏、公文豪氏、安在邦夫氏らの研究が挙げられる。

寺崎氏は政治運動面から自由民権期、大同団結運動期、初期議会期の統一的分析を試みた。そして、三大事件建白運動を含む大同団結運動期においては、保安条例発令前とその後、憲法発布に伴う恩赦後の各時期によって運動に質的差異があることを明らかにした(5)。

公文氏は高知県の物部川堤防事件を分析し、これが土佐派の建白運動の背景にあったことを示した(6)。安在氏は三大事件建白運動における土佐派の動向を中心に、星亭派との建白書の内容の違いや自由民権運動との連続性を明らかにした。さらに、安在氏は「土佐派全体が建白運動で統一されていたのかといえば、もちろんそうではない」とした上で、「『事業派』なるものが存在したこと」にふれているが、それがアジア貿易計画の推進派であることについては指摘していない。(7)

こうした先行研究の成果によって、土佐派の三大事件建白運動における政治動向、思想、意義などが明らかになった。一方、先行研究では政治運動から見た土佐派という観点から考察されてきた傾向があるため、本章で対象とする土佐派の貿易計画や国家構想については、ほとんど述べられていない。

このような先行研究を踏まえて、本章では栗原の「亜細亜貿易趣意書」を分析し、当該期における旧自由党系の国家構想の形成過程を検討する。

そして、「亜細亜貿易趣意書」を掲げた旧自由党系のアジア貿易計画の過程についても、「三島通庸関係文書」の探聞(8)や当時の新聞資料などを併用しつつ解明する。

一　「亜細亜貿易趣意書」とその特徴

「亜細亜貿易趣意書」は板垣らが計画した亜細亜貿易商会の設立趣意書である。この「亜細亜貿易趣意書」および「有限責任亜細亜貿易商会仮規則」（以下「有限責任」は略す）は明治四三年に板垣監修の下に刊行された『自由党史』に掲載された。しかし、『自由党史』は「亜細亜貿易趣意書」および「亜細亜貿易商会仮規則」を掲載し、そのすぐ後に明治二〇年五月一五日に開催された大阪中之島の全国有志懇親会について記すのみで、アジア貿易計画にはまったくふれていない(9)。

だが、実際には、この全国有志懇親会において、アジア貿易計画が討議されていた(後述)。このように、『自由党史』はアジア貿易計画について「亜細亜貿易趣意書」、「亜細亜貿易商会仮規則」以外には史料を掲載していないのである。これがアジア貿易計画が明らかにされなかった一因であろう。次に「亜細亜貿易趣意書」の執筆された経緯を次の史料から検討する(10)。

板垣云フ、自由党杯モ是迄真ノ空業タリシガ故ニ、何ツモ意ノ如クナラザリシニ、今回余ノ計画果シテ成リ、貿易ノ実業ヲ起ス事ヲ得ハ、将来ノ便利一方ナラサルヘシ。栗原亮一在清中取調タル内地ノ景況ニシテ貿易上ノ参考タルヘキ見聞ヲ蒐集シ、一冊子ニ為シ、同志ヲ説クノ一材料ニセン云々。就テハ、栗原ニハ今十九日下神シ、両三日間ニ之レヲ仕揚クル積ナリト云フ。

この史料から板垣が従来の自由党を「空業」と批判し、アジア貿易計画の必要性を「将来ノ便利」として説いていること、栗原が「一冊子」を執筆していることが分かる。そして、板垣はこの「一冊子」でアジア貿易を同志に説得しようとしていた。この栗原執筆の「一冊子」が「亜細亜貿易趣意書」の原案であり、約一ヵ月後の七月に「亜細亜貿易趣意書」として完成する。それは後に栗原が「亜細亜貿易趣意書」とほぼ同内容の「支那貿易論」を『東雲新聞』に連載することからも明らかである(11)。

なお、この史料に登場する栗原の「見聞」は栗原の在清体験のことであろう。栗原は明治一七年に清国へ渡り、杉田定一らと上海に東洋学館を設立した(12)。東洋学館はアジア連帯論を掲げる亜細亜協会が上海に進出させた協会系の学校であった。

しかし、自由党の元常議員末広重恭の館長就任後、日清貿易の人材養成学校へと変化したとされる(13)。末広は日本の富国の方法は「独リ支那ノ貿易ニ在リ」と述べて、日清貿易とその人材養成を強調していた(14)。この末広の東洋学館に関与したことが、栗原の「見聞」として「亜細亜貿易趣意書」へとつながったのではないかと思われる。

次に、「亜細亜貿易趣意書」の主な特徴について考察する(15)。

第一に、栗原が地理的特徴から日本がアジア貿易に最適であると考えていることである。栗原は日本が「環海の島国にして航路万国と相通じ」、清国と近く、特に北海道を中心に海産物が豊富であるとする。それゆえに、栗原は「清国、印度、暹羅、安南、緬甸、南洋群島等」アジア各国と日本が貿易し、利益を得ようと考えたのである。

第二に、栗原はアジア貿易の具体策として清国への海産物直輸出を唱えたことである。栗原は開国以来「水産の貿易を以て多くは渡来の清人に委ね」ている状況に対して、日本人による清国への海産物の「直輸の業」が必要であると強調した。

第三に、栗原はアジアに侵略する西洋列強に対抗するためにアジア連帯論を提唱し、国内への西洋資本の進出を防止するという観点からアジア貿易の必要性を唱えたことである。栗原は人種・風俗・宗教などが同じアジア各国が西洋列強に連帯して対抗する必要があると考え、貿易によりアジア各国との親睦を深めることを主張した。そして、栗原は近く予想される条約改正とそれに伴う外国人の内地雑居、国内産業の西洋資本による独占に対抗するためにも民間の「共同一大会社」が必要と考えたのであった。

第四に、栗原は英国の例を挙げて、貿易による商権拡張が国権拡張につながること、そして日本も「亜細亜の貿易を盛んにし、以て商権を拡張せば、我国権をして重からしむることを得べし」とアジア貿易により商権拡張、ひいては国権拡張を実行すべきであると主張した。この点について、栗原は以下のように論じている。

> 万国相対するに於て其国権を重ずる所の者は、貿易利戦の場に立て能く其勝を制すると否とに由るあり。(中

略）英国は西洋の一孤島に位し、五洲に雄飛して其国威を発揚し、印度を略し、支那を侵し、隠然亜細亜大洲に覇たる勢を養ひ成したるは、専ら兵力の致す所なるが如しと雖、商権之が援を為したるに由なり。

つまり、栗原は帝国主義の時代では、国権拡張は兵力だけでなく、貿易＝商権拡張を背景として行われるとする。そして、英国が西洋の孤島でありながらアジアの覇者になったのは兵力だけではなく、背景に商権獲得があったからであるとしている。このように、栗原のアジア貿易論は英国をモデルとした商権拡張、ひいては国権拡張論に基づくことが分かる。

次に、組織・機構など二九条からなる「亜細亜貿易商会仮規則」を分析する。(16)

第一の特徴は「日本産出の貨物品を亜細亜地方に直輸販売する」（第三条）ことを目的としたことである。そして、アジア貿易のために神戸に本店、横浜に支店を置き（第五条）、清国・安南・印度などに支店を設置する予定であった（第二一条）。なお、亜細亜貿易商会が神戸に本店を置いたのは、板垣が神戸でアジア貿易を計画していたことと密接な関係があると考えられる。

第二の特徴は亜細亜貿易商会が「資本金を金拾万円以上」とし、百円で一株とする高額の株式を設定したことである。これは「少数出資者・大資本型」の類型とされる。(17)

板垣らはアジア貿易計画のさい、奈良県で大森林を所有し、自由党の後援者でもあった土倉庄三郎や愛媛県出身の旧自由党系大阪府会議員の岡崎高厚ら「富裕層」に援助を求めている。栗原はこれらの人々を株主に想定したゆえに株券を高額に設定したと推測される。

このように、亜細亜貿易商会はアジア、特に清国への海産物の直輸出を中心とする貿易会社であった。その背景には、日本がアジア貿易により商権を獲得し、ひいては、国権も拡張していくべきであるとする英国モデルの栗原の構想が強く反映されていたのである。

二　旧自由党系のアジア貿易計画

栗原が「亜細亜貿易趣意書」を執筆する約一年前、明治一九年二月に初めて土佐派のアジア貿易計画が史料上に現れる。そして、宮地茂春（板垣の娘婿）、山田一正らが土倉庄三郎を説得し、一〇〇〇円を入手していた。板垣も土倉の援助により大阪北堀江辺りに「日清韓貿易用達会社」を設立しようとしていたとされる(18)。この背景には、板垣個人の生計の問題とともに、旧自由党系の資金不足という問題があった。宮地も学校・新聞・殖産などの事業を行うために資金が必要であるとしている。しかし、事業計画を示す史料は明治一九年には他に存在せず、その進展については不明である。

明治二〇年二月、ふたたび土佐派が土倉らから借金をし、「即チ此事業ハ支那貿易ト称スル者ニシテ国産ヲ支那ニ売却スルノ目的ナリ。而シテ其主宰ハ板垣退助ナリ」として、板垣が「支那貿易」を主宰したとされる(19)。同時期に、土倉は神戸に滞在し、三月五日に横浜に出発しており、出発前に土倉への借金の要請がなされたと考えられる(20)。しかし、星亨は政治上で運動すべきとして、板垣が実業に関与することに反対していた(21)。

五月一三日、この時、すでに板垣らに対する授爵（五月九日）が行われていたが、板垣は土佐派の西山志澄・宮地茂春らを随行し、高知から神戸に到着した(22)。

この来神の理由については、『自由党史』は五月一五日に開催される大阪中之島における全国有志懇親会のためとしている。しかし、『自由党史』の記述からは欠落しているが、全国有志懇親会の席上でアジア貿易計画も討議されていた。「土佐国民情一斑」は「運動ヲ為サントスルモ資力ナシ」という状態にあるため、板垣が明治二〇年五月に各種事業の一つとしてアジア貿易計画を推進したとして、以下のように記述している。[23]

（板垣は）又、西山志澄等ニ嘱シ、亜西亜貿易会社ナルモノヲ設置セント、之ヲ大坂自由党懇親会ノ際、協議セシメタルニ、星亨、板倉中、寺田寛等党員多クハ之ヲ賛成シ、既ニ会則其他立案ニ着手シタリシモ（以下後略）

つまり、この全国有志懇親会で、板垣がこの計画を西山に任せ、西山により「亜西亜貿易会社」（亜細亜貿易商会）の設置が提議され、反対していた星亨も含め板倉中（代言人・千葉県県会議員）、寺田寛（高知県出身・後に東雲新聞を経営）ら旧自由党系の多くの賛成を得ていたことが分かる。この賛成の背景には板垣の辞爵問題があった（第I部第一章第二節参照）。

星らは二月の時点では貿易計画に反対していたが、板垣が授爵により政府に懐柔されることを恐れていた。そこで、星は板垣が辞爵を貫徹する代わりに、アジア貿易計画に賛成したようである。それは、星が約二ヵ月後の七月にアジア貿易のため岡崎ら事業家を組織化するさい、板垣の辞爵とそれに伴う生計についてふれていることからもうかがえよう。[24]

「三島文書」によると、この後板垣は神戸に借家し、一〇日ほど滞在する予定であり、「東亜貿易ノ事業ニハ、此滞在ヲ以テ（板垣）自カラ多少ノ画策ヲ試ムヘキ思意ナルカ如シ」として、神戸の実業家と会うなど「東亜貿易」の画策を行っていた。[25]

この板垣の神戸滞在中、前述したように、栗原が「亜細亜貿易趣意書」を作成した。この後、板垣は辞爵のために神戸滞在を切り上げ、五月二四日に西山・池田応助（元立志社員で板垣の側近）らとともに上京している。[26]

この間、アジア貿易計画を担ったのが法貴発と、板垣の上京に随行し、六月に帰阪した西山らであった。法貴の記した「明治二十年元老院行日誌」には、「六月再ヒ大坂神戸ニ会シ、支那貿易商会（亜細亜貿易商会）ノ事ヲ計リ、余与西山其事ニ当ル」とあり、西山と法貴が亜細亜貿易商会を担当したことが分かる。(27)

また、星も板垣辞爵のために、将来の板垣の生計を立てると称して「彼ノ貿易事業ノ会社ヲ創立スルコトヲ速カナラシムヘシ」として、岡崎高厚らを組織化していた。(28)

しかし、板垣が七月一五日に受爵したことにより情勢は一変する。板垣の辞爵を主張していた星はこれを猛烈に批判し、ふたたび事業とは距離を置いた。中江兆民も板垣から離れるなど、土佐派と星らとの亀裂は深まっていった。(29)星らの批判に対して、西山は激昂して「汚名ヲ挽回スル」ために八月一二日に板垣が明治天皇に奏上した「封事」に基づき、「現内閣ノ組織ヲ変スルノ計画」を行うべきだと述べた。(30)これを契機に西山も三大事件建白運動へと傾いていくことになる。

そして、貿易事業自体も「板垣伯ノ受爵シタルニヨリ党員悉ク板垣伯ノ心情ヲ誹謗シ、遂ニ其業成ラサリキ」とされ、星ら旧自由党系から受爵により板垣が政府側に懐柔されたとの疑惑を生み、挫折していった。(31)このように、板垣の辞爵問題は板垣がアジア貿易計画へ関与することを妨げる一方、板垣が受爵した結果、星らの反対、西山の建白運動への参加につながった。さらには、星による大阪実業家の組織化をも頓挫させたのであった。

一方、辞爵問題以前から開始されたのが、亜細亜貿易商会と関連する諸会社の設置であった。明治二〇年三月には高知県県会議員の島田糺が物産会社設立を漁業組合に図り、六月には「県下の水産物を清国に輸出せんが為め、此程高知物産会社なるものを起し」た。(32)高知県県会議員の武市安哉も「農益会社」を起こし、土佐派が各種事業を開始した。(33)これに先立つ明治一九年八月には林有造・大江卓・吉田健二が北海道に赴いている。『林有造伝』は北海道庁長官で林の実兄岩村通俊の慫慂による小樽築港のためとしている。(34)一方、同年八月、竹内綱も岩村の招きで羅臼山の

硫黄坑の坑主平山進と組合条約を結んだ。(35)

北海道へ赴いた大江と竹内が寺崎至（新潟県の財産家）、岡野知荘（福島県の旧自由党員・土木請負業）と設立したのが北海道物産商会であった。「北海道物産商会開業広告」によると、北海道物産商会は資本金三〇万円、本店を小樽、支店を札幌・東京、代理店を新潟県直江津・富山県伏木港に設け、委託販売を行うとしている。(36)そして、大江が頭取、寺崎が幹事、岡野・竹内が取締役と決定した。(37)この計画には、林が途中から参画し、小樽港埋立工事に大江らと同行していた。(38)

この北海道物産商会設立には、林らを北海道に招いた林の実兄岩村の関与があったと思われる。それを示すのが明治（二二）年二月二七日付の品川弥二郎宛岩村通俊の書簡である。(39)岩村は品川に「（林）有造も于今頑癖にて誠に困却仕候。小生も是には趣向にあくみ《ママ》、去年北海道之仕事をあてかい、先つ安心と存候処」と書き送り、保安条例の施行前に北海道物産商会に関与した林に「仕事」をあてがったことを告げている。

このように、大江や竹内、岩村の援助を受けた林が設立した北海道物産商会は北海道海産物などの国内への委託販売や小樽港埋立、鉱山事業(40)など多彩な事業展開をしていた。そして、土佐派は北海道や高知に関連会社を設立し、海産物などの商品ルートを設置してアジア貿易を行おうとしたと思われる。

しかし、アジア貿易計画の前途は板垣受爵以降、悪化の一途をたどっていた。その原因の一つは資金面の問題であった。「三島文書」によると、北海道物産商会は当初の資本金三〇万円を下回る二一万円の資本金を公称していたが、実際は数千円であった。(41)

また、経営に関わった寺崎は「インチキ男」とされており、(42)商会の経営に打撃となった。北海道物産商会など、関連会社の設置は必ずしも順調に運ばなかったのである。

三　アジア貿易計画の挫折

明治二〇年八月以降、三大事件建白運動が広がるにつれ、土佐派内でも貿易事業への姿勢が揺らぎ、貿易事業と建白問題のどちらを優先すべきかという意見対立が生じていった。そのきっかけとなったのが、辞爵問題後の八月一二日に政府批判の「封事」を奏上し、一六日に高知に戻った板垣であった。板垣は党員達に一〇月には伊藤博文内閣を打倒し、責任内閣を組織すると演説している。星も高知に来て、板垣の計画に同意し、協力すると述べるなど、三大事件建白運動の気運は高まっていった(43)。

一方、土佐派で建白運動の急先鋒に転じたのは西山志澄であり、建白運動への熱意を示していた。九月に在阪同志を建白運動へ説得するため来阪していた「建白党」西山は「事業派」寺田寛と対立していたとされる(44)。そして、西山が板垣の意見と称する自説を論じたのに対して、「寺田ハ不相変（建白に）不同意ニ立テリ、栗原ニモ寺田ト同感ニシテ可成遊説員ノ出サル前土佐ニ到リタシト云ヘリ」と述べた。栗原も建白運動に反対し、建白の前に「直接ニ板垣ノ意見ヲ突留メ」るために高知に赴くとしている。また、竹内綱・池田応助も「事業派」であり、山田平左衛門（元立志社社長）は建白に賛成であった。

次の史料は建白書提出を図る西山ら「建白党」と反対する栗原ら「事業派」に土佐派内で意見対立があったことを示しており、両派の対立はさらに激しくなっていった(45)。

西山等建白党ハ啻我意ヲ張ラントセル而已ナラス、痛ク事業派ヲ攻撃セントス。然ニ、西山ニハ前日事業委員ノトキノ言語ニモ似ス、彼ノ淡路ヨリ来坂シタル島田彦七等ニ対シテモ、事業ノ現時ニ不必要ナルヲ説ケリ（中略）栗原云フ、事業ニハ相応資金ナリ商機ナルモノモ必要ナレハ、随分困難ト云ハサルヘカラス。（中略）建白コソ最モ為シ易クシテ、資本杯ト要スル訳ニモアラズ。実ハ、ヘコ帯連ヲ狩リ立テモ出来ルナレ共、呉々モ必要ニアラスト認ム。

「三島文書」によると、「建白党」で「事業委員」だった西山がアジア貿易計画を批判している。これに対して、栗原は資金・商機などの問題を認識しつつも、建白に見込や利益がないかぎり、建白など「ヘコ帯連《兵児》」でもできると反論し、その必要性を認めなかった。

しかし、資金難は切実であった。栗原らは日清貿易を目標としていたが、清国商人との競争と膨大な資金が必要と予想されるため、インド貿易に変更しようとした。だが、インド貿易は実施されなかったようであり、九月以降、アジア貿易計画の史料はほとんど見られなくなる(46)。九月六日には板垣・植木枝盛と「板垣ノ意見」を確認するとして、高知に赴いた「事業派」の栗原・竹内が高知で会談した(47)。ここで、栗原らが板垣の意見を確認し、建白に同意したと思われる。これを機に、植木とともに栗原も三大事件建白書の起草に関与し、一〇月一六日には建白書が起草された(48)。一方、一〇月八日には西山らが会合、総代などを決定し(49)、一〇月二一日に総代片岡健吉らが高知を出発、上京して「三大事件建白書」を元老院へ提出する。このように、西山ら「建白党」が三大事件建白運動へ板垣の意見を掲げて土佐派を固めたことと資金の不足により、アジア貿易計画は九月初旬には中止に追い込まれたと思われる。

三大事件建白運動に対し、藩閥政府は一二月二六日保安条例で対抗、片岡・星らが皇居三里外へ追放処分とされた。これに抵抗した片岡・西山らは投獄され、旧自由党系（特に土佐派の「建白党」）は大打撃を受けた(50)。

一方、栗原は上京せず、追放に該当しなかった。そして、東雲新聞論説記者として明治二一年二月に「亜細亜貿易趣意書」を一部改変した「支那貿易論」を発表し、ふたたび清国への直輸出貿易を説いている。この行動からは栗原のアジア貿易への熱意がうかがえよう。この後、栗原はアジア貿易計画の経験を踏まえ、「通商国家構想」を掲げて立憲自由党の一員として第一回帝国議会に臨むこととなる。

おわりに

本章では、栗原亮一の「亜細亜貿易趣意書」を取り上げ、その国家構想の形成過程を検討し、併せて旧自由党系のアジア貿易計画を「三島文書」の探聞書などにより検討した。

その結果、「亜細亜貿易趣意書」は栗原の「通商国家構想」の原点に位置する論説であることが明らかになった。栗原は日本が環海の島国である利点を生かして、海産物などを清国を中心とするアジア諸国に輸出することで、日本の経済的利益を獲得し、商権拡張を行おうと考えていたのである。そして、栗原は英国同様、アジア貿易により商権拡張、ひいては国権拡張が可能と考えていた。

このような構想は、従来の旧自由党系の政治運動にとどまらない、具体的な国家のあり方である「国是」＝「通商国家構想」へとつながる過程を示したものといえる。つまり、栗原の論は通商を軸とする「通商国家構想」の原点であった。

また、栗原の「通商国家構想」を掲げたアジア貿易計画は明治一九年から二〇年にかけて実際に準備されていた。板垣らの資金集め、栗原による「亜細亜貿易趣意書」の執筆、関連会社の発足などが実行されたことが明らかになった。

そして、清国への海産物直輸出を中心とし、神戸を起点に清国などにも拠点を置く壮大な貿易計画を実行する予定であったのである。この計画は当初、板垣らを中心とする政治運動費の獲得という性格が強かったが、栗原が「亜細亜貿易趣意書」を執筆することにより、アジア貿易計画は英国をモデルとする「通商国家構想」という独自の国家構想の理念を形成する契機となった。

では、このアジア貿易計画は現実に達成される可能性はあったのであろうか。それを検討するためには、日清貿易で必要とされる巨額の資金、小生産者組合の団結と価格統制、そして市場調査能力の有無を検討する必要があるが、これらのいずれも土佐派は欠いていた(51)。これらを同じく欠いていた半官半民の広業商会の失敗は土佐派の失敗でもあった(52)。土佐派は資金については大阪の富裕者の組織化を意図したが、不十分であったし、市場調査能力も栗原の在清中の「見聞」に頼っていた。

また、明治二〇年代には日清貿易の輸出品が海産物中心の形態から銅・石炭・昆布という順位の形態へと転換し、国内では企業勃興による好景気が訪れていた(53)。このような状況下で、海産物中心のアジア貿易計画を実施したとしても結果的には、失敗した可能性が高かったと思われる。

そして、現実には土佐派のアジア貿易計画の前に板垣の辞爵問題、資金の不足や三大事件建白運動の広がりによる土佐派内での事業をめぐる意見対立など、様々な障害が立ちふさがったのである。最終的には、辞爵問題により政府批判を強めた板垣と「建白党」西山らによる三大事件建白運動により、アジア貿易計画は準備段階で中止されることとなったのである。

註

（1）　土佐派については、序章註(1)参照。
（2）　杉田定一「国是策（未定稿）」（家近良樹・飯塚一幸編『杉田定一関係文書史料集』第一巻〈大阪経済大学日本経済史研究所、二〇一〇年〉、一五六～一五八頁)。

(3) 広業商会の清国への直輸出貿易については、籠谷直人『アジア国際通商秩序と近代日本』(名古屋大学出版会、二〇〇〇年)第二章第一節、羽原又吉『支那輸出日本昆布業資本主義史』(有斐閣、一九四〇年)、小川国治「明治政府の貿易政策と輸出海産物」(『社会経済史学』三八―一、一九七二年)などを参照。

(4) 井上清『条約改正』(岩波新書、一九五五年)、大石嘉一郎「初期帝国議会下の民党運動」(『東北経済』三七、一九六一年)、後藤靖「大同団結運動の論理」(岩井忠熊編『近代日本社会と天皇制』〈柏書房、一九八八年〉所収)、安在邦夫「明治憲法体制形成期の自由民権運動」(『歴史学研究』五八六、一九八八年)。

(5) 寺崎修「反体制野党から体制内野党へ」(坂野潤治・高村直助他編『シリーズ日本近現代史　構造と変動二　資本主義と「自由主義」』〈岩波書店、一九九三年〉所収)。

(6) 公文豪「三大事件建白運動と土佐」(土佐自由民権研究会編『自由は土佐の山間より』〈三省堂、一九八九年〉所収)。

(7) 安在邦夫「『三大事件建白運動』について」(前掲註(6)『自由は土佐の山間より』一四四～一四五頁)。

(8) 国立国会図書館憲政資料室所蔵「三島通庸関係文書」(以下、「三島文書」と略す)の「治安取締関係」五三四～五三九の「探聞書・報告書」一～六などを参照した。これは明治一八～二〇年の三年間にわたり、アジア貿易計画も記録された精度の高い探聞である。探聞書五三七―一九(明治二〇年五月一六、一九日付)、五三八―三(同年七月一六日)、五三八―二六、二七(同年九月四、七日付)は大阪府知事建野郷三によるものである。建野は明治二〇年四月二日、六月五日、一九日、二八日、八月二三日に神戸の別荘などに「病気療養」などと称して滞在しており、板垣らの動向を密偵を使い、至近から探索していたようである(『神戸又新日報』明治二〇年四月四、六月七、一八、二九、八月二五日号)。そのため、情報の精度はいっそう高いといえよう。なお、密偵による情報収集については、山崎有恒「愛国社第二回全国大会をめぐる情報戦争」(『日本歴史』五五八、一九九四年)などを参照。

(9) 板垣退助監修、宇田友猪・和田三郎編纂『自由党史』下巻(五車楼、明治四三年)三八八～四一〇頁。以下、本書では原則的に『自由党史』(明治四三年)の初版を典拠として用い、テキスト分析のさいにも使用する。

(10) 前掲註(8)「三島文書」五三七―一九(ロ)。

(11) 無記名「支那貿易論」(『東雲新聞』明治二一年二月五、七、九、一〇、一四、一五、一七日号社説)。「支那貿易論」は無記名であるが、後藤孝夫氏は栗原作としており、著者も後藤氏の意見に賛同する(後藤「東雲新聞略史」〈部落解放研究所編『復刻　東雲新聞』別巻、一九七七年〉五一頁)。
(12) 雑賀博愛『杉田鶉山翁』(鶉山会、一九二八年)五七四頁。
(13) 東洋学館と末広重恭については、田中正俊「清佛戦争と日本人の中国観」(『思想』五一二、一九六七年)、小松裕「中江兆民とそのアジア認識」(『歴史評論』三七九、一九八一年)、黒木彬文「興亜会・亜細亜協会の活動と思想」(黒木、鱒澤彰夫編集解説『興亜会・亜細亜協会報告』一〈不二出版、一九九三年〉所収)、真辺美佐『末広鉄腸研究』(梓出版社、二〇〇六年)第五章第二節などを参照。
(14) 末広重恭「我邦ノ外ニ国アルヲ知レ」(『朝野新聞』明治一七年九月三〇、一〇月一日号論説)。
(15) 前掲註(9)『自由党史』下巻、三八八～三九九頁。
(16) 同右、三九九～四〇五頁。
(17) 高村直助『会社の誕生』(吉川弘文館、一九九六年)一三〇～一三一頁。
(18) 前掲註(8)「三島文書」五三四―二七。
(19) 前掲註(8)「三島文書」五三六―二七(ニ)。
(20)『神戸又新日報』明治二〇年三月六日号雑報「船客」。
(21) 前掲註(8)「三島文書」五三六―二七(ニ)。
(22)『神戸又新日報』明治二〇年五月一五日号雑報「板垣伯」。
(23)「土佐国民情一斑」明治二〇年五月の項(国立国会図書館憲政資料室所蔵「牧野伸顕関係文書」九〇)。
(24) 前掲註(8)「三島文書」五三八―三。
(25) 前掲註(8)「三島文書」五三七―一九(イ)。
(26)『神戸又新日報』明治二〇年五月二四日号雑報「板垣退助氏」、五月二五日号雑報「板垣退助君」。
(27) 法貴発「明治二十年元老院行日誌」(堅田精司・富樫守編『兵庫県近代史料一　法貴発草稿集』〈謄写版、一九六四年〉七六頁)。
(28) 前掲註(8)「三島文書」五三八―三。
(29) 前掲註(8)「三島文書」五三八―五。
(30) 前掲註(8)「三島文書」五四〇―一二。

(31) 前掲註(23)「土佐国民情一斑」明治二〇年五月の項。

(32) 『高知日報』明治二〇年三月二〇日号雑報「物産会社設立の計画」、『朝野新聞』明治二〇年六月一六日号雑報「政談家悉く事業家となる」。

(33) 前掲註(32)「政談家悉く事業家となる」。また、高知物産会社は清国から直輸入した天蠶を廉価販売するために清国への直接注文も計画している(『土陽新聞』明治二〇年六月二二日号雑報「高知物産会社」)。

(34) 田中貢太郎『林有造伝』(土佐史談会、一九七九年)二三六～二三九頁。『函館新聞』明治一九年九月三〇日号雑報「林大江両氏」。

(35) 「竹内綱自叙伝」(吉野作造編『明治文化全集』〈日本評論社、一九二九年〉第二二巻雑史編、四四三～四四四頁)。

(36) 『函館新聞』明治二〇年八月二〇日号広告「北海道物産商会開業広告」。

(37) 『土陽新聞』明治二〇年九月七日号雑報「北海道物産商会」。

(38) 前掲註(34)『林有造伝』二三九～二四二頁。

(39) 明治(二一)年二月二七日付品川弥二郎宛岩村通俊書簡(尚友倶楽部品川弥二郎関係文書編纂委員会編『品川弥二郎関係文書』二〈山川出版社、一九九四年〉一二一～一二二頁)。

(40) 明治二〇年には竹内綱が尻岸内の恵山を地元出身の大坂力松から譲渡されている(北海道編『新北海道史』四 通説三〈一九七三年〉五七七頁)。

(41) 前掲註(8)「三島文書」五四八―四。北海道物産商会設立に関する内容から明治二〇年八月以降に書かれたと推定される。

(42) 前掲註(34)『林有造伝』二四三～二四四頁。

(43) 前掲註(8)「三島文書」五四〇―二二。

(44) 前掲註(8)「三島文書」五三八―二六。「三島文書」の五三八―二七にこれの添書と思われるものがあり、明治二〇年九月七日付三島通庸宛大阪府知事建野郷三とあることから建野の送った探聞と思われる。この「建白党」と「事業派」の対立について、安在氏は寺田を「団結派」、竹内・池田らを「『事業派』なるもの」とした上で、「反・非建白派は記すまでもなく少数派であっ」たとしている(前掲註(7)安在「『三大事件建白運動』について」一四四～一四五頁)。

(45) 前掲註(8)「三島文書」五三八―三〇。明治二〇年九月付であるが、史料中に「昨一日」とあることから九月二日の史料と推定される。

(46)　なお、高知物産会社は一一月に高知・神戸などに販売所を置き、海陸物産を売買、海外貿易などをするとしたが（『土陽新聞』明治二〇年一一月二五日号雑報「高知物産会社」）、これを最後に史料上に現れなくなるため、その後解散したと思われる。

(47)　『植木枝盛日記』明治二〇年九月六日の項（『植木枝盛集』第八巻〈岩波書店、一九九〇年〉三五頁）。

(48)　「土佐国民情一斑」明治二〇年九月および一〇月の項。『植木枝盛日記』明治二〇年九月三〇、一〇月一六日の項（前掲註(47)『植木枝盛集』第八巻、三六頁）。

(49)　前掲註(8)「三島文書」五四〇―二二。

(50)　前掲註(9)『自由党史』下巻、六一〇～六二〇頁。

(51)　前掲註(3)籠谷『アジア国際通商秩序と近代日本』第二章第一節。

(52)　前掲註(3)小川「明治政府の貿易政策と輸出海産物」、前掲註(3)羽原『支那輸出日本昆布業資本主義史』。

(53)　日清貿易の変化については、角山榮『「通商国家」日本の情報戦略』（日本放送出版協会、一九八八年）一六八～一七二頁。

第三章　栗原亮一と自由党土佐派の「通商国家構想」

はじめに

明治二三（一八九〇）年一一月二五日、第一回帝国議会が召集された。衆議院を基盤とし、民力休養・経費節減などを掲げる自由党・立憲改進党と富国強兵路線を推進する藩閥政府は対立を繰り返しつつも、第八議会終了後の明治二八年一一月に自由党が第二次伊藤博文内閣との「提携」を発表し、両者の対立は収束に向かっていった。

序章で概観したように、従来の先行研究では自由党、藩閥政府両者の「提携」の原因について様々な議論がなされた(1)。また、藩閥政府と自由党の「提携」についてもその時期をめぐり、様々な議論が存在する(2)。だが、特に着目すべきは、その効果に肯定的であれ、否定的であれ「積極政策」という言葉であろう。この「積極政策」という言葉は鉄道問題・実業奨励政策などとして前述の先行研究の中で引用されている。そして、この「積極政策」（あるいは「積極主義」、「独立・近代化路線」）に対して、自由党は「同調」する客体として描かれていることが多い。

では、自由党は藩閥政府の提示する「積極政策」に同調したにすぎないのであろうか。あるいは、自由党が主体的に「積極政策」と対峙していたとするならば、自由党はいかなる背景の下、独自の国家構想や政策を打ち出したのであろうか。

本章では、この二つの課題に答えるべく、これまで検討されることがなかった、自由党土佐派の栗原亮一と「通商国家構想」に着目したい(3)。この「通商国家構想」がこれまで検討されてこなかった理由は、立案者の栗原が無名というだけではなく、従来の政治史研究が自由党と藩閥政府の「提携」とその原因に焦点を合わせる傾向があり、当該期の国家構想（特に自由党など政党側）の分析についていまだ十分ではなかったからである。

また、序章で述べたように、自由党土佐派の先行研究が少ないこと、前述の政府と自由党の「提携」への関心から先行研究では板垣や星亨らの党内指導や派閥の影響力を強調する傾向があり、政策立案者や立案機関が軽視される傾向にあったことも栗原の構想が注目されなかった一因であろう。

本章では、これらの点に留意しつつ、栗原と栗原の所属した土佐派の国家構想および政策に限定して検討することとする。なぜならば、土佐派は後述するように、板垣の代筆や自由党の宣言などの執筆を多く手がけた政策立案者栗原を中心に「通商国家構想」を共有し、これに基づく政策立案、議会への提出を派閥構成員が共同で行っていた。また、第Ⅰ部第一章でも検討したように、自由党の政務調査部は板垣総理を補佐し、政策立案を行う政策立案機関として機能しており、本章では、政務調査部と具体的な自由党の立法活動についても検討することとする。

一　栗原亮一の「国是論」

明治二〇年七月、栗原亮一は「通商国家構想」の原点である「亜細亜貿易趣意書」を執筆したが（第Ⅰ部第一章第一節参照）、越前自由民権運動の指導者であった杉田定一も同年に外遊先の英国で「国是策」を執筆している(4)。

この「国是策」については、大槻弘氏が自由民権運動が地主・名望家政党へ変質したとしてその特徴を指摘し(5)、山室信一氏もアジア主義の変質としてその特徴を論じている。(6) しかし、この「国是策」は国家構想としても注目すべき内容であった。

「国是策」は日本の国是を一三項目に列挙したものであった。(7) 杉田は責任内閣制に基づく立憲政治が必要とした上で、貿易についてはタイ・インドなどに領事館を設置し、「寧ロ東洋未開ノ諸国ニ販路ヲ求ムベシ」と国産品の改良によるアジア貿易を行うべきだと論じた。杉田は海軍についても「我邦ハ東洋ノ一孤島ニシテ、四方皆海天険ノ国ナリ、舟楫ノ便アリ。故ニ陸軍ヨリハ寧ロ海軍ヲ拡張スベシ」と述べて、英国型の海主陸従の海軍拡張論を明らかにした。また、杉田は「苟モ外国ニ出稼セントスル者ハ、宜ク之ヲ奨励シ、其便利ヲ図ルベシ」と述べて、政府による米国や東洋諸国への外国出稼ぎの奨励を説いた。

以上のように、杉田の「国是策」は海軍拡張や領事館の設置、アジア貿易などの通商、海外出稼ぎなどを列挙した「国是」であり、長期滞在した英国の強い影響がうかがえる。

しかし、「国是策」は杉田が未定稿としたように、箇条書きに近い簡素なものであった。内容も政党のあり方から国家方針までを含む幅広い一三項目から構成され、国是の中心をどの項目に置くかについての言及はなかった。

明治二三年九月一五日、立憲自由党が結党された。結党前の同年五月、板垣は旧自由党時代には政府の圧迫に対してやむなく「破壊的の運動」を行ったが、「最早国会政治の下に在りては宜しく建設的ならざる可からず」と述べて、「国会政治」を尊重する姿勢をみせた。(8)

また、板垣は一一月にも、英国の政党が主義ではなく、事実問題で争う例を念頭に置いた上で、日本でも「且つ夫れ政党の主義と一国の国是とは判然別物」と述べて、主義の上位にある国是に関してはいずれの党派も一致すべきであると論じた。(9)

この国是構築の準備作業が板垣の『自由新聞』設立であった。「建設的」政党を目指す板垣は、壮士の横行する立憲自由党に不満を抱いていた。板垣は一〇月に「今ヨリ第二ノ純粋ナル自由政党ヲ造ラサレハ、迚モ日本ノ国是ヲ定ムルコト能ハス」と、日本の国是を定めるために新党結成すら示唆していた。そして、板垣は「伯カ口ニ言ハント欲スルモ之ヲ移スヘキ紙ナシ」として、新聞発行に着手したのである。(10)

では、土佐派の国是とはいかなるものか。それは『自由新聞』紙上で栗原の「国是論」として発表された。(11)栗原は国是を車軸、政党を車輪に例え、「車輪は常に同じく車軸を中心とし、終始相離るゝを得ざるなり」と述べて、両者が密接な関連を有し、国是は政党政治の政権交代による政治の激変を抑止する一方、国政の方針を一貫させるために必要であると論じた。その上で、栗原は国是の決定要素として地形・歴史・人質《じんしつ》を挙げて、米国の国是を「農国」、仏国の国是を「工業美術」と論じた上で、「英国の国是は何れに在る乎、通商航海即ち是れなり」として、英国の国是を「通商航海」と主張した。その理由として栗原は「英国は四面環海の孤島にして土壌肥沃ならず」という地形から棉花・羊毛・紡績・石炭・鉄材・機械などを輸出し、海外貿易を行うこと、英国人が航海技術や冒険心に富むことを挙げたのである。

また、栗原は「英国の海軍は能く其国の人民を保護して航海通商の事業を発達せしめ、其国防は能く其国是と一致して福利を増進したる者と謂ふべし」と述べて、英国では歴史的に海軍が国防と同時に英国の国是「航海通商」を保護する重要な要素であると論じた。

一方、栗原は地形的に日本が「四面環海の島国」であり、将来の北米運河計画、シベリア鉄道などにより「世界中要路の津」になると予測した。その上で、栗原は「故に日本は宜く海運通商を以て国是と為すべし」と、日本の国是が「海運通商」であると主張したのである。

さらに、栗原は人質の点からも「海運通商」を国是とすべきであると論じた。栗原は現在の日本人が遠征冒険の精神に乏しいのは、江戸幕府の鎖国が原因であり、遣唐使船などの例を挙げて、日本人は盛んに海外に遠征したという歴史を「再発見」する。そして、栗原は「日本人が海外に遠征し、航海通商の業を勧めたるは、海国の住民たる日本固有の人質」であると述べて、「航海通商」が日本人の人質と主張した。栗原は英国と日本が同様の地理・人質を有すると判断し、日本の国是「海運通商」と英国の国是「航海通商」をほぼ同意義語として認識していた。

なお、栗原は日本の歴史上の特徴から見ると、国是は「皇統連綿」（万世一系の皇室）にもあると述べた上で、天皇が政争に関係しない「立憲政体の実を挙け、皇統連綿の美を保つべし」と、皇室の存続のためという論理を掲げて、立憲政体の確立も主張している。

以上のように、「国是論」を概観してきたが、その特徴を整理する。第一に、国是を英国型の「海運通商」に置いたこと、つまり、「通商国家構想」が栗原により確立されたという点である。第二に、国是と政党政治について、車軸と車輪の例で示したように、両者が密接に関連しており、政党政治にとって国是は不可欠な中心と論じた点である。第三に、栗原が「（国是は）党之政略、党之主義とは相異にして如何なる政党と雖とも、之に抗敵するを得ざる者なり」と述べて、板垣同様、国是と政党の主義を峻別し、反対党や政府であれ、一致して国是を推進すべきだと説いた点である。

では、土佐派は「通商国家構想」の下、いかなる政策を立案したのか。それを示すのが明治二四年一月に発表された栗原の「軍備論」であった[12]。

日本の国是は海運通商に在りとすれば、海外に向て貿易を営み殖民を企てざる可らず。（中略）亦た海軍なくんば、貿易を盛んにし、殖民を興す能はず。日本の如き海国を防ぐには海軍を以てすべき戦時の用ある而已ならず、平時の用も大なる者なれば、国力の堪ゆる限りは其費を弁して、之を拡張せざるを得ずこのように、栗原は「通商国家構想」の具体策として、海軍拡張・殖民・貿易（後に航路拡張・工業も）を挙げた。第一の海軍拡張について栗原は西洋列強の軍拡に対し、日本も軍備が必要であり「民力を休養するは今日の急務なるを以て、政費を節減するの説頻りなりと雖も、国家必要の軍備を欠き、強て之を節減すべしと謂ふ者は有らざるべし」と論じ、立憲自由党内で強い要求のあった地租軽減などの民力休養論よりも軍備拡張を優先する姿勢をとった。

この背景には、栗原の工業重視論があった。栗原は「国是論」で「農業を勧め、農民を安んするは急務なれとも、地租軽減の一事は未た以て国を富ますの長計と為すに足らず」と、地租軽減による富国の効果は限定的とした上で、「農業は主として天然を頼む者なれば、其改良の効も人作を用ゆる工業の如く著しき者に非らず」として、工業を重視していた。

そして、栗原は軍備について平時でも「航海通商」の国是から海軍拡張の必要性を強調したが、同時に海軍拡張の前に海軍の薩摩閥独占、冗費の弊害を改革するよう論じた。また、栗原は「海岸防御は軍備の一大要務なり」と、東京湾海岸砲台の速成も主張している。

第二が殖民政策であった。栗原は「日本人民の方針」という論説で世界の市場を欧米諸国が争奪する「無形の戦」に日本も加わり、市場を開くべきであり、「本邦の学者、技師、及び各種の労働者が陸続として外国に出稼ぎをなすべきであると主張している。[13]

その理由として栗原は殖民した日本人が外貨を本国に送金すること、本国から物産を買うこと、企業家に成長することを挙げ、日本が外貨を獲得し、列強との貿易競争に参入するために海外への出稼ぎが必要と説いた。以上のように、栗原の政策は地租軽減よりも海軍拡張・殖民政策を推進し、工業を重視するものであり、第一議会では民力休養・経費節減を党の方針としていった立憲自由党の政策と大きく異なるものであった。

栗原の「通商国家構想」は土佐派の植木枝盛も共有しており、植木は「日本膨張策」で豪州・朝鮮・清国・北海道に貿易・殖民の積極的展開を主張する一方、「陸海軍主客論」で「今日英国などにても海軍の利益を云はゞ、商船と殖民を保護することが其第一に居るなり。決して戦争の時にのみ其用を為すと限りたるものにあらず」と、英国の例を挙げて、海軍が戦時だけではなく、平時も貿易・殖民保護のために必要であると論じていたのである。(14)

二　初期議会期の「通商国家構想」と立法化

明治二三年一一月二五日、第一回帝国議会が召集された。立憲自由党・立憲改進党は官制改革を行って政府の予算を大幅削減する査定案を主張し、山県有朋内閣と対立した。明治二四年二月二〇日、大成会の天野若円（岐阜県）が予算修正に政府の同意を求める緊急動議を衆議院に提出、可決された。天野動議の成立は、動議に反対の立憲自由党から林有造（高知県）・片岡健吉（高知県）ら土佐派を中心に二四名が賛成したことが決め手となった。天野動議に賛成した林や片岡ら立憲自由党衆議院議員二四名は二月二四日に脱党し、さらに五名を加えて自由倶楽部を結成した。こうして、土佐派が名実ともに成立し、二月二六日には板垣・栗原も立憲自由党を脱党した。

二月二六日、衆議院で政府と交渉する特別委員長に安部井磐根（福島県・大成会）、理事に三崎亀之助（香川県・自由倶楽部）、特別委員に片岡健吉・小林楠雄（岡山県・自由倶楽部）らが選出された。三崎や片岡らは二月二八日の予算減額分を交渉する政府との談判が一度不調となったさいに、自らは不同意であることを明言しながら、衆議院に少数意見を提出しないことを約束していた。(15)こうした土佐派などの柔軟姿勢によって、特別委員会の減額（六五一万円）を経て、最終的に政府予算の衆議院における修正可決（三月二日）につながったと評価できよう。

土佐派が妥協に応じた背景には、第一議会を無事に終了させたいという板垣らの意向があり、議会対策を担当した枢密顧問官井上毅は「天野之動議ハ、元来、板垣氏之平和之持論より自由党諸氏之アドワイスニ而起候由、タシカナル報知ニ有之候」と観察した(16)。

林有造も第一議会開会後「当年ノ議会ハ将来ニ模範ヲ胎ス大切ナル初期ノ議会ナル而已ナラス多年国家ノ大問題ナル条約改正ノ難物モ眼前ニ横ハル時期」のために「相共ニ譲歩シテ円滑ノ結果」を残すべきだとして、条約改正問題も併せて妥協したと述べている(17)。

この条約改正問題については、第一議会閉会後、栗原も内地雑居を前提とする治外法権の撤去、海関税率の増加を求める一方、「殖産興業の盛衰にも関する者なり」として国内産業保護の点から棉花などの海関税の高低も定めるべきだと論じていた(18)。

三月には、植木枝盛が栗原や土佐派の江口（小松）三省とともに自由倶楽部の趣意書、規約などを作成した。また、植木らは第二議会提出予定の六ヵ条の議案を編集し、「我国産業ノ増殖幷ニ外地移住ニ係ル事」という工業と殖民の項目を設ける一方(19)、「軍艦ヲ製造スル事」では、「本項軍艦ヲ製造スルノ主意ハ我国四面皆海ナルヲ以テノ故ナルノミナラス、一ハ商船ノ保護、一ハ外地移住者ノ為メニセントスルモノ」と、説明した。これは海軍が平時には殖民、商船の保護にあたるという栗原亮一の「軍備論」の記述とも共通しており、栗原の「通商国家構想」が自由倶楽部の趣意書に挿入された点で重要である。「通商国家構想」が党方針に挿入されたのは、立憲自由党でも同様であり、その契機となったのが三月二〇日の自由党大阪大会であった。この大会では、星亨らの活躍により、立憲自由党から自由党への改称、総理（総務）一名の設置、衆議院議員中心の安定的な党体制が確立された。

五月二四日、板垣の要求によって政務調査部が設置され、六部に分けてその正副部長を選任した（第Ⅰ部第一章表1①参照）。これにより、政務調査部の外務省の部員に栗原が入り、第五部（陸海軍部）部長に杉田定一が選出され、彼らが党内を海軍問題で主導する契機をつくることとなった[20]。

五月二九日、自由党宣言式および協議会が開会された。宣言書は板垣の「考案」九条からなり、政務調査部の各部が政策を列挙している[21]。外務省の部の第二条は対等外交・自主独立を掲げたが、「通商航海ハ我国是ト為スベキ者ナレバ、海外ニ向テ貿易ヲ開キ殖民ヲ盛ンニスルコトヲ勉ムヘシ」という栗原の「国是論」の文言が挿入された。第三条の陸海軍省の部では、海岸砲台の整備とともに「海軍ハ戦時ノ用ノミナラス、平時ニ在テモ亦タ通商殖民等ヲ保護スルニ必要ナル者ナリ」と、海軍拡張の必要性を強調している。これも栗原の「軍備論」の表現を引用しており、その影響を見ることができよう。

このように、従来大阪大会に比べてあまり注目されなかった五月二九日の自由党宣言式は、土佐派の「通商国家構想」が初めて党方針に挿入された重要な画期であった。この背景には土佐派の板垣への談判があった。五月二六日、林は海南倶楽部（土佐派の選出母体）が「来六月一日東京ニ於而自由党議員会ニ板垣伯ヨリ予シメノ改革案を持出候様、伯へ申入之為メ武市氏（安哉・第二回総選挙で高知県から衆議院議員として当選）惣代トシテ上京」させる一方、林自身も「板垣伯へ呈書」すると倶楽部員に述べている[22]。この書簡の「改革案」は五月二九日の協議会（当初は六月一日に党大会を開く予定であったが、五月二九日に協議会を開催することに変更された）・宣言式に至る一連の党改革の原案を指すと考えられる。

そして、海南倶楽部の武市は板垣と会見、談判を行った。この背景には、土佐派の「伯の総理となりて懐抱を解き、大いに其主義を自由党内に種殖せん」と、板垣の総理就任を利用し、自派の主義を党内で広めようという意図があっ

たのである。(23)

一〇月一五日、党大会の結果、六ヵ月と制限された総理の任期は大会の信任により進退すると変更され、板垣総理の権限が強化された。さらに、党務内規で政務調査部を追認し、板垣らが五月に目指した体制は党に承認された。この結果を見極めて、自由倶楽部も自由党と時事問題では連携して運動を行うことに決定した。(24)

政務調査部第五部部長杉田定一は第二議会を前に「第二期議会に於る海陸軍の方針」を発表し、日本が環海の島国であり、人口・政略の観点からも海軍が必要と論じた。(25) 杉田は「其国是たる通商航海を発達し、移住殖民を奨励するか為め、特に海軍の全備を必要とす」と述べて、「通商国家構想」の観点から海軍拡張を唱えた。だが、杉田は海軍拡張の必要性を説く一方、海軍の弊害や経理の乱れ、練度不足などを改革し、その後に海軍拡張をすべきであると海軍を批判もしていた。

一方、栗原は海関税による国庫収入の増加と国内の商工業の発展をはかるという観点から、海関税率の改正を目的とする海関税法案を提案した。(26) この両問題は政務調査部の調査を経て、一二月六日の代議士総会で提示され、杉田の属する第五部提出の陸海軍制上奏案や栗原の提出した海関税法案は近日議会に提出することが可決、承認された。(27)

そして、第二議会では、杉田が前述の海軍拡張の前に改革が必要であるという論理の下、鋭く海軍を攻撃し、陸海軍制上奏案を提出した。そして、海軍の経常費は削減、臨時費も全額削除された。この陸海軍制上奏案を起草したのは実は杉田ではなく、栗原であり、その政策立案者としての役割の大きさが再確認される。(28) 一方、栗原らは海関税法案を提出し、「通商航海」の国是などからその必要を強調したが、審議未了となった。(29) 一二月二五日、松方正義内閣は衆議院を解散した。その三日後に竹内綱ら一部に「民党路線」への反発、合流消極論を残しつつも、自由倶楽部は自由党へ合流した。(30)

明治二五年二月一五日の第二回総選挙の結果、自由党は議席を一二〇から九六に減らし、党内の有力者松田正久・林有造・片岡健吉や栗原亮一も落選した。三月には政務調査部が九部に変更された（第Ⅰ部第一章表1②参照）。自由党土佐派の衆議院議員の内、加藤平四郎（岡山県）が政法、杉田定一が陸海軍、小林樟雄が文部、西山志澄（高知県）が逓信及鉄道の各部長に、武市安哉も農商務部の副部長に選任された。[31] 土佐派は選挙で多くの落選者を出したが、政務調査部の部長ポストの半分近くを確保し、海軍問題などの政策への発言力を維持していた。そして、栗原も新設の政務調査局局員として政務調査に加わった。

一方、同年四月に板垣は「殖民論」を発表した。[32] 殖民については、明治二四年一月に栗原が「日本人民の方針」を、同年八月には「海外殖民論」を発表していた。[33] 栗原の「海外殖民論」は「通商航海は日本の国是」であるとした上で、日本人の海外移住によって日本商品の需要増につながり、通商航海を発展させ、人口増加の解決をはかるとして殖民事業の必要性を強調した。この栗原の殖民政策の論理の下、板垣の「殖民論」が展開された。

板垣は「殖民論」で日本のハワイ移民が本国に膨大な送金を行っている事例を挙げて「海外に在る我国無数の移民か、自国の産物を需要するか為めに、大に輸出の額を増すのみならず、其他出稼貯金等の為めに我国を利し富国たらしむる」として、栗原同様、本国製品の需要と移民の送金による外貨獲得から殖民の必要性を説いた。そして、板垣は人口の増加、政略上の必要、地形の三点からも「我国富強の策は殖民政略に在り」と結んでいる。その上で、板垣は温暖な気候、肥沃な土壌、鉱物の存在、地峡開削工事（パナマ運河以前の太平洋大西洋運河貫通工事）などによる人夫の需要を挙げて、殖民地としてメキシコを主張したのである。

この「殖民論」に沿って、第三議会（五月二日召集）会期中の五月二六日、自由党土佐派の加藤平四郎らが植民探検費に関する建議案を衆議院に提出した。[34] この建議案は、人口増加から移住植民が急務とし、移民が内地の物産を植民先で購入するために外国との貿易に有効であるから「海外地方ニ就テ精確ナル探検ヲ遂ケ、成ルヘク其便利ヲ与ヘテ之ヲ奨励スルニ在ルヘシ」と、植民を行うための探検費支出を要求した。なお、加藤は植民先として北米・メキシコ・南洋諸島を挙げた。この建議案は内容的にほぼ「殖民論」と同じである。加藤は「是等ノ材料ハ私ノ政友板垣退助君、栗原亮一君等ニ依ッテ調査シテ貰ッタノデゴザイマス」と明言しており、板垣・栗原の案を土佐派の加藤が建議して代弁したことを示している。しかし、この建議案は結果的に賛成少数で否決された。

第三議会閉会後、土佐派の「通商国家構想」は明治二五年七月に公表された「自由党政務調査之方針」にも挿入された(35)。その総論は工業を振興する一方、移住殖民と通商貿易の「積極の事業」により国家の富強を図るものであった。外交においては、条約改正および国是の観点から「海外に向て貿易を開き、殖民を企つべし」と、貿易殖民の必要性を強調している。軍備については、「通商航海を以て国是と為せば、海軍の拡張すべきは固より論を俟たず」と、国是から海軍拡張の必要を説いた。そして、農工商業についても、日本が工業国に適しており、商権拡張・実業教育の必要を強調した。さらに、鉄道敷設とともに、国是の観点から航路拡張（汽船会社の保護）・造船事業の奨励を論じていた。

つまり、「自由党政務調査之方針」は「通商国家構想」を大幅に盛り込んだ政策方針であり、従来の「自由党宣言」より工業や航路拡張の点などで踏み込んだ内容であった。そして、自由党がこれを採択したことは「通商国家構想」が党内で一定の合意を得たことを意味しており、この後「通商国家構想」に基づく諸政策が次々と発表された。

同年九月、栗原は「航路拡張論」を発表し、「通商航海は我日本の国是なり」と強調した上で、商権拡張の観点から航路拡張を図るべきだと論じた(36)。そして、栗原は欧米各国における航路拡張補助を事例として挙げた上で、内国航路の補助を削除・廃止し、第一に豪州航路、次いで欧州航路、米州航路に「哩数を以て標準と為し」、補助を与えるよう主張した。こうした栗原の「航路拡張論」は世界的な交通網の中に日本を位置づける取り組みであり、高知県出身の政党政治家大石正巳や東邦協会の稲垣万次郎らも海港修築と鉄道建設、貿易港への指定を組み合わせた航路拡張・海港論を展開していた(37)。

一方、板垣も「海軍拡張策」を発表した(38)。これは、栗原が出版した『軍備論』の海軍部分の論点を改編したもので、実質的な筆者は栗原と思われる(39)。栗原は日本が島国のため「我国ノ軍備モ亦タ海軍ヲ先ニセザル可ラズ」と述べて、海主陸従論を唱えた。そして、栗原は東洋情勢の緊迫だけではなく、経済的に「通商航海」、「移住殖民」を盛んにし、国是を達成するために海軍拡張と海軍改革が必要と論じた。栗原は具体的に大艦を中心とする計一〇万トン規模の海軍拡張と、海軍の集中運用、軍人の訓練強化を挙げている。

この栗原の「航路拡張論」、「海軍拡張策」は後に第四議会で政務調査部の陸海軍部部長杉田定一が提出する海軍改革建議案、逓信及鉄道部部長西山志澄が提出する航路拡張建議案と内容的に共通しており、杉田・西山の両者とも政務調査部では同じ土佐派の栗原の意見を取り入れて法案作りを進めたと考えられる。

また、栗原は一二月に「棉花輸入税廃止論」も発表し(40)、「通商航海ハ天然ノ地形上ニ於テ我日本ノ国是ナリ」と「通商国家構想」の観点から「外国棉花ノ輸入ヲ無税」にし、紡績業の発達を図るよう主張した(41)。この背景には、全国の紡績業者からなる大日本綿糸紡績同業連合会の自由党などへの運動も存在していた。一方、栗原も議会開会前に地元の四日市紡績会社・三重紡績会社を視察しており(42)、紡績業の発展により通商の発展を図るという意図があった。この「棉花輸入税廃止論」は栗原が通商とともに工業を重視する姿勢を示したものといえる。

明治二五年一一月二五日、第四議会が召集されると、一二月一六日、西山が衆議院に航路拡張建議案を提出した。航路拡張建議案の内容は、豪州航路・欧州航路・米州航路・ウラジオストック直航線の拡張予定航路を挙げて、特に、東洋諸国と定期航路のない豪州航路の拡張を第一、欧州航路の拡張を第二とした(43)。具体的には、日本郵船会社に豪州・欧州航路への補助金を距離・業務に応じて与え、内地航路に従来支出されていた補助金を打ち切るものであった。西山は英国の例を挙げて「故ニ日本ノ国是トシテハ、是非此航海業ノ発達ヲ求メル」必要があり、殖民も含めた「通商国家構想」から航路拡張が必要であると強調した。また、一二月一一日、自由党の江原素六（静岡県）らも輸入棉花関税免除法律案を衆議院に提出した(44)。

しかし、航路拡張、輸入棉花関税免除の両案は「民力休養」の一環である地価修正を自由党内で主張する天春文衛（三重県）らの批判を受けた。天春は地価修正による減税の財源が必要であり、航路拡張などの建議案は同じく財源を必要とするために地価修正の財源を奪うとして反対したのである。

天春は明治二六年一月一七日の代議士会で新財源の日本銀行課税法案の衆院通過後、「航路拡張、輸入棉花関税免除の如き財源を要する問題」を提出したいと述べ、可決された。だが、板垣は「地価修正の一事の為め、他の緊要緊切なる問題を放任するが如きは為すべからざることなり」と天春の建議を斥けた(45)。板垣は民力休養より「通商国家構想」に関連する法案を擁護し、航路拡張建議案は特別委員会で修正の上、二月一七日に衆議院で可決された(46)。

一方、海軍拡張を含む予算案は紛糾した。杉田定一提出の海軍改革建議案は薩閥の弊害を批判し、海軍改革の必要性を強調して「国防ノ方針ヲ確立スル事」、「海軍ノ制度ヲ改革スル事」、「海軍ノ経済ヲ整理スル事」の三点が最も必要であると論じた(47)。しかし、杉田は「我国海軍ノ改革未タ行ハレサルカ為メニ海軍拡張ニ着手スル能ハサルハ、誠ニ痛嘆ニ堪ヘサル所ナリ」として、海軍改革を行わなければ、本来賛成である海軍拡張には賛成せず、したがって海軍予算を否決するとしたのである。杉田の建議は大艦中心の一〇万トン新造計画を主張する点など、栗原の「海軍拡張策」の影響を強く受けていた。

政府と自由党・立憲改進党が海軍の予算問題で対立する中で、二月一〇日に明治天皇の「和協の詔勅」が下った。天皇の「最上権」を重んじていた板垣は詔勅による妥協に応じ、政府予算案より二六二万円削減する妥協案が成立した（第Ⅰ部第一章第一節参照）。かくして、第四議会は自由党と藩閥政府の妥協により無事閉会した。

この第四議会の後、「通商国家構想」はさらに発展した。明治二六年七月一日、栗原は土佐派の機関紙『自由新聞』に「政党之本領」を発表した[48]。その内容は、国是を従来の「航海、通商、海軍、殖民」に「工業、美術」を加えるものであった。栗原は日本人の手芸が巧みであり、石炭の産出量も多いことから工業国に最適であり、意匠の巧みさから美術にも適していると論じた。そして、栗原は「工業美術盛んなるを致さは、従て通商貿易の盛を致すへし」というように、国是の「通商貿易」を盛んにする意味でも工業美術の必要性を強調した。この背景には、栗原が第一議会から工業を重視し、第四議会前に「棉花輸入税廃止論」を発表した経緯があり、従来の工業重視の姿勢をより鮮明にしたといえよう。板垣も七月一七日に「我国の国是は通商工業である」と同調した[49]。

しかし、次の第五議会では、自由党の藩閥政府への接近路線を主導し、条約改正問題で伊藤博文内閣の陸奥宗光外相と結託していると見られていた自由党の星亨衆議院議長への攻撃が焦点となった。明治二六年一一月二九日、星批判の急先鋒であった安部井磐根（福島県・政務調査会）が星議長不信任案を提出、星がこれを受け入れないと見るや、星に批判的な立憲改進党・国民協会などは一二月一三日、星を衆議院から除名した[50]。さらに、長谷場純孝（鹿児島県）ら九州・東北の反星勢力の自由党衆議院議員が集団脱党し、一二月四日同志倶楽部を結成した。

この結果、明治二四年三月以降続いてきた自由党の板垣―星体制は崩壊した。このさいに、板垣は積極的に星を弁護せず、星の脱党と自発的辞任により、星の勢力の突出を抑えた。そして、板垣は九州・東北の自由党衆議院議員の脱党以降、離党者を出さず勢力を維持した土佐派を中心に党内のリーダシップを掌握しようとした[51]。この板垣の姿勢は条約改正問題によって第五議会が解散され、続く第六議会が解散された後も変わらなかった。

明治二七年三月二五日、板垣ら土佐派は四国自由党大会を挙行し、自由党内の四国会・関西会を基盤として、土佐派の勢力を拡張した(52)。そして、四月の政務調査部正副部長改選（第Ⅰ部第一章表1④参照）では、刑事事件で拘留後、辞職した第四部長（海陸軍部）杉田定一の後任に土佐派の片岡健吉が、副部長には栗原が選出されただけでなく、政務調査部部長六名中三名を土佐派が占めたのである(53)。これにより、自由党内で土佐派の比重は増大し、日清戦争後における「通商国家構想」を推進する基盤を獲得することとなったのであった。

三　日清戦争後の「通商国家構想」とその実現

明治二七年八月一日、日本は清国に宣戦布告し、日清戦争が本格化した。

この後、伊藤内閣の書記官長伊東巳代治と土佐派の幹部林有造との間で、「提携」交渉が実施されていった。この伊東―林ラインによる伊藤内閣と自由党との「提携」交渉の進展により、自由党内で板垣ら土佐派は勢力を拡大していった(54)。一二月一四日の代議士総会では、土佐派の三崎亀之助・林・西山志澄の三名が外務・内務・農商務通信の各部長に就任、政務調査部長六名中半数を占め（表2①）、栗原も陸海軍部の副部長に留任した(55)。翌年三月二八日の代議士総会では、党最高幹部の政務委員に代わり、評議員一六名を設置し、政務調査部正副部長を兼任するように変更されると（表2②）、翌日の選挙の結果、林は評議員長に就任し、自由党の最高幹部となった(56)。

このような土佐派の党内における勢力拡大を背景に、明治二七年一二月一五日自由党大会が開催されると、第八議会に対する方針として陸海軍の整頓拡張とともに「急要なる積極事業」の整備が自由権利の伸長に関する諸法案の実

表２　自由党政務調査部　正副部長一覧表（2）日清戦後

①自由党政務調査部　正副部長（明治 27 年 12 月 14 日）

各部名	部　長	副部長
第一部(外務)	三崎亀之助(関西・土佐派)	山下千代雄(東北)
第二部(内務)	林有造(関西・土佐派)	田艇吉(関西)
第三部(大蔵)	石田貫之助(関西)	重野謙次郎(東北)
第四部(陸海軍)	江原素六(東海)	栗原亮一(東海・土佐派)
第五部(司法内閣)	鈴木充美(東海)	中島又五郎(関東)
第六部(農商務逓信)	西山志澄(関西・土佐派)	谷河尚忠(東北)

〔出典〕『自由党党報』75 号，明治 27 年 12 月 25 日．

②自由党政務調査部　正副部長（明治 28 年 3 月 29 日，正副部長を評議員が兼任）

各部名	部　長	副部長
第一部(外務)	三崎亀之助(関西・土佐派)	山下千代雄(東北)
第二部(内務)	林有造(関西・土佐派)	志波三九郎(九州)
第三部(大蔵)	石田貫之助(関西)	濱名信平(関東)
第四部(陸海軍)	江原素六(東海)	石坂昌孝(関東)
第五部(司法・内閣)	河野広中(東北)	重岡薫五郎(関西)
第六部(逓信)	西山志澄(関西・土佐派)	多田作兵衛(九州)
第七部(文部)	重野謙次郎(東北)	中島又五郎(関東)
第八部(農商務)	栗原亮一(東海・土佐派)	小畑岩次郎(北信)

〔出典〕『自由党党報』82 号，明治 28 年 4 月 10 日．

③自由党政務調査部　正副部長（明治 28 年 12 月 20 日，板垣総理，林，河野，松田政務委員の指名制）

各部名	部　長	副部長
第一部(外務)	三崎亀之助(関西・土佐派)	山下千代雄(東北)
第二部(内務)	志波三九郎(九州)	江口三省(関西・土佐派)
第三部(大蔵)	石田貫之助(関西)	堀内賢郎(北信)
第四部(陸海軍)	栗原亮一(東海・土佐派)	中村克昌(関東)
第五部(司法)	鈴木充美(東海)	重岡薫五郎(関西)
第六部(文部)	重野謙次郎(東北)	小室重弘(東海)
第七部(逓信)	西山志澄(関西・土佐派)	改野耕三(関西)
第八部(農商務)	多田作兵衛(九州)	平島松尾(東北)

〔出典〕『自由党党報』99 号，明治 28 年 12 月 25 日．

＊便宜上，自由党の地方団（東北会・関東自由会・北信八州会〈北陸・長野〉・東海十一州会・関西会〈近畿・中国・四国〉・九州自由会）に分けて分類した．

＊板垣を領袖とする土佐派の人物については，それぞれ土佐派と注記した．

＊片岡健吉，中村克昌辞任につき，後任に中島又五郎，小畑岩次郎就任．

＊明治 29 年 2 月以降，第八部長多田作兵衛は谷河尚忠（東北）に交代した（『自由党党報』103 号，明治 29 年 2 月 25 日）．

行、条約改正に伴う諸法律の制定とともに盛り込まれたが、地租軽減要求は削除された[57]。この地租軽減要求の削除は第一議会以来、自由党が公式に掲げていた政策方針の消滅を意味するものであった。また、第八議会に提出する議案として土佐派が第一議会から主張した海軍拡張（甲鉄艦の早期完成）、航路拡張に加えて、製鋼事業などの「積極事業」が代議士会で決定されたことは「通商国家構想」がさらに発展する契機となった。

明治二七年一二月二二日、第八議会が召集されると、土佐派は「通商国家構想」に基づいた通商、工業振興の法案、建議案を次々と提出した。また、土佐派は甲鉄艦二隻の速成など海軍拡張に賛成する一方、西山志澄・栗原らが航路拡張建議案を提出した。

この航路拡張建議案は第四議会に西山が栗原の「航路拡張論」に基づいて提出した航路拡張建議案の修正版であり、豪州・欧州・米州・ウラジオストックへの海外航路を補助する一方、造船規定を設け、建造した船のトン数に合わせて一定の補助金を与える法案であった[58]。その理由として、西山は日清戦争での優勢を好機に商権を拡張し、「第二の戦争」＝貿易戦争で清国に勝つために航路の拡張が必要であると論じた。

また、小室重弘（愛知県・自由党）も西山らとともに日清戦争後の「経済ノ戦」に備えて通商航海を盛んにするために海員の養成が必要であるとして、東京・大阪・函館の商船学校拡張を実施する商船学校拡張建議案を提出した[59]。航路拡張建議案、商船学校拡張建議案は河島醇（鹿児島県・立憲革新党）の航路拡張建議案と統合され、衆議院で可決された。

一方、栗原は製鉄所設置建議案を衆議院に提出した。すでに、栗原は明治二六年八月に発表された「製鉄論」の中で、日本は工業国として機械を生産し、海国として造船業が必要であり、「軍器の独立」のためにも製鉄事業が重要であるとして、製鉄の必要性を強調していた[60]。

明治二六年九月二一日、斎藤修一郎農商務次官を委員長とする製鉄事業調査委員会が開催されると、栗原も土佐派の小林楠雄とともに参加し[61]、同年一〇月一〇日に調査内容を発表していたのである[62]。この経験をもとに、栗原は第八議会で日本には製鉄業を行う原料・技術が十分にあると述べた上で、造船・機械などで鉄が必要であり、自国での兵器生産の観点からも製鉄事業が必要であると説いた。これに対して、政府委員の金子堅太郎農商務次官も製鉄事業の必要が「栗原君ノ御演説デ明瞭」になったと賛意を示した[63]。この建議案は早川龍介（愛知県・国民協会）の製鉄所設置建議案と折衷、修正され、明治二八年二月四日衆議院で可決された。

また、栗原は海関税法案も提出し[64]、条約改正に伴う海関税の徴収と国庫収入の増加、国内産業保護という観点から通商航海・工業を国是とする日本で特に重要な法案であるとの認識を示した[65]。栗原の条約改正による海関税の徴収が国内産業保護につながるという観点は第二議会から一貫していた。

栗原・山下千代雄（山形県・自由党）らが提出した海外移住殖民に関する建議案は移住殖民を国是とした上で、日清戦争を移住の好機会として、無条約の中米諸国との条約締結、移住の便宜の必要性を説くものであり、衆議院で可決された[66]。また、栗原や直原守次郎（岡山県・自由党）らの提出した清国輸出入税に関する建議案は日清戦争後の条約改正により、清国に水産雑貨などの輸出税、棉花豆類などの輸入税を免除させ、清国の水産市場などでの商権拡張と棉花などの原料輸入＝工業の発達を図るものであったが、衆議院で審議未了となった[67]。

第八議会では自由党土佐派が主張した海軍拡張、殖民、航路拡張や海関税問題に加えて、製鉄所設置や商船学校設置などの建議案が審議された。この背景には諸法案の提出や説明にいずれも栗原や西山が関与していることからも明らかなように、日清戦争での勝利を利用し、「通商国家構想」に基づく諸政策を推進するという土佐派の意図があったのである。

明治二八年七月一七日、自由党は代議士総会の承認を得た上で、「自由党方針」を発表する。この方針は板垣・林・河野広中・松田正久の党最高幹部と栗原が中心となって作成されたものであった[68]。その内容は第八議会前の自由党大会を継承するものであり、立憲政体の完成、朝鮮の独立を主張する一方、日清戦後経営において、従来土佐派が主張してきた海軍拡張と「航海通商殖民農工」の奨励を主張していた。また、三国干渉による遼東半島返還という伊藤博文内閣の責任を事実上「免責」することで、伊藤内閣との「提携」に踏み出すという意図を持ったものであった[69]。林は党方針議定の直前に板垣の指示で陸奥宗光と相談し、伊藤内閣の遼東半島返還の責任を問う党内の強硬論を鎮圧した[70]。「自由党方針」の起草については、林・栗原と伊東巳代治書記官長が密接に連絡し、伊東が一覧した上で、字句の点検もしていた[71]。

一一月二二日、自由党は「宣言」を発表した。その内容は七月の「自由党方針」を継承し、立憲政体の確立と日清戦争に伴う対外情勢の変化を理由に伊藤内閣との「提携」を発表するものであった[72]。一二月一五日に開会された自由党定期大会では、七月の「自由党方針」、一一月の「宣言」が承認され、自由権利の伸暢、陸海軍備の拡張、財政の調理、教育の発達、実業の奨励などの諸問題の実行が代議士会に委任された[73]。板垣も軍拡とそれを支える国力養成の必要、立憲制の確立のために伊藤内閣と提携したと説明した。この党大会では、林が河野、松田とともに最高幹部の政務委員に就任する一方、一二月二〇日には政務調査部の改選（表2③）があり、栗原は第四部部長（陸海軍部）に就任し、土佐派が八名の部長中三名（栗原・三崎亀之助・西山志澄）を占めた。

明治二八年一二月二五日第九議会が召集されたが、その当日、『自由党党報』に「第九議会」が発表された。「第九議会」では、伊藤内閣と自由党の「提携」を述べた上で、戦後経営にさいし、立憲政体の確立、選挙権の拡張など消極事業以上に、「積極事業の急要」を強調し、その事業として海軍拡張、航路拡張、商船学校拡張、製鉄事業や農区の増設などを挙げた[74]。これらの項目には栗原や西山が第八議会に提案、関与した海軍拡張、航路拡張、商船学校拡張、製鉄事業が含まれていることが確認できる。

一方、第九議会では自由党が第八議会で賛成した陸海軍の拡張や製鉄所設置の予算が政府予算案に含まれ、第八議会で栗原らが提出した法案と同趣旨の航海奨励法案、移民保護法案や第八議会以前に栗原らが賛成した輸入棉花海関税免除法律案が政府から提出された。これに対して、西山や栗原は積極的に議場で賛成や修正意見を述べていった。

西山志澄は特別委員長として航海奨励法案に対し、従来の衆議院の建議が採用されたと認めた上で、一部の修正にとどめ、航海奨励法案の衆議院修正可決に大きな役割を果たした[75]。栗原も輸入棉花海関税免除法律案の審議で、政府が衆議院の提案を受け入れて法案を提出したことを認め、委員会での原案可決に至ったことを述べた[76]。栗原はこの法案が「日本国ヲ工業国トシテ立ツルニ於テハ、其輸入税ヲ免ズルコトガ必要デアル」と述べた上で、欧米資本が計画中の清国上海の紡績工場と競争するためにも、原料となる棉花の無税化が必要であると強調した。その背景には、戦後経営で「大イニ日本ノ工業ヲ発達セシメテ、広ク原料ヲ海外ニ取ッテ之ヲ内地デ製造ヲ致シテ、東洋ノ商権ヲ握ル」という栗原の「通商国家構想」があった[77]。

さらに、栗原は軍備拡張、特に海軍拡張を主張し、明治二九年二月には「軍備拡張論」を発表した。栗原は、日本の地形上、海主陸従論を唱えつつも、海軍は東洋の最強国に匹敵する二〇万トンまで拡張し、陸軍も大陸諸国との外交上、一二個師団までの拡張が必要と論じた[78]。栗原はこのような軍備拡張＝大陸進出に伴う国内での常備兵の不足に備えて、義勇兵を設けることも主張し[79]、直原守次郎と共同で義勇兵団設置建議案を衆議院に提出した。

三月二九日、第九議会は閉会した。この議会では自由党土佐派の主張した海陸軍拡張、製鉄所設置の予算案が通過し、航海奨励法案・移民保護法案・輸入棉花海関税免除法律案などが政府案の成立や建議案の貴衆両院通過により成立した。自由党は「第九議会自由党報告書」で政府、自由党が互いの政策に賛成し、自由党の持論である海軍拡張、陸軍整備、航海奨励、実業発達が実現したと誇った(80)。この報告書の表現通り、栗原が第一議会以降、提唱してきた「通商国家構想」の根幹をなす海軍拡張、殖民、航路拡張など、主要政策の多くはこの議会で成立、立法化されたといえよう。また、栗原が推進してきた実業奨励法案の内、輸入棉花海関税免除法律案も第九議会で成立している。

しかし、一方で自由党が主張した新聞紙法案や衆議院議員選挙法中改正法律案など主に政治的諸権利に関する法案の成立は叶わず、後述の板垣入閣時の就官者が土佐派に限られたこともあり、党内で土佐派への不満を募らせる一因ともなった。

四月一四日、板垣退助は第九議会の政府案通過という実績により自由党の待望した政権参入への第一歩＝内務大臣に就任した。そして、その傍らには、同じ自由党土佐派の内務省県治局長三崎亀之助、内務大臣秘書官栗原亮一の姿があった。しかし、板垣は伊藤内閣の崩壊により、わずか在任四ヵ月強で辞任することとなったのである。

そして、板垣の辞任と第二次伊藤内閣の崩壊、第二次松方内閣の発足という政局の異変は自由党内において「提携」を主導した土佐派への反発につながった。明治三〇年三月一九日、板垣の自由党総理辞任が代議士総会で承認され、土佐派の党内での優位は失われていったのである。

おわりに

本章では、自由党土佐派の栗原亮一を中心にその「通商国家構想」を分析し、それが初期議会期に各種の法案として提出され、日清戦争後の第九議会に実現する過程を明らかにした。この「通商国家構想」は日本が四面環海の島国であることから「海運通商」を国是として、工業を重視し、貿易により国を発展させるというものであった。そして、「通商国家構想」の主要な政策的支柱となったのが、海軍拡張、殖民、航路拡張の三政策であり、工業振興政策の棉花輸入税廃止や海関税の創設案などであった。

自由党土佐派の政策立案者栗原は議会開会以前から「通商国家構想」を提起した。しかし、栗原ら土佐派は、まず自由党内で「通商国家構想」を党方針に挿入する必要があった。その契機となったのが、明治二四年三月の大阪大会における板垣退助の総理就任であり、党改革による政務調査部の設置であった。これにより、第一議会の「土佐派の裏切り」で脱党した土佐派は自由党復党の契機を得る一方、板垣総理の下、政務調査部を通じて自派の政策を推進できたのである。

その後、第三議会から第四議会にかけて土佐派は栗原を中心に「通商国家構想」の海軍拡張、殖民、航路拡張、工業振興などの諸政策に取り組んだ。栗原らは「海軍拡張策」、「殖民論」、「航路拡張論」、「棉花輸入税廃止論」などの論説を発表する一方、これらを自派の衆議院議員と共同で自由党の法案として提出した。また、栗原は第四議会以降、製鉄事業調査委員会などに参加、工業奨励政策を鮮明にしていった。そして、土佐派の林有造―伊東巳代治書記官長を中心とする自由党と伊藤内閣の「提携」によって、党内の勢力を拡大した土佐派は第九議会に海軍拡張、航路拡張、殖民、製鉄所設置などの「通商国家構想」に基づく諸政策を促進、実現する役割を果たしたのであった。

これら土佐派の動向は従来、自由党の「積極政策」、あるいは「独立・近代化路線」という形で藩閥政府への同調として、自由党内の栗原や政務調査部内の意見、議会での審議などを軽視する形で論じられてきたが、実はその中心的な役割を果たしたのが土佐派であり、それは「通商国家構想」という独自の国家構想に基づいた主体的な政策の立案過程であったのである。

なお、第九議会以降、土佐派は党内優位の動揺と「通商国家構想」を支える国内の諸産業を揺るがす日清戦後恐慌という課題に遭遇するが、栗原ら土佐派の日清戦後恐慌への対応については、次章で述べることとする。

註

（1）主たる先行研究として、鳥海靖「初期議会における自由党の構造と機能」（『歴史学研究』二五五、一九六一年）、升味準之輔『日本政党史論』（東京大学出版会、一九六六年）第二巻第五章、小山博也『明治政党組織論』（東洋経済新報社、一九六七年）第Ⅰ部第一章、坂野潤治『明治憲法体制の確立』（東京大学出版会、一九七一年）、有泉貞夫『明治政治史の基礎過程』（吉川弘文館、一九八〇年）、佐々木隆『藩閥政府と立憲政治』（吉川弘文館、一九九二年）、村瀬信一「第一議会と自由党」（『史学雑誌』九五―二、一九八六年）、同「明治二六年九月の自由党九州遊説」（『日本歴史』六四五、二〇〇二年）、伊藤之雄『立憲国家の確立と伊藤博文』（吉川弘文館、一九九九年）、小宮一夫『条約改正と国内政治』（吉川弘文館、二〇〇一年）、塩出浩之「議会政治の形成過程における『民』と『国家』」（三谷博編『東アジアの公論形成』〈東京大学出版会、二〇〇四年〉所収）、原田敬一『帝国議会　誕生』（文英堂、二〇〇六年）、清水唯一朗『政党と官僚の近代』（藤原書店、二〇〇七年）、五百旗頭薫「藩閥と政党」（『岩波講座日本歴史』第16巻　近現代2〈岩波書店、二〇一四年〉）、前田亮介『全国政治の始動』（東京大学出版会、二〇一六年）、真辺美佐「大同団結運動末期における愛国公党結成の論理」（安在邦夫・真辺将之・荒船俊太郎編著『近代日本の政党と社会』〈日本経済評論社、二〇〇九年〉所収）、同「第一議会期における板垣退助の政党論」（『日本歴史』七五八、二〇一一年）、同「初期議会期における板垣退助の政党論と政党指導」（『日本史研究』六四二、二〇一六年）など。

（2）鳥海氏、坂野氏は第四議会から、伊藤氏は第一議会から両者の「提携」が始まったと論じたが、佐々木氏はこれに対し、「提携」という言葉をより慎重に吟味し、第四議会以降、自由党が条約改正問題などで「責任政党化」するとしている（前掲註（1）鳥海「初期議会における自由党の構造と機能」、前掲註（1）坂野『明治憲法体制の確立』、前掲註（1）佐々木『藩閥政府と立憲政治』）。

（3）「通商国家構想」は四面を海に囲まれた日本を通商により経済発展させるという構想である。この栗原の構想は貿易、工業、航路拡張、殖民政策を重視し、これらを拡張された海軍によって援護するという主要な政策的支柱に支えられた国家構想であった。それゆえに、本章では「海運通商」を国是とする栗原の構想を「通商国家構想」と呼称する。

（4）杉田定一の第一回外遊については、家近良樹『ある豪農一家の近代』（講談社、二〇一五年）一七〇～一七六頁。

(5) 大槻弘『越前自由民権運動の研究』（法律文化社、一九八〇年）一二二頁。
(6) 山室信一「アジア認識の基軸」（古屋哲夫編『近代日本のアジア認識』〈緑蔭書房、一九九六年〉所収）。
(7) 杉田定一「国是策（未定稿）」（家近良樹・飯塚一幸編『杉田定一関係文書史料集』第一巻〈大阪経済大学日本経済史研究所、二〇一〇年〉一五六〜一五八頁）。
(8) 『土陽新聞』明治二三年五月二日号雑報「板垣伯の風采」。
(9) 『大阪朝日新聞』明治二三年一一月六日号雑報「板垣伯談話の要領」。
(10) 明治二三年一〇月六日付山県有朋内閣総理大臣宛田中光顕警視総監の探聞（東京大学大学院法学政治学研究科附属近代日本法政史料センター原資料部所蔵マイクロフィルム「中山寛六郎関係文書」〈以下、「中山文書」と略す〉）。
(11) 栗原亮一「国是論」（『自由新聞』明治二三年一一月五、六、七、八日号社説）。後に、栗原は「国是論」に諸外国の国是を増補し、白川正治編『自由新聞論纂』第一編（加藤勢太郎発行、明治二四年）として再刊した。本章では諸外国の国是の部分については後者を引用する。
(12) 栗原亮一「軍備論」（『自由新聞』明治二四年一月一、三、六、七、八、九、一〇、二五、二七、二八、二九、三〇日号社説）。
(13) 無記名「日本人民の方針」（明治二四年一月一五、一六、一七、一八日号社説）。この論文は無記名だが、「吾人は曩に日本の国是を論断し」などの表現から栗原が筆者と推定。
(14) 植木枝盛「日本膨張策」、「陸海軍主客論」（国立国会図書館憲政資料室所蔵「憲政史編纂会収集文書」六九二―三、「二三年帝国議会ニ関シ必要ナル件々ニツキ仮覚書」所収）。なお、植木は明治二五年一月に死亡した。
(15) 明治（二四）年二月二八日付渡辺国武宛井上毅書簡（国立国会図書館憲政資料室所蔵「渡辺国武関係文書」一六〇―一）。なお、「土佐派の裏切り」と板垣の動向については、前掲註(1)村瀬「第一議会と自由党」、前掲註(1)原田『帝国議会　誕生』第五章、前掲註(1)真辺「第一議会期における板垣退助の政党論」参照。
(16) 明治（二四）年二月一九日付伊東巳代治宛井上毅書簡（井上毅伝記編纂委員会『井上毅伝』史料編第四〈国学院大学図書館、一九七一年〉二九〇〜二九一頁）。
(17) 明治二三年一二月二一日付山県有朋内閣総理大臣宛田中光顕警視総監の探聞（「中山文書」）。なお、林は第一回総選挙の選挙演説でも「本年ハ第初期ノ事ナレバ両議院ト内閣ト円滑ニ行ルレハ此国安固」であり、有志者は尽力すべきと述べていた（国立国会

図書館憲政資料室所蔵「林有造関係文書」一、「林有造演説草稿」）。
（18）栗原亮一「条約改正論」一、二、三（『自由』明治二四年四月二二、二六、二八日号社説）、無記名「海関税率は議会の協賛を要す」（『自由』明治二四年四月二九、三〇、五月一日号社説）。「海関税率は議会の協賛を要す」は「本紙上に於て既に条約改正論三篇を草し」という文章および内容から栗原が筆者と推定。以後、栗原は第二議会以降、海関税法案の制定、議会提出に努力していく。
（19）明治二四年三月一五日付内閣総理大臣山県有朋宛警視副総監園田安賢の探聞（「中山文書」）。
（20）『自由』明治二四年五月二六日号雑報「自由党協議会」、五月二八日号雑報「自由党代議士の部分け」。なお、栗原も四月二八日に復党している（『自由』明治二四年四月三〇日号雑報「自由党記事」）。
（21）『朝野新聞』明治二四年五月三〇日号雑報「自由党の宣言書」。
（22）明治二四年五月二六日付弘瀬重正宛林有造書簡（高知市立自由民権記念館所蔵「弘瀬家文書」b―8）。
（23）『朝野新聞』明治二四年六月五日号雑報「自由党の将来」。
（24）『朝野新聞』明治二四年一〇月二五日号雑報「自由倶楽部連合問題を可決す」。
（25）杉田定一「第二期議会に於る海陸軍の方針」（『自由党党報』一号、明治二四年一〇月二五日）。
（26）『自由党党報』五号、明治二四年一二月二五日。
（27）『自由党党報』四号、明治二四年一二月一〇日。
（28）『伊勢新聞』明治二五年二月四日号付録「第一区候補者栗原亮一氏の演説」。栗原は演説で「陸海軍備上《ママ》奏案は、余、自ら起草しまして、杉田定一氏の名義で議会に顕はれました」と述べている。
（29）『帝国議会衆議院議事速記録』三（東京大学出版会、一九七九年）、一七〇～一七四頁。
（30）明治二四年一二月三〇日付弘瀬重正宛竹内綱書簡（前掲註(22)「弘瀬家文書」b―14）。
（31）『自由党党報』一一号、明治二五年四月二八日。
（32）板垣退助「殖民論」（『自由党党報』一一号、明治二五年四月二八日）。内容から栗原作の可能性もある。
（33）無記名「海外殖民論」（『自由』明治二四年八月二九日号社説）。通商航海を国是とする内容から筆者は栗原と考えられる。
（34）『帝国議会衆議院議事速記録』四、二二一～二二七頁。

(35)『自由』明治二五年七月二六日号付録「自由党政務調査之方針」。
(36)栗原亮一「航路拡張論」(『自由党党報』二二〈明治二五年九月二五日〉、二三〈一〇月一〇日〉、二四〈一〇月二五日〉、二五号〈一一月二五日〉)。
(37)港湾史の分野では、近年、稲吉晃氏が一八九〇年代の海港論について、世界的な交通網の中に日本を位置づける取り組みとし、海港修築と鉄道建設、貿易港への指定を組み合わせて展開したとして、大石正巳や稲垣万次郎らの航路拡張・海港論を論じている(稲吉『海港の政治史』〈名古屋大学出版会、二〇一四年〉六四〜六八頁)。
(38)板垣退助「海軍拡張策」(『自由党党報』二五号、明治二五年一一月二五日)。
(39)栗原亮一『軍備論』(自由活版所、明治二五年)。
(40)栗原亮一「棉花輸入税廃止論」(『自由党党報』二六号、明治二五年一二月一〇日)。
(41)『自由』明治二五年六月一一日号雑報「棉花輸入税廃止論派の運動」。
(42)『自由』明治二五年一〇月二六日号雑報「栗原亮一氏」、一一月八日号雑報「四日市通信」。
(43)『帝国議会衆議院議事速記録』五、三一〇〜三二一頁。
(44)『帝国議会衆議院議事速記録』五、二一二〜二一九頁。
(45)『自由』明治二六年一月一八日号雑報「自由党代議士総会」。天春は第一議会以来、地価修正運動の先頭に立って運動し、地価修正を重視する立場にあった。
(46)『帝国議会衆議院議事速記録』六、八四六〜八五〇頁。
(47)『帝国議会衆議院議事速記録』五、三八六〜四〇三頁。なお、海軍改革建議案は立憲改進党の犬養毅の発言もあって二月二五日に特別委員会で否決された。これに対して板垣は第四議会終了後、改進党との提携を後悔し、独自路線を進むことを言明した(前掲註(1)真辺「初期議会期における板垣退助の政党論と政党指導」一六一〜一六四頁)。
(48)栗原亮一「政党之本領」(『自由新聞』明治二六年七月一日号社説)。
(49)『伊勢新聞』明治二六年七月二〇日号雑報「名張町に於ける板垣伯一行の政談大演説会詳況」。
(50)前掲註(1)小宮『条約改正と国内政治』一八七〜一九二頁。
(51)前掲註(1)伊藤『立憲国家の確立と伊藤博文』一四一〜一四三頁、前掲註(1)村瀬「明治二六年九月の自由党九州遊説」一三一〜

一五頁。

(52)　前掲註(1)伊藤『立憲国家の確立と伊藤博文』一四四〜一四七頁。

(53)　『自由党党報』六〇号、明治二七年五月一〇日。この人事のさい、杉田は板垣に「且自分担当第五部《(マ マ)》海陸之事ハ栗原氏ト篤ト御相談被下度候」と書き送っており、栗原が土佐派の政策立案の中枢にいたことが確認される（明治二七年四月一八日付板垣退助宛杉田定一書簡〈国立国会図書館憲政資料室所蔵「龍野周一郎関係文書」一一六―一〉）。

(54)　前掲註(1)伊藤『立憲国家の確立と伊藤博文』一八二〜一八三頁。

(55)　『自由党党報』七五号、明治二七年一二月二五日。

(56)　『自由党党報』八二号、明治二八年四月一〇日。

(57)　『自由党党報』七五号、明治二七年一二月二五日。

(58)　『帝国議会衆議院議事速記録』八、一一〜一三頁。

(59)　同右、一一六〜一一九頁。

(60)　栗原亮一「製鉄論」一、二（『自由党党報』四三〈明治二六年八月二五日〉、四四号〈九月一〇日〉）。

(61)　『自由新聞』明治二六年九月二二日号雑報「製鉄事業調査委員会」。

(62)　栗原亮一「製鉄事業調査要件」（『自由党党報』四六号、明治二六年一〇月一〇日）。

(63)　『帝国議会衆議院議事速記録』八、一五三〜一五七頁、通商産業省『商工政策史』一七巻　鉄鋼業（商工政策史刊行会、一九七〇年）八四〜八五頁。

(64)　『帝国議会衆議院議事速記録』九、九〇二〜九〇三頁。

(65)　栗原亮一「海関税法案」（『自由党党報』七七号、明治二八年一月二五日）。法案自体は衆議院で審議未了に終わった。

(66)　『帝国議会衆議院議事速記録』九、九三八〜九三九頁。

(67)　『自由党党報』八三号、明治二八年四月二五日。

(68)　『神戸又新日報』明治二八年七月一六日号雑報「自由党の宣言書決定す」。

(69)　『自由党党報』八九号、明治二八年七月二五日。

(70)　『大阪朝日新聞』明治二八年六月二九日号雑報「自由党の方針確定（軟）」。

(71) 明治二八年七月一二日付伊藤博文宛伊東巳代治書簡（伊藤博文関係文書研究会編『伊藤博文関係文書』二〈塙書房、一九七四年〉三二四～三二五頁）。
(72)『自由党党報』九七号、明治二八年一一月二五日。
(73)『自由党党報』九九号、明治二八年一二月二五日。
(74) 無記名「第九議会」（『自由党党報』九九号、明治二八年一二月二五日）。
(75)『帝国議会衆議院議事速記録』一〇、二一一～二一三頁。
(76)『帝国議会衆議院議事速記録』一一、五一七～五一九頁。
(77)『帝国議会衆議院議事速記録』一一、五三八～五四〇頁。
(78) 栗原亮一「軍備拡張論」一、二（『自由党党報』一〇二〈明治二九年二月一二日〉、一〇三号〈二月二五日号〉）。
(79) 無記名「義勇兵論」（『自由党党報』一〇四号、明治二九年三月一一日）。なお、筆者は第九議会に同趣旨の「義勇兵団設置建議案」を提出することから栗原亮一と考えられる。
(80)『自由党党報』一〇七号、明治二九年四月二六日。

第四章　隈板内閣前後における経済政策の展開

――自由党系土佐派の外資輸入論を中心に――

はじめに

明治三〇（一八九七）年末から明治三一年上半期にかけて、第一次日清戦後恐慌が発生した。日清戦後経営による好景気などのために金融は逼迫し、その結果、綿糸紡績業などの商工業に大打撃を与える恐慌が発生したのである。(1)この恐慌のさいに、外資輸入による経済界救済を唱えたのが自由党系土佐派の領袖板垣退助や幹部の林有造、政策立案者の栗原亮一らであった。(2)板垣らは外資輸入により国内の主要私鉄を買収、国有化し、鉄道の株券に固着した資本を経済社会に環流させ、資本不足を解消しようとしたのである。

明治三一年六月三〇日に自由党・進歩党が合同した憲政党を基礎とし、進歩党系の大隈重信を総理大臣とする隈板内閣が成立すると、自由党系の板垣は内務大臣、林有造は逓信大臣、松田正久（九州派）は大蔵大臣として入閣した。板垣や林は閣内で外資輸入による鉄道国有化を主張する一方、栗原らは松田とともに外資輸入を行い、国内の資本不足を解消するための機関である興業銀行（計画時には工業銀行、動産銀行と呼称されていたが、最終的には興業銀行で名称が統一）設立に奔走することとなった。(3)板垣らはこれにより国内で逼迫した資本を充実させ、国内商工業の再建を目指したのである。

しかし、隈板内閣前後における自由党系の経済政策について、本格的に検討した先行研究は管見の限り決して多くない。その背景には、当該期の政治史研究、特に自由党系の研究が経済政策よりも、むしろ立憲政友会成立に至る自由党系と藩閥政府＝伊藤博文系官僚との「提携」などに分析の焦点をあてているためと思われる。

政治史研究では、山本四郎氏が立憲政友会の成立を政党の改良を掲げながら第一党組織のために妥協に応じた伊藤博文と、憲政党解党という名を捨てて政権戦略という実を優先した星亨の政治的妥協の産物であると論じた。(4) 坂野潤治氏は隈板内閣の崩壊過程を検討した上で、自由党系の星亨が地租増徴により実業家層の支持を獲得する一方、積極主義を掲げ、地方の党勢拡張を図る戦略により政友会結成に至ったと論じた。他方で、坂野氏は経済政策について自由党系が実業家の支持獲得のため鉄道国有化を推進したことを指摘するにとどまっている。(5) 一方、伊藤之雄氏は星亨が憲政党で商工業者の政治参加、公共事業要求を喚起し、伊藤博文の内政改革構想に賛成した結果、政友会結成に至ったとしているが、土佐派の鉄道国有論については目先の利権に結びついた議論と批判している。(6)

このように、先行諸研究では伊藤系官僚と自由党系、特に星亨らを中心に政友会成立にいたる政治過程に着目して検討されてきた。そのため、本章で扱う経済政策、特に外資輸入論は検討対象とされておらず、外資輸入論が当該期の政治過程の中でどのように展開していたのかという点については分析対象とされていない。

一方、五百旗頭薫氏は明治三〇年の金本位制実施以降、進歩党が金本位制の自動調整メカニズムに依拠した財政・金融上の消極主義を採用する一方、伊藤博文や自由党が金本位制下の外債募集を活用する財政金融上の積極主義を主張し、両者が対峙したことを解明した。その上で、大隈重信が隈板内閣とその後の第二次山県有朋内閣で失敗を重ね、自己の政治的な資産である民党的理念、実業界における親大隈勢力（三菱財閥）、政策能力（への期待）が失われたことを指摘した(7)。

また、清水唯一朗氏は隈板内閣で大隈首相が政務官と事務官の区別を明言したが、政党人の猟官運動が過熱したため挫折したこと、隈板内閣の臨時政務調査委員会で行政・立法を縦断した責任内閣志向の進歩派モデルと行政と立法の共存による実益を志向する自由派モデルが議論されたことを指摘している(8)。

近年の研究では、前田亮介氏が隈板内閣の松田大蔵大臣が岩崎弥之助総裁を更迭し、日本銀行総裁の政治権力を解体に導く一方、日本銀行と対抗的な興業銀行計画が推進されたこと、第二次山県内閣で土佐派に代わって台頭した憲政党の星と松田が日本銀行課税論を主張する一方、日本興業銀行計画が星と松田ら九州派のイニシアティブで推進されたことを指摘している(9)。西山由理花氏も隈板内閣の松田大蔵大臣が官僚との協調、酒税増税などによる予算編成、鉄道国有化を推進する一方、外債募集には慎重姿勢を示したことを指摘した。また、西山氏は松田が公定歩合の引下げを実行し、岩崎総裁を更迭したが、実際には財政を整理することができず、十分な働きができなかったとしている(10)。

真辺将之氏は大隈首相が臨時政務調査委員会で行政整理を推進する一方、猟官を抑制したが、尾崎行雄文部大臣の後任人事をめぐる内紛で内閣が瓦解したことを指摘した(11)。

しかし、日清戦争後に外資輸入論や憲政党の金融政策を具体化していく役割を果たしたのは松田ら九州派が中心だったのであろうか。その主体も含めて、隈板内閣における興業銀行問題の具体的な過程については、今なお不明な点が残されているといえよう。

一方、松下孝昭氏は日清戦後経営における鉄道政策と土佐派など憲政党内における鉄道国有論の挫折について検討しているが、土佐派が外資輸入論を提起する過程や鉄道国有化問題と興業銀行設立問題の関係については分析対象としていない(12)。藤井信幸氏は隈板内閣の財政について着目し、当初隈板内閣が外債導入を極力抑止しようとしたものの、板垣ら自由党系の閣僚により、巨額の外債発行を迫られる政治過程を描いたが、自由党系の外資輸入論の論理や興業銀行設立問題にまで踏み込んだ検討はされていない。(13)

興業銀行設立問題を検討した掛谷宰平(14)・波形昭一(15)・浅井良夫(16)各氏の優れた実証研究も自由党系の経済政策や隈板内閣期の外資輸入論について直接対象としたものではない。それゆえに、隈板内閣における興業銀行法案の制定過程についても、浅井氏が「詳しい経緯は良く判らないが」、政府の政策として決定されたと述べたように、いまだ実証部分でも多くの不明な点が残されている。(17)

また、板垣や栗原らは外資輸入の手段として、隈板内閣崩壊後、興業銀行設立論と鉄道国有論を併せて議論しており、両者の関係も検討が必要であろう。つまり、隈板内閣前後における自由党系の経済政策を総合的に検討する必要があると考えられる。これにより、地租増徴や積極主義、商工業者の支持獲得などの問題を軸として、星亨らと伊藤系官僚の提携から政友会成立に至ったとする、従来の政治史研究とは異なった視点で分析を行うことができるのではないか。

こうした先行研究を踏まえて、本章では隈板内閣前後における自由党系の経済政策を外資輸入論の観点から検討し、鉄道国有化問題と興業銀行設立問題を取り上げて、その内容を検討する。また、従来明らかにされなかった隈板内閣における興業銀行設立計画の経過も併せて明らかにしたい。さらに、自由党系とともに興業銀行設立に大きな役割を果たした伊藤系官僚金子堅太郎の外資輸入論も検討した上で、政友会成立に至る政治過程で自由党系や金子の外資輸入論がどのように展開したかについても併せて論じることとする。

一　第一次日清戦後恐慌と自由党の外資輸入論

明治三〇年末、第一次日清戦後恐慌が発生した結果、綿紡績業などの諸産業は金融逼迫、資本不足などの課題に直面していた。この課題に対し、自由党はどのように対応したのか。「海運通商」を国是とし、商工業重視の「通商国家構想」を掲げていた自由党土佐派にとって、金融逼迫による資本不足は商工業の発展を脅かす危機であり、座視し得るものではなかった。

明治三〇年一一月一〇日、自由党は「外資移入の必要」を『自由党党報』に発表した[18]。その内容は、明治三〇年三月二九日公布の貨幣法に基づき、金本位制が確立したことを受けて「金貨本位の目的は我国の経済機関を世界と共通するに在りと宣言せられたり」として、国内と世界との経済の境界が消滅したことを強調するものであった。そして、第一次日清戦後恐慌による国内資本の不足を解消するために軍事公債の売却ではなく、「嗚呼今日に於て之を救ふの途は生産的外資移入の一法あるのみ」として、外資輸入による国内産業への資本供給の必要性を主張したのである。

この主張の背景には、日清戦争中における土佐派の外資輸入論があった。土佐派で実業家でもあった大江卓は日清戦争による軍費調達のために不足すると考えられていた国内資本の不足を補い、殖産興業や占領地経営のための外資輸入を唱えていた[19]。また、自由党土佐派で栗原と親密な森本（桜井）駿（非議員）も軍費支出による国内の資本不足と経済界の疲弊を防ぐために軍費を外債でまかなうべきだと論じた[20]。このように、自由党土佐派には日清戦争中から軍費調達に伴う国内の資本不足を憂慮し、これを外資で補うという発想があり、これが第一次日清戦後恐慌後に再登場したのである。

明治三一年二月二二日、板垣退助は「我党の方針」の題で演説した[21]。板垣は自由党の綱領として、立憲政体の完成、財政の基礎確立、選挙権拡張などに加えて、「一般経済を潤沢にする事」を採用すると言及した点が注目される。板垣は「一般経済を潤沢にする事」について「世界共通の経済を取り、外資を輸入するにはカク〱の法に依りて輸入すると云ふことを諸君の前に明にしたいと云ふことを考へて居る」と述べた。板垣は金本位制により日本が世界各国と「共通の経済」になったという認識の下、外資輸入の必要性を強調したのである。

四月一九日、自由党は第三次伊藤博文内閣と板垣の入閣問題をめぐって談判が決裂、提携断絶を宣言した。一方、自由党は同じ四月一九日に財政外交問題調査委員を設置した[22]。この役職は伊藤内閣との提携断絶を受けて、目下の外交、財政問題について自由党の意見を確定するための調査を行う目的で新設されたものであった。財政問題調査委員には、栗原亮一・森本駿に加えて、江原素六(静岡県)・岡崎邦輔(和歌山県)・根本正(茨城県)の各衆議院議員が任命された。そして、財政問題調査委員に就任した土佐派の栗原や根本、森本が中心となって自由党の経済政策を立案することとなった[23]。

財政問題調査委員は四月二二日に協議を行った上で、その後、会合を数度開いた。五月二日には栗原・森本両名が海軍省に山本権兵衛軍務局長を訪問し、軍備拡張計画について三時間あまり会談、五月三日には党本部の在京代議士総会で栗原が海陸軍部の調査を、森本が一般財政調査の報告を行った[24]。五月二二日には、栗原・根本・森本および木暮武太夫(群馬県)財政問題調査委員が井上馨蔵相を訪問し、その意見を尋ねた[25]。

一方、四月二七日に板垣は経済界救済のための抱負を述べ、実業家の意見を聞くために上野に実業家を招待し、演説した[26]。参加したのは渡辺洪基・森村市左衛門・雨宮敬次郎・井上角五郎ら実業家を中心に五三名に上った。

板垣はまず外資輸入につき実業家の意見を聞きたいと述べた上で、伊藤内閣の金利引き上げによる金融の逼迫など消極的な経済政策が資本の欠乏をさらに悪化させたとして批判した。そして、板垣は「故に此際は外資を輸入して、資本の不足を補ふを以て当然」と外資輸入の必要性を強調した。その上で、板垣は「我々は益々鉄道は国有にしたい者であると云ふ意見を持ちて居るので有りまする。故に外国債を起し、先づ幹線に属する私設鉄道を買上げ、固定して居る処の資本を変して流動資本に供するは、最も今日に適当の方法と考へるので有りまする」と外資輸入の具体策として、私設鉄道の買い上げ（鉄道国有化）によって、私鉄の株券に固着した資金を経済界に環流させ、経済界の資本不足を解消する方策を主張したのである。

板垣の演説後、財政問題調査委員の森本駿が「私設鉄道買上に関する調査の結果を報告」した。板垣の意見に対して、井上角五郎らも「目下経済界の危急を救済するには外資を輸入し、私設鉄道を買上るより外なし」と意見が一致し、渡辺洪基・森村市左衛門らを委員にしてさらに調査を行うこととした。この会合に関しては鉄道関係者が主導し、土佐派が利権のために応じたとの見方もあったが[27]、前述のように、土佐派がすでに日清戦争中から外資輸入論を主張していたことも背景にあったといえよう[28]。

五月二日、渡辺洪基らが返礼として板垣を招待し、その意見に同意する旨を述べ[29]、五月一三日に経済研究同志会が設立された[30]。経済研究同志会は板垣・大隈重信・品川弥二郎（国民協会会頭）や貴衆両院議員への訪問委員を選出し、意見書を内閣や大隈・板垣、商業会議所関係者らに配布した。その意見書の内容は、清国からの賠償金により、国内で発行した公債を償還し、その資本を流動化させて資本不足を解消すること、外債の募集を行い、その資金を鉄道買収、公債償還などに使用すること、日本銀行の金利を「適当ノ度合ニ置」き、貸出のさいに「勉メテ窮屈ナル内規ヲ設ケサル」ことを求めていた[31]。

一方、土佐派で経済研究同志会評議員の竹内綱は「鉄道国有論」を発表し、軍事上の必要性、政府財源としての有用性を挙げて、鉄道国有化の必要性を述べた[32]。その上で、竹内は経済恐慌による国内資本の不足を防ぐために、外資を輸入し、私鉄を買収することで私鉄に固定化した資本を流入させ、生産事業の発展を目指すべきであると論じた。

一方、鉄道国有化問題は東京商業会議所でも激しい議論が交わされたが、経済研究同志会の井上角五郎らが中心となり、鉄道国有に関する建議の提出を可決した。そして、土佐派で東京商業会議所副会頭大江卓と中野武営が建議案を執筆し、五月三〇日に「鉄道を国有と為すの建議」を総理大臣や大蔵・農商務・逓信の各大臣および貴衆両院に提出した[33]。その内容は板垣らと同様、鉄道国有化が鉄道の統一、未成線の建設に有益なだけでなく、民間における資本不足解消にも必要であるとして、外債募集による鉄道国有化を政府に建議するものであった。このように、外資輸入による鉄道国有化と、それによって資本不足を解消するという、板垣らの議論は経済研究同志会や東京商業会議所の動きと結びつき、勢いを増していった。

二　隈板内閣の成立と外資輸入問題をめぐる政策対立

明治三一年四月二六日、金子堅太郎が第三次伊藤博文内閣の農商務大臣に就任した。金子は伊藤の側近で、明治二七年一月から明治三〇年四月まで約三年間農商務次官の任にあり、英国をモデルとした商工業振興の経済政策を実施した人物である[34]。

金子は明治三〇年一二月、「現今経済上の二大問題」を発表し、経済の二大問題を資本の欠乏と外資輸入であると論じた[35]。そして、金子は日清戦争後、諸会社の資本が約三倍に激増したために、著しい資本不足が起こったと指摘した。その上で、金子は資本欠乏を補う手段として外資輸入を主張する一方、外資を輸出した国と輸入した日本の間に経済上の結合が強化され、両国の友好関係を強化するという外資輸入論を発表したのである。

明治三一年三月、金子は前日本駐箚米国公使ダンを通じて、杉山茂丸（福岡県出身・玄洋社系の大陸浪人）を米国に派遣し、モルガン財閥と米国からの外資輸入交渉を行わせており(36)、金子自身も「余輩の計画したる米国資本輸入の事」のため自らの訪米を計画していたが、農商務大臣に就任したため断念している(37)。

では、金子の外資輸入計画とはどのようなものか。それを示すのが、総合雑誌『太陽』に掲載された記事である(38)。金子の計画は「五千万円乃至一億三千万円の資本を以て株式組織の工業銀行を設立」し、「政府は銀行に対し、其資本額十倍までの債券発行の権利を付与」し、その債券を米国市場で販売することにより巨額の外資を輸入する内容であった。そして、工業銀行の株式には日清戦争で発行された国内の軍事公債で払い込み、公債の市価にかかわらず額面価格分の株券を交付するとしていた。また、杉山・モルガン側の会談では債券の利率や価格、債券の償還期限、工業銀行が債券を償還できないさいに、日本政府が債務を肩代わりする保証事項が決定されたとしており、杉山も工業銀行を設立し、外資輸入により「鉄道、築港、製鋼、造船、鉱山、其他諸製造会社」に資本を貸出すことや工業銀行に政府が債券保証を行う必要性を述べた(39)。

では、米国のモルガン財閥はこの外資輸入計画を了承したのであろうか。四月二三日付の米国特命全権公使星亨から井上馨蔵相への報告では、モルガンは条件次第では「比類ノ企図ニ応スルノ意アルモ」、米西戦争や欧州の金融不緩和のため「今日ハ此ノ如キ企ヲ起スノ時期ニアラス」と回答、現時点で日本に銀行を創設する意図はないとしていた(40)。つまり、この計画は両者の間で協議されたが決定には至らず、具体化しなかったと考えられる。

明治三一年五月一四日、第一二回特別議会が召集された。自由党は六月二日の代議士総会で鉄道国有建議案の提出を協議し、賛成多数で同案の提出を決定した(41)。六月三日、自由党土佐派の西山志澄、政府に近い国民協会の領袖佐々友房（熊本県）らを提出者とする「政府は鉄道国有の方針を確立し、鉄道線路中私設の縦横幹線に属する分は総て適当の時期を見、相当の方法に拠り、之を買上ぐるの案を立て帝国議会の協賛を求めむことを望む」とする鉄道国有の建議案を衆議院に提出した。(42) これに呼応する形で、経済研究同志会は自由党などの提出した建議案通過に努力することを決定し、自由党、国民協会を経済研究同志会が支援する形で鉄道国有化を進める枠組みが形成されたのである。(43)

六月一〇日、栗原亮一は「政府の経済界救済方針に関する質問主意書」を提出した。(44) その内容は①生産資本欠乏、貿易輸出品の減少により恐慌に陥りかねない現状に対して政府はどのような方針を取るのか、②日清戦争の償金二〇〇〇万円での公債買入について、この方針だけで経済政策は足りるのか、③日銀の金利引き上げを批判し、日銀の方針転換を行わないのか、④日銀総裁に三菱財閥の岩崎弥之助は不適格であり、罷免しないのか、の四ヵ条からなっていた。質問書提出の背景には、恐慌への危機感に基づく伊藤内閣の「消極的」経済政策や日銀の金利政策への批判があり、栗原はより積極的な経済政策を行う意図について政府に詰問したのである。しかし、同日政府提出の地租増徴法案が自由、進歩両党により否決されたため、衆議院は解散され、六月二四日に伊藤内閣は総辞職した。

一方、六月二二日には自由党、進歩党が合同し、憲政党が成立した。そして、憲政党の宣言書・綱領・申合書を栗原、竹内正志（岡山県・進歩党系）の両名が起草した。(45) 憲政党綱領は全九ヵ条から構成されていたが、第六条の「内外経済共通ノ道ヲ開キ、産業ヲ振作スル事」は前述の板垣らの論説でも明らかなように、金本位制を利用した外資輸入を指し、板垣ら土佐派の外資輸入論が憲政党の綱領に採用されたことを意味する。

しかし、この綱領では、自由、進歩両党の妥協による曖昧な部分も多く、それは両者の政策的距離の大きさに起因するものであった。たとえば、自由党が主張した陸海軍拡張について「陸海軍ハ国勢ニ応シ、適度ノ設備ヲ為ス事」（第七条）と曖昧な表現にとどめている。こうした自由、進歩両党間の政策的距離の大きさについて、板垣は主義綱領では大差がないとし、「彼の権利問題に於て彼此同轍なるべきも、唯外交、経済等の事実問題に於て、之を従来の実験に徴するに或は衝突の虞なしと云ふを得ず」と述べていた[46]。

この板垣の危惧を裏付けていたのが、進歩党の経済政策であった。進歩党の大隈重信は「今日は決して外国の資本を輸入すべき時にあらず」と財政上やむを得ない場合を除き外資輸入に反対し、日清戦争後に起きた過度の企業勃興を縮小することを主張していた。大隈は外資輸入は金融の緩和、再度の企業勃興につながり、ふたたび恐慌を招くと考えたのである[47]。また、進歩党の浜口吉右衛門（東京都）は鉄道国有化が一部投機者流の権略であり、鉄道買上げ政策の困難、鉄道国有化に伴う株の乱高下、経済社会紊乱を理由に挙げて鉄道国有化に反対した。その上で、浜口は経済界救済には公債償還よりも公債の買入れが有効であると提案していた[48]。つまり、進歩党は自由党の鉄道国有化に反対であり、外資輸入など経済界救済策にも反対、ないしは消極的であったのである。その背景には、進歩党が金本位制の自動調整メカニズムに依拠した財政・金融上の消極主義を採用していた経緯があった[49]。

しかし、外資輸入などの明瞭な政策的距離を棚上げしたまま、自由、進歩両党は合同し、憲政党が成立した。そして、明治三一年六月三〇日に隈板内閣が発足したのである。

三　隈板内閣における鉄道国有化問題と興業銀行設立計画

1　隈板内閣における鉄道国有化問題

隈板内閣では進歩党系から大隈重信が総理大臣兼外務大臣、大石正巳が農商務大臣、尾崎行雄が文部大臣、大東義徹が法務大臣で、自由党系からは土佐派の板垣退助が内務大臣、林有造が逓信大臣、九州派の松田正久が大蔵大臣で入閣した。林は鉄道問題を管轄する逓相として、「彼ノ鉄道国有論坂（ママ、板）林ハ主張シ、隈ハ反対トナルカモ知レス、併シ隈ノ事ナレハ遂ニ勢ヲ見テ賛成スルも難斗」と佐々友房に観察されたように、板垣とともに鉄道国有化を主張していた(50)。しかし、大隈首相は「政府は鉄道国有所の咄ではない」とした上で、「余は年来鉄道私有論者である」と反対を断言したのである(51)。そして、松田蔵相も添田寿一大蔵次官が省内で鉄道国有化に反対していることもあって、国有化には消極的であった(52)。松田は「直接に外資を輸入して民間資金の不足を補ふの策を講ず可きなり」と外資輸入には賛成したが、「経済界救済の為、鉄道国有論を主張するものあれど、是れ迂遠の極なり」として鉄道国有論には否定的な立場を取り、むしろ外資輸入による興業銀行設立を重視していた(53)。

八月末には、桂太郎陸相が林逓相に「各種の材料」を提供し、両者および西郷従道海相、板垣内相も鉄道国有化に賛成し、逓信省の調査が終了次第、鉄道国有化の法案を閣議に提出する形勢となった(54)。この「各種の材料」とはドイツから帰国した陸軍参謀本部大沢界雄少佐が林逓相を訪問したさいに手渡した資料と考えられる。林自身も大沢の資料が綿密であると賞賛した上で、「抑鉄道国有の趣意が重きを国防の上に置かるゝはいふまでもなし、経済救済の如きは其枝葉たるに過ぎず」との意見を述べた(55)。このように、陸軍の鉄道国有論が大沢を通じて林に持ち込まれ、経済界救済の鉄道国有論に軍事的視点が加わり、強調されていくこととなった。

鉄道国有の軍事上における必要性を強調することは、経済界救済の目的で鉄道を国有化することに否定的な金子堅太郎らを説得する手段ともなったと考えられる(56)。一〇月一四日付の政府宛探聞では、経済研究同志会の竹内綱・井上角五郎らが金子堅太郎ら貴族院議員などと「鉄道国有問題ニ就テノ評議」を行っており(57)、鉄道国有化問題での賛成派拡大を目指していた。しかし、この後も鉄道国有化問題は進展を見せず、林逓相も「国有ニ対スル取調而已提出買収ニ就而之方法財源」は閣議提出を見合わすと土佐派の竹内綱に発言するなど、鉄道国有化が閣議で決定される見込みは乏しくなった(58)。

結局、鉄道国有化問題は大隈はじめ進歩党系の閣僚が同意を示さず、同案は大隈首相の下に留め置かれたままとなった(59)。その後も林は閣議提出を試みていたが、実現されないまま、一〇月三一日、隈板内閣自体が崩壊したのである(60)。

2　隈板内閣における興業銀行設立計画

一方、大蔵省では、松田蔵相の下、添田寿一監督局長が憲政党に入党して大蔵次官に昇進し(61)、土佐派の栗原亮一が参事官兼監督局長、森本駿が大蔵大臣秘書官に就任した。しかし、松田蔵相は「四面楚歌の中に立ちて、漸く栗原参事官及桜井秘書官と共に財政計画を為すの姿」であり、省内で孤立していたとされる(62)。また、松田には大蔵大臣としての経歴、抱負を疑問視する声が強く、外資輸入に関し、信用ががた落ちするなどの内外からの批判もあった(63)。松田は公定歩合の引き下げを実行し、岩崎弥之助総裁を更迭したが、実際には財政を整理することができず、十分な働きができなかったとされており(64)、こうした背景から次官の添田、銀行を担当する監督局長栗原らが外資輸入＝興業銀行設立計画を推進したと考えられる。

そして、松田も明治三二年度の歳入不足分は地租増徴によらず、酒税、煙草税の増税などで補充する一方、添田・栗原の興業銀行設立計画に沿う形で、「内外金融の疎通を図り、以て諸般の有益なる事業に対し外資輸入の一大門戸を開くの必要あり。此の目的を貫徹せんと欲せば、動産銀行なるものを設立するに如かず」と隈板内閣崩壊後に述べており、動産（工業）銀行を設立し、工業の資金を供給することを目指したと述べている(65)。

しかし、興業銀行の設立には鉄道国有化同様、外資輸入に消極的な大隈首相を説得し、閣議で認めさせなければならなかった。本節では、先行研究で明らかにされなかった隈板内閣期における興業銀行設立問題の経過について検討したい。

まず、大隈に接近し、興業銀行設立を説得したのが前内閣で金子とともに工業銀行設立に努力した杉山茂丸であった。杉山は、八月五日付の大隈宛書簡で、添田大蔵次官に伊藤前内閣時代に米国に発電した「廿条往復ノ電文及ヒ書類」を渡し、添田も一覧したこと、大隈にも「別冊一部」を渡し、一覧するよう願っている(66)。杉山は九月一三日にも大隈へ書簡を送り、興業銀行の設立を「閣下ノ内閣ニテ御実行」するよう強く要請した(67)。また、杉山は九月一七日に金子が大隈と密会し、金子が「頗ル満足ノ模様」であったこと、杉山が金子と同行して、旧福岡藩主黒田長成と面会することを大隈に知らせている(68)。

一方、添田次官は一〇月一日、大隈宛の書簡で「兼テ上申仕置キ候有価証券専務即チ外資共通機関ノ大銀行案、別紙ノ通リ私ニ於テ立案仕リ候」と興業銀行の草案起草について述べた上で、「右ハ未タ省議ヲ経サルモノニ有之、其御含ミニテ閣下限リノ御覧奉願候」と大隈のみの一覧を要求していた(69)。では、なぜ大蔵省の省議を経ず、私案として添田から大隈へ渡されたのか。その背景には、興業銀行の債権に政府が保証を与えることへの大蔵省内の強い不満があったのである(70)。

然るに現内閣組織後、政府は工業銀行設立の必要を感じ、大蔵省に於て其組織及び外資輸入の方法等を調査するに当り、重（ママ）に金子氏の法案に拠りたれども、第一必要条件たる資本金額に対し、政府の補償を与ふることは如何あらんとの議論同省内に多く、一時は殆んど望みなき迄に立至れり。左れど、政府の補給利子あるのみにては未だ外国が我経済社会に充分の信用を置かざる今日、到底其債券に対して放資するの望みなきを以て、更に協議の上、外国に売出す債券に対してのみ政府の補償を与ふるに決し、茲に工業銀行設立の議内定するに至りたるやに

て、大体の調査は既に出来しあれば、第十三議会に同法案を提出する筈なりと云ふ

このように、大蔵省内では、興業銀行の資本金額に政府の保証を与えることを懸念する声が大きかった。同年一〇月から開催された第三回農商工高等会議では、政府保証の下に外資を輸入することに反対論が続出した。特に、大蔵省主計局長阪谷芳郎は外資輸入が人民の過剰な保護につながり、政府の施策の範囲外であることを主張した上で、外資輸入で失敗した外国の例を挙げ、政府保証の人為的外資輸入に反対意見を述べていた(71)。

こうした経緯のために、添田は省議を経ずに、直接大隈へ興業銀行（動産銀行）の草案を送付し、閲覧を願ったのであった。また、この草案の政府保証は杉山とモルガン財閥との交渉で協議されたと考えられる内容であり、添田を中心に作成した案が「重（ママ）に金子氏の法案に拠」って調査され、第一三議会へ提出に向けた準備が進められたことも注目される。

一〇月四日、添田は「別冊ハ過日差上候分ニ動産銀行ノ事ヲ加へ、其他多少訂正仕リタルモノニ有之」と再度大隈に意見書を提出した(72)。杉山も一〇月九日、「日本工業銀行」による生産事業への資本注入を説き、国家歳入の増加のために限定して鉄道国有を認め、鉄道改修の費用を工業銀行が貸し出す趣旨の「日本工業銀行ニ付テノ問答」、「鉄道国有論利害」を大隈に手渡している(73)。こうした杉山の説得と添田による興業銀行（動産銀行）の草案作成が進行する中で、大隈も興業銀行設立計画に理解を示すようになったようである。

一〇月一七日に杉山は大隈へ書簡を送っているが、その中で杉山は「一ニ工業銀行ノ儀ニ付テハ添田次官へ屢々拝謁、窃カニ　閣下ノ思召モ敬承仕、　邦家ノ御為メ恐喜（ママ）雀躍ニ堪ヘス候」と述べた上で、工業銀行法案の準備をただ今より行い、「実際ノ御着手ハ本年十二月頃ヲ以テ最上ト奉存上候」と大隈に進言している(74)。この書簡からは、工業銀行設立計画について添田より杉山に大隈の「意向」が伝えられたこと、これをうけて、杉山が明治三一年一二月か

ら計画に着手すべきであると告げたことが分かる。

そして、一〇月二〇日前後には「第十三議会に提出の見込を以て栗原監督局長主任となり、去月来編成中なりし工業銀行法案は今や已に脱稿して何時にても閣議に付し得る運び」となった。(75) その内容は工業銀行を「工業専門の機関」として、「資本金を一千万円とし、公債証書を以て払込」ませるものであった。また、工業銀行は「資本金に十倍迄の社債を外国人より募集すること」が可能であり、「社債に対しては政府保証を与」える計画であった。このように、提出予定の法案は大蔵省内で抵抗があった政府保証や資本金の一〇倍までの債券発行を認めるなど、多くの部分で金子案を継承していた。しかし、一〇月三一日に隈板内閣が崩壊し、工業銀行法案は閣議に提出されないまま、第二次山県有朋内閣の下、第一三議会に舞台が移ることとなった。

四　憲政党、金子堅太郎らによる興業銀行設立運動とその帰結

隈板内閣が崩壊した結果、憲政党は自由党系の憲政党、進歩党系の憲政本党に分裂、憲政党は第二次山県内閣と提携し、第一三議会に臨んだ。隈板内閣崩壊の直接の契機は尾崎文相辞任後の後任をめぐる自由党系と進歩党系の対立であり、自由党系関東派の星亨がこれを利用して内閣を打倒したのであった。一方、板垣は自由党系の主張した鉄道国有化、地租増徴を大隈が認めなかった結果、辞職したとも述べており、内閣崩壊の一因には前述の経済政策をめぐる旧両党間の対立が影を落としていたともいえよう。(76)

憲政党は新たに関東派の星・江原素六（静岡県・前衆議院議員）および土佐派の片岡健吉を総務委員に選定した。一一月一六日、第一回の政務調査委員会で軍事部と財政部の受持委員に栗原亮一が、同じく財政部の受持委員に森本

駿が選定された[77]。一一月二四日の代議士総会では政務調査委員長に松田正久、政務調査理事に栗原亮一・竹越与三郎が選定され、栗原は新たな憲政党でも政策立案に関与することとなった[78]。

また、党内の主導権を握りつつあった星が明治三一年八月には外資輸入に賛成の意向を示しており[79]、憲政党は外資輸入に関する法案を第一三議会に提出する準備を整え、衆議院予算委員長には栗原が就任した。

明治三一年一一月七日第一三議会が召集され、一二月二〇日地租条例中改正法律案（地租増徴法案）・田畑地価修正法律案が第二次山県内閣と提携した憲政党などの賛成により衆議院を修正・可決し、貴族院の審議を経て一二月三〇日地租条例改正・田畑地価修正法が公布された。こうして、第一三議会最大の懸案が通過した後の明治三二年一月、板垣は「新年書感」を発表した[80]。板垣は地租増徴の実行を軍備拡張、財政の基礎強化の点から正当化する一方、商工業者の政治思想の発達を歓迎し、商工業者への支持拡大の意図をにじませている。そして、板垣は経済社会の衰退に対し、「余輩は夙に主唱する鉄道国有案にして。此の鉄道買収の好時機を逸せす。幸に議会を通過することありて。為めに従来固定せし多額の資本を経済界に活動せしむるに至らは。国家の財政も亦随ふて一大刷新を見るの期に到達せん」と述べ、鉄道国有化による資本不足の解消論を唱えた。

その上で、板垣は「鉄道買収若しくは外資輸入によりて。資本一時に漲溢する激変を予防し。之を疏通せしむる」ための機関として、「興業銀行。北海道銀行。日清銀行。台湾銀行」の設立を唱えたのである。これは、鉄道買収などで一時的に大量の外資が流入したさいに、経済界の激変を未然に防ぐ意図があり、経済界に外資を輸入、供給する機関として興業銀行などが認識されていたことを示すものであった。

また、土佐派の竹内綱も外資輸入による鉄道国有化とともに「嘗て有力者の企画して未だ果さゝる、工業及貿易の機関たる銀行等」の必要性を強調した[81]。こうして、憲政党の外資輸入による鉄道国有化、興業銀行設立の併行論が強まり、第一三議会で憲政党から両問題が議会に建議案として提出される背景となっていった。

一月二七日、鉄道の経営管理を統一するため、私設線買収、未成線の整備を軸とした鉄道国有建議案が憲政党評議員会で満場一致、代議士総会でも大多数で可決し、憲政党の党議となった(82)。二月九日、憲政党の星亨・栗原亮一、国民協会の佐々友房らにより「全国幹線ノ私設ニ係ルモノハ時機ヲ図リ、之ヲ買収シ、其ノ予定線ノ未設ニ係ルモノハ著手《(ママ)》完成」する建議案が衆議院に提出され、栗原が法案の説明を行った(83)。栗原は鉄道国有の利点として、一、兵員輸送など軍事上の必要、二、国有経営の有利さ、三、鉄道国有化による利益を国家の財源としうること、四、国有化による利益を全国への鉄道敷設に回せることを挙げた。さらに、栗原は国有化により、鉄道の敷設が進み、「此交通機関ガ大イニ発達シマスレバ、商工業ヲ盛ンニ致シ、サスレバ此輸出入ノ上ニ於キマシテ、十分貿易ノ利ヲ得ルコトガ出来マス」と述べて、鉄道国有化による国内交通網の発展が商工業の発展、ひいては貿易伸張につながるとの論理を展開した。これは栗原の「通商国家構想」の延長線上の発想であり、通商、工業の発展のために鉄道国有化の有益さを強調するものであった。

二月九日、建議案は一四五対一二七の僅差で可決された(84)。二月二二日に鉄道国有調査会が設立され、実質的審議を担う主査委員会の委員長に星亨、委員に栗原亮一らが就任したが、主査委員長の星から鉄道国有法案と買収する私設鉄道九会社を列挙した私設鉄道買収法案が山県首相に提出されたのは、約一年後の明治三三年二月七日であった。これに対して、鉄道国有化を推進してきた林有造は「是非本月中ニハ調査会を終リ政府ニ報告候様不致テハ日数無之ニ付、迂生ヨリハ星ニ迫リ居候ヘハ、貴兄ヨリも迫リ候而主査会を速ニ結了候様願度」として、星だけでなく、栗原にも主査会の速やかな結了を依頼していた(85)。

明治三三年二月一二日、山県内閣は第一四議会に鉄道国有法案と私設鉄道買収法案を提出した。しかし、山県内閣は鉄道国有調査会が決定した私設鉄道買収法案第二条の私鉄買収期限一〇年に対して、政府が経済状況によって買収期限を延長できること、その場合は議会に報告するのみでよいとする抜本的な修正を加え、私設鉄道買収法案を事実上、骨抜きにしたのである(86)。

林は日清戦後に自由党と第二次伊藤内閣の提携に尽力した伊東巳代治と協議しつつ、法案の成立を図った。伊東は自由党が帝国党、中立議員と交渉の上、法案の衆議院通過を目指すべきであると林を督促したが、二月中旬には鉄道国有化問題に関する特別委員会委員長であった星亨らが「国有論之形勢不面白と内閣員ニ被咄候」ように、衆議院通過は困難となっていた(87)。そして、憲政党内でも修正された私設鉄道買収法案に対する反対が強まり、林が伊東宅を二月一九日深夜に訪問して「現内閣諸公幷小生（伊東）に対し面目次第なき事」と、慨嘆する状況となった(88)。結局、鉄道国有法案と私設鉄道買収法案は成立せず、その実現は明治三九年に成立した鉄道国有法まで持ち越されることとなった。

一方、金子堅太郎らは興業銀行期成同盟会結成に向けて活動していた。明治三二年一月一八日には興業銀行期成同盟会の発起人会を開き、二月五日の大会で正式に人事を決定した(89)。興業銀行期成同盟会については、掛谷・浅井両氏の研究に詳しいので、概要のみ要約する。「日本興業銀行設立旨趣書」によると、日本興業銀行の組織および方法は以下のようなものであった(90)。第一に、営業の本務として「鉄道、築港、造船、鉱山其他国家経済に必要なる諸工業に対し資本を供給」し、副務として公債・地方債・社債などに対して貸出を行うことである。第二に、資本金を一〇〇〇万円とし、日本政府の公債証書で払い込むこと、第三に、興業銀行の社債は払込金額の一〇倍とし、内地および外国で募集することである。そして、第四に欧米で募集する社債を「日本政府は返済第二の保証をなすものとす」と定めていた。これは「欧米経済界の情況は極東の日本に向て政府の保証なくしては容易に資金の貸出を承諾せざる」ためのやむを得ない場合の処置と説明されている。

この「設立旨趣書」の内容は、資本金を一〇〇〇万円とし、公債で払い込む点、政府の保証を要求している点、工業のための銀行としている点などで隈板内閣時代に添田や栗原が中心となって策定した工業銀行法案と酷似している。その理由は興業銀行法案が金子農商務大臣時代に策定され、憲政党内閣で修正された工業銀行法案の草案をベースとして「設立旨趣書」が作成されているからである。その意味で、この「設立旨趣書」の興業銀行の組織および方法は金子農商務大臣時代の工業銀行法案の草案が隈板内閣の修正を経た形で復活したものであり、両者の経済政策の共通性を見ることができよう。

一方、興業銀行期成同盟会の人事、参加者であるが、会長に由利公正、副会長に金子堅太郎が就任し、添田寿一・有賀長文・杉山茂丸ら金子に近い人物が参加している。[91]また、土佐派の大江卓や大三輪長兵衛らも役員として参加しており、党派別では、憲政党が一四名と最も多く、憲政本党が五名、国民協会が二名、日吉倶楽部三名、無所属四名が役員となっている。この背景には、金子が明治三一年一一月に憲政党の友人から入党勧告を受けていた経緯があり、金子が伊藤博文に相談するなど（実際には入党せず）両者の政治的距離が接近していた事情があった。[92]また、興業銀行期成同盟会は鉄道国有化にも賛成しており（後述）、両者の経済政策の共通性も同盟会への憲政党代議士の入会を促したと考えられる。

さらに、興業銀行期成同盟会には、雨宮敬次郎・渋沢喜作ら経済研究同志会の評議員二五名のうちおよそ半数弱の一二名が興業銀行期成同盟会に参加している点も注目される。[93]これは従来の先行諸研究で指摘されなかったことであるが、興業銀行期成同盟会は経済研究同志会の主張する鉄道国有化にも賛成の意向を示していたからである。

金子自身は当初、鉄道国有論自体には理解を示していたものの、経済界救済のための国有化には慎重な姿勢を示していた。しかし、隈板内閣期には杉山が鉄道国有化に条件付きで賛成し、金子も土佐派の竹内綱らと鉄道国有化の評議を行っており、国有化に理解を示す姿勢に転じていた（本章第三節参照）。

明治三二年二月九日、興業銀行期成同盟会大会の四日後に、鉄道国有建議案が憲政党などから衆議院に提出されると、金子に次ぐ興業銀行設立運動の中心であった添田寿一が鉄道国有化に反対し、興業銀行期成同盟会を退会する事件が起こった。添田は「動産銀行ニ依リ外資ヲ輸入候ハ、全ク鉄道国有ノ如キ経済上有害ナル僻見ヲ排斥セン為メニ有之候テ、此ノ二者ハ殆ト両立シ難キモノニ有之候」として、外資輸入のためには興業銀行設立が必要であり、鉄道国有化と興業銀行設立は両立しないと考えていたのである。それゆえに、鉄道国有建議案が憲政党などにより提出されると、添田は期成同盟会内で「国有鉄道論ニハ反対ノ地位ニ立ツ」よう主張したが、鉄道国有化に賛成の立場にあった期成同盟会内で添田の反対論は「痛ク排斥ヲ蒙リ」、退会を余儀なくされたのであった(94)。このように、興業銀行期成同盟会は興業銀行設立を第一目的としつつも鉄道国有化にも賛成することで、鉄道国有化、興業銀行設立を主張する憲政党と興業銀行設立問題で「連携」した運動を行っていった。

一方、憲政党政務調査局は明治三二年一月二四日、「外資輸入の方法として一千万円の資本にて動産銀行設立の議を是認する事」を決議した(95)。二月二〇日、「動産銀行」が「日本興業銀行」と改称され、日本興業銀行法案の衆議院提出が憲政党代議士総会で決定されたのである(96)。二月二三日、日本興業銀行法案が松田正久・栗原亮一らにより衆議院に提出された(97)。その内容は資本金一〇〇〇万円の興業銀行を設立すること、払込資本金の額面一〇倍の興業債券を発行すること、興業債券を外国で発行するさいに、政府が興業債券の元金利子を保証することなどを定めたものであった。そして、この法案は興業銀行期成同盟会の作成した「日本興業銀行設立旨趣書」とほぼ同じ内容のものであった。つまり、憲政党と興業銀行期成同盟会は両者の「連携」の下、この法案を提出したのである。

日本興業銀行法案の趣旨説明を行い、法案成立を強く主張したのが栗原亮一であった(98)。栗原は日本の国是が工業にあり、興業銀行設立は「故ニ是ハ一時ノ救策ニアラズ致シテ、是ガ国是ニ於テ、我国是ヲ進メル上ニ於テ、是非共此工業ノ大機関ガナケレバナラヌト云フコトガ、本趣旨」であると強調した。つまり、栗原は工業という国是の発展のために工業専門の金融機関が必要であるとした上で、外資輸入を円滑に進める中央機関としても興業銀行設立が必要であると述べたのである。

一方、政府は二月二四日、興業債券の政府保証を削除し、額面を五倍とする(憲政党案は一〇倍)動産銀行法案を提出した。この政府による法案提出に関して、浅井氏は憲政党の提出した興業銀行法案に対し、政府が独自案を提出したのは法案自体への反対のためであり、その背景には財閥ブルジョアジーの興業銀行への反発があったとしている(99)。しかし、その背景には松方正義蔵相や大蔵省が金子・杉山らの外資輸入に向けた動きに反対していた事情があった(100)。政府委員下坂藤太郎は、栗原案への反対理由として巨額の外資輸入によって通貨の膨張が起こり、「非常ニ経済社会ニ激変」を生じること、興業銀行が恐慌などに遭ったさいに、政府が保証した債券を弁償する危険を挙げていた(101)。つまり、大蔵省側は興業銀行設立自体は容認していたものの、人為的外資輸入による経済の変調、政府の保証による財政負担を危惧したのである。しかし、二月二八日、日本興業銀行法案は政府保証条項を付与する形で衆議院を通過、貴族院へ送付された(102)。

一方、貴族院特別委員会では衆院の可決した政府保証条項を削り、大蔵省の意に沿った修正を行った。これに対して、金子は外資輸入による工業発達のための機関として興業銀行が必要であり、「即チ興業銀行ガ社債ヲ外国ニ発シテ、ソレヨリ吸収スル時分ニ国家ガ第二ノ保証ニ立ツト云フコトハ、今日ノ情勢ニ於テ已ムヲ得ザルコト、又今日必要ナコト、信ジテ居ルノデゴザイマス」と述べて、興銀が負担できないさいに政府が興銀債券を保証する政府の第二保証を要求した(103)。また、金子はこの頃「動産銀行中外国ニ於テ募集する社債ハ、政府ニテ第二ノ保証ニ立ツ事ニ付而ハ、先日縷々申上候通リニ付、何卒此際御英断相願度」と松方蔵相に対し、政府案に第二保証を付帯するよう依頼していた(104)。

しかし、貴族院では金子の第二保証付帯の意見は通らず、第二読会を経て衆議院に政府の第二保証条項を削除する形で回付した(105)。そして、衆議院では貴族院の修正案に反対し、両院協議会を開くこととしたものの、議会は閉会となってしまったのである(106)。

こうして、興業銀行法案は第一四議会（明治三二年一一月二〇日召集）に持ち越されることとなった。政府は再度政府の保証条項を削った日本興業銀行法案を貴族院に提出した。これに対して、興業銀行期成同盟会および憲政党は前議会のように対案を出さず、政府保証条項を政府案に盛り込むよう努力した。金子は貴族院予算委員会で再度政府保証の必要性を説いたものの(107)、結果的には譲歩する形で、債券発行の第一四条に「但シ外国ニ於ケル債券発行ノ規定ハ別ニ法律ヲ以テ之ヲ定ム」という但書を付与することとなった(108)。これにより、政府の保証条項を棚上げする形で日本興業銀行法案は成立し、外資輸入銀行としての役割を担わせようとした金子や栗原らの意図は挫折することとなったのである。

おわりに

本章では、隈板内閣前後における自由党系の経済政策を検討した。その結果、自由党系が日清戦争中より軍費調達とそれに伴う国内資本不足を補う観点から外資輸入論を主張したこと、第一次日清戦後恐慌以降、鉄道国有化によって国内の資本不足を解消し、経済界救済を目指したことが解明された。また、自由党系が隈板内閣成立を機に、金子堅太郎らの工業銀行設立計画を継承し、添田寿一や栗原亮一らを中心に外資輸入のための興業銀行の設立にも取り組んだことを併せて明らかにした。そして、外資輸入による鉄道国有化問題、興業銀行設立問題は地租増徴の成立以降、憲政党の経済政策における中心的位置を占めることとなった。両問題の背景には資本不足という状況下にある日本の商工業を鉄道国有化、興業銀行設立により外資を輸入することで、積極的に打開する構想があった。その背景には「通商国家構想」で重視された商工業の振興があったと考えられる。

また、本章では、従来明らかでなかった隈板内閣における興業銀行設立計画を「大隈文書」など関係者の書簡や新聞史料などに基づき検討した。その結果、金子に近い杉山茂丸らが外資輸入に消極的な大隈首相を説得したこと、添田大蔵次官・栗原監督局長が工業銀行法案の草案作成に取り組み、法案が閣議提出直前まで到ったことが明らかになった。

さらに、本章では、隈板内閣崩壊後、金子らが興業銀行期成同盟会を結成し、憲政党衆議院議員や経済研究同志会員も興業銀行設立運動に関与したこと、栗原・松田と金子らが興業銀行設立のために第一三議会で「連携」したことを指摘した。その結果、金子らと憲政党の経済政策（鉄道国有化問題、興業銀行設立問題）の共通性も明らかになった。

こうした経済政策をめぐる自由党系、伊藤系官僚の「連携」は伊藤博文と星亨が地租増徴や積極主義、あるいは実業家への接近などを媒介して政治的に提携し、政友会結成に至ったとする従来の先行研究からは見落とされていた。しかし、自由党系土佐派と九州派、金子ら伊藤系官僚は明治三二年初頭において興業銀行設立問題など経済政策によって、すでに「連携」していたのである。そして、自由党系土佐派と九州派、金子ら伊藤系官僚は立憲政友会に参加していくこととなったが、その背景の一つとして経済政策をめぐる共通性も指摘できよう。

註

（1）大島清『日本恐慌史論』上（東京大学出版会、一九五二年）第二章、長岡新吉『明治恐慌史序説』（東京大学出版会、一九七一年）第二章。

（2）自由党は明治三一年六月、進歩党と合同して憲政党を結成し、同年一〇月隈板内閣が崩壊後、憲政党を分裂させ、新しく憲政党を結成する（進歩党は憲政本党を組織）。本章では板垣ら自由党系を明治三一年六月までは自由党、隈板内閣期は自由党系、一〇月の内閣崩壊後は憲政党と表記し、この間全体を指す場合は自由党系と表記する。

（3）興業銀行は明治三三年に公布された日本興業銀行法に基づき、明治三五年に日本興業銀行として成立するが、当初の金子堅太郎らの計画案では興業銀行ではなく、工業銀行と表記されていた。また、憲政党内閣では添田寿一らが動産銀行と表記しており、第一三議会に政府から提出された時も動産銀行法案として提出された。そして、憲政党は第一三議会で日本興業銀行法案を提出し、最終的には第一四議会の衆議院で日本興業銀行に名称が確定する。本章では、基本的に興業銀行で表記をするが、史料上およびそれに付随する本文では、その表記に従い、工業銀行・動産銀行も適宜使用することとする。

（4）山本四郎『初期政友会の研究』（清文堂、一九七五年）第一章。

（5）坂野潤治『明治憲法体制の確立』（東京大学出版会、一九七一年）第二章第四・第五節。

（6）伊藤之雄『立憲国家と日露戦争』（木鐸社、二〇〇〇年）第一章、同「立憲政友会創立期の議会」（内田健三・金原左門・古屋哲夫編『日本議会史録』一〈第一法規出版株式会社、一九九一年〉所収）。隈板内閣期については、伊藤之雄『立憲国家の確立と伊藤博文』（吉川弘文館、一九九九年）第一部第四章第四節参照。

（7）五百旗頭薫『大隈重信と政党政治』（東京大学出版会、二〇〇三年）第三章第二・第三節。

（8）清水唯一朗『政党と官僚の近代』（藤原書店、二〇〇七年）第二章、第三章第一節。

（9）前田亮介『全国政治の始動』（東京大学出版会、二〇一六年）第四章。

（10）西山由理花『松田正久と政党政治の発展』（ミネルヴァ書房、二〇一七年）第一部第三章。

（11）真辺将之『大隈重信』（中央公論新社、二〇一七年）第六章。

（12）松下孝昭『近代日本の鉄道政策』（日本経済評論社、二〇〇四年）第三章第四・第五節。

（13）藤井信幸「第一次大隈内閣と日清『戦後経営』」（『早稲田大学史記要』二一、一九八九年）。

(14) 掛谷宰平「日本帝国主義形成過程における日本興業銀行成立の意義」(『日本史研究』七五、一九六四年)。
(15) 波形昭一「日本興業銀行の設立と外資輸入」(『金融経済』一一七、一九六九年)。
(16) 浅井良夫「成立期の日本興業銀行」(『土地制度史学』六八、一九七五年)、同「日清戦後の外資導入と日本興業銀行」(『社会経済史学』五〇—六、一九八五年)。
(17) 前掲註(16)浅井「日清戦後の外資導入と日本興業銀行」七頁。
(18) 無記名「外資移入の必要」(『自由党党報』一四四号、明治三〇年一一月一〇日)。
(19) 大江卓「外資利用論」(国立国会図書館憲政資料室所蔵「大江卓関係文書」二一五)。なお、本史料の作成時期は日清戦争や軍費支払高の記述内容などから明治二八年と考えられる。
(20) 森本駿「軍費及公債」(『自由党党報』七〇号、明治二七年一〇月一〇日)。森本については、岩壁義光「自由党の日清講和条約構想」一・二(『政治経済史学』二〇三・二〇四、一九八三年)参照。
(21) 板垣退助「我党の方針」(『東京新聞』明治三一年二月二四、五日号雑報)。
(22) 『東京新聞』明治三一年四月二一日号雑報「自由党財政外交問題調査委員」。
(23) 根本は明治二三年五月の愛国公党結成以来、土佐派に属した栗原の親友であり、栗原は根本の衆議院議員選挙にさいして略伝も起草した(栗原亮一『茨城県第二区衆議院議員候補者根本正君略伝』〈高知堂、明治三一年〉)。
(24) 『自由党党報』一五六号、明治三一年五月一五日。
(25) 『自由党党報』一五八号、明治三一年六月一〇日。なお、木暮武太夫は後から財政問題調査委員に加えられたものと考えられる。
(26) 『東京新聞』明治三一年四月二九日号雑報「板垣伯の招待会」、「板垣伯の演説」。
(27) 東京日日新聞記者朝比奈知泉は井上角五郎ら鉄道事業関係者が自由党に依頼し、当日の会費も大体彼らから出費されたこと、板垣がこれに応じたのは井上馨蔵相の経済政策に批判的であり、経済社会の同情を得るためであることを山県有朋に報じている(明治〈三一〉年四月三〇日付山県有朋宛朝比奈知泉書簡〈『山県有朋関係文書』1、尚友倶楽部山県有朋関係文書編纂委員会、二〇〇五年〉三三～三六頁)。
(28) なお、初期議会期以来、板垣ら自由党系は鉄道国有論を主張していた。明治二四年一二月の第二議会で政府から私設鉄道買収法案が提出されたさい、すでに自由党は「鉄道国有主義」をとっていたが、政府への信任がなく、時機尚早として反対した(『自由党党報』五号、明治二四年一二月二五日）。また、板垣も明治二五年三月の段階で鉄道国有論者と見なされていた（明治〈二五〉年三月二一日付井上馨宛井上毅書簡〈国立国会図書館憲政資料室所蔵「井上馨関係文書」二七三―五〉）。

(29)『東京新聞』明治三一年五月四日号雑報「実業家の板伯招待会」。

(30)『東京新聞』明治三一年五月一四日号雑報「経済研究同志会」。後に、委員長渡辺洪基は尾崎三良（会長に改称）に交代し、評議員には井上角五郎・雨宮敬次郎○・竹内綱・若宮正音・馬越恭平・伊東茂右衛門・小野金六○・岡田治衛武○・若尾幾造・横山孫一郎○・米倉一平○・田中平八○・武田忠臣・根津嘉一郎・中沢彦吉・長尾三十郎・梅浦精一○・久米民之助○・山中隣之助・小布施新三郎○・青木正太郎○・佐々田懋・喜谷市郎右衛門・北村英一郎○・渋沢喜作○の二五名が就任した（○は後に、興業銀行期成同盟会にも役員として参加、計一二名）。経済研究会の会員は井上（北海道炭坑鉄道株式会社理事）や雨宮（甲武鉄道会社取締役）のように鉄道事業関係者が多かったが、田中（田中銀行頭取、田中鉱業取締役）ら他の事業関係者も参加していた（明治三一年一一月二七日付内閣総理大臣山県有朋宛経済研究同志会会長尾崎三良他提出「経済研究同志会会長開申財政ニ関スル意見書」〈国立公文書館所蔵「公文類纂」纂〇〇四六五一〇〇〉）。

(31) 明治三一年五月一二日付大隈重信宛経済研究同志会委員長渡辺洪基提出「経済研究同志会陳述書」（国立国会図書館憲政資料室所蔵「大隈文書」Ａ九九六）。

(32) 竹内綱「鉄道国有論」（『東京新聞』明治三一年五月三一、六月一、二、三日号論説）。

(33)『東京新聞』明治三一年五月三一日号雑報「鉄道国有を為すの建議」。

(34) 金子の経済政策については、顕原善徳「一九世紀末日本の環太平洋構想」（『ヒストリア』一五八、一九九七年）、拙稿「日清戦争後における経済構想」（『史林』九一―三、二〇〇八年）参照。

(35) 金子堅太郎「現今経済上の二大問題」（金子『経済政策』〈大倉書店、明治三五年〉第三四章、明治三〇年一一月）。

(36) 前掲註(16)浅井「日清戦後の外資導入と日本興業銀行」六～七頁。一又正雄『杉山茂丸』（原書房、一九七五年）五九～六一頁、前掲註(34)拙稿「日清戦争後における経済構想」第四章参照。なお、室井廣一氏は「杉山茂丸論ノート」一六（『東筑紫短期大学研究紀要』二五、一九九四年）で、杉山の訪米と興業銀行設立運動を思想史の観点から新聞資料と伝記に依拠して言及している。

(37)「金子農商務大臣を訪ふ」（『太陽』四巻一一号、明治三一年五月二〇日）。

(38)「工業銀行設立の運動」（『太陽』四巻一三号、明治三一年六月二〇日）。

(39) 杉山茂丸「日本工業銀行設立論続編付其組織及償還法」「大隈文書」A一一七七)。
(40) 「米人モーガン氏本邦ニ銀行創設ニ関スル件」(国立国会図書館憲政資料室所蔵「松尾家文書」四五冊―五一)。
(41) 『東京新聞』明治三一年六月三日号雑報「自由党代議士総会」。
(42) 『東京新聞』明治三一年六月八日号雑報「鉄道を国有とするの建議」。
(43) 『大阪朝日新聞』明治三一年六月六日号東京電報「経済研究同志会」。
(44) 「衆議院議員栗原亮一提出政府ノ経済界救済方針ニ関スル質問書」(明治三一年六月一〇日付、前掲註(30)「公文類纂」四六三一)。
(45) 『憲政党党報』一巻一号、明治三一年八月五日。
(46) 『東京新聞』明治三一年六月二二日号雑報「自由党の大会」。
(47) 「外資輸入の非なるを論ず(大隈伯の談話)」(『太陽』四巻三号、明治三一年二月五日)。
(48) 浜口吉右衛門「鉄道国有論の妄を弁じ併せて財界救急策に及ぶ」(『進歩党党報』二六号、明治三一年五月二〇日)。
(49) 前掲註(7)五百旗頭『大隈重信と政党政治』第三章第二節。
(50) 明治(三一)年八月二四日付佐々友房宛大浦兼武書簡(国立国会図書館憲政資料室所蔵「佐々友房関係文書」四七―一一)。
(51) 『大阪朝日新聞』明治三一年八月二三日号雑報「大隈伯の非国有論」。
(52) 添田寿一「鉄道買収論」(『太陽』四巻二四号、明治三一年一二月五日)。
(53) 『大阪朝日新聞』明治三一年八月一三日号雑報「財政談(松田蔵相)」。
(54) 『大阪朝日新聞』明治三一年八月二九日号雑報「鉄道国有問題」。
(55) 『大阪朝日新聞』明治三一年八月二五日号雑報「林逓信の鉄道国有談」。
なお、大沢は九月一一日に経済研究同志会でも講演会を開催し、鉄道国有の軍事上、経済上の必要性を強調している(大沢界雄「鉄道国有論」〈『東京新聞』明治三一年九月二五、二七、二八、二九、三〇、一〇月一、二、四、一六日号論説〉)。
(56) 金子堅太郎「鉄道国有論の再燃に就て」(『実業之日本』一巻一五号、明治三一年八月二八日)。金子は「鉄道国有論の国家的交通機関の経営上必要」との認識を示しつつも、経済社会救済の手段として鉄道国有論を利用することに難色を示していた。
(57) 「政党偵察報告書」乙秘第四八九号(前掲註(31)「大隈文書」A三〇一)。
(58) 明治(三一)年九月一九日付伊藤大八宛竹内綱書簡(国立国会図書館憲政資料室所蔵「伊藤大八関係文書」一〇四―三)。

(59) 前掲註(12)松下『近代日本の鉄道政策』一三〇～一三三頁。
(60)『大阪朝日新聞』明治三一年一〇月二三日号東京電報「鉄道国有論」。
(61) 添田は内閣成立を評価する「合同の精神」(『憲政党党報』一巻四号、明治三一年九月二〇日)を発表しており、憲政党に入党した。
(62) 笹川多門『松田正久稿』(一九三八年、江村会)一八六～一八七頁。
(63)『大阪朝日新聞』明治三一年七月二日号雑報「新蔵相と実業者」。
(64) 松田蔵相の動向については、前掲註(10)西山『松田正久と政党政治の発展』第三章。
(65)『人民』明治三一年一一月九、一〇、一一日号雑報「松田前蔵相の財政方針談」。
(66) 明治(三一)年八月五日付大隈重信宛杉山茂丸書簡(国立国会図書館憲政資料室所蔵「大隈文書補遺」B四六二六、以下「補遺」と略す)。なお、この書簡で杉山は大隈に別冊を読んで頂ければ「米国ニ於テ談判ノ根底」が分かると述べており、「別冊」はモルガン財閥との交渉にふれた「日本工業銀行設立論続編付其組織及償還法」と推測される。
(67) 明治(三一)年九月一三日付大隈重信宛杉山茂丸書簡(「補遺」B四六二三)。
(68) 明治(三一)年九月一七日付大隈重信宛杉山茂丸書簡(「補遺」B四六二四)。
(69) 明治(三一)年一〇月一日付大隈重信宛添田寿一書簡(「補遺」B四六五二)。なお、同封されていたと考えられる別紙は所在不明である。
(70)『大阪朝日新聞』明治三一年一〇月七日号雑報「工業銀行設立の事」。
(71)「農商工高等会議ノ政府保証外資輸入ニ関スル反対意見」(前掲註(40)『松尾家文書』五七—一四)。
(72) 明治(三一)年(一〇)月四日付大隈重信宛添田寿一書簡(「補遺」B四六五三)。
(73) 明治(三一)年一〇月九日付大隈重信宛杉山茂丸書簡(「大隈文書」A四六六一)。
(74) 明治(三一)年一〇月一七日付大隈重信宛杉山茂丸書簡(「補遺」B四六三〇)。杉山は隈板内閣崩壊後も大隈に「兼テ御採用ニ相成居候工業銀行案」を内閣の方針として残すよう依頼していた(明治〈三一〉年一一月六日付大隈重信宛杉山茂丸書簡〈「補遺」B四六三一〉)。
(75)『大阪朝日新聞』明治三一年一〇月二一日号雑報「工業銀行法案成る」。

(76)『大阪朝日新聞』明治三一年一〇月三〇日号雑報「板垣伯の伏奏」。
(77)『憲政党党報』一巻一号（憲政党分裂後に再刊）、明治三一年一二月五日。
(78)同右。
(79)『大阪朝日新聞』明治三一年八月二五日号雑報「星亨氏の政見」。
(80)板垣退助「新年書感」（『憲政党党報』一巻四号、明治三二年一月二〇日）。
(81)竹内綱「鉄道国有法に規定すべき条項及反対論の弁駁」（『太陽』五巻四号、明治三二年二月二〇日）。
(82)『憲政党党報』一巻六号、明治三二年二月二〇日。
(83)『帝国議会衆議院議事速記録』一四（東京大学出版会、一九八〇年）三四七～三五五頁。
(84)同右、三五九～三六一頁。
(85)明治(三三)年一月二二日付栗原亮一宛林有造書簡（国立国会図書館憲政資料室所蔵「栗原亮一関係文書」一一一―八）。
(86)前掲註(12)松下『近代日本の鉄道政策』第三章第五節。
(87)明治(三三)年二月一七日付林有造宛伊東巳代治書簡（国立国会図書館憲政資料室所蔵「林有造関係文書」二―一四）。
(88)明治(三三)年二月二〇日付山県有朋宛伊東巳代治書簡（前掲註(27)『山県有朋関係文書』1、一五一～一五三頁）。
(89)前掲註(14)掛谷「日本帝国主義形成過程における日本興業銀行成立の意義」、前掲註(16)浅井「成立期の日本興業銀行」参照。
(90)「興業銀行」（『銀行通信録』一五九号、明治三二年二月一五日）。
(91)前掲註(14)掛谷「日本帝国主義形成過程における日本興業銀行成立の意義」四二～四七頁および前掲註(90)に、衆議院・参議院編『議会制度百年史　院内会派編衆議院の部』（一九九〇年）により補訂を加えた。また、憲政党より参加の青木正太郎・久米民之助は経済研究同志会員でもあった。
(92)金子は伊藤に「先般来自由党の友人来訪、已に末松男も自由党に加入相成候今日に付、小生にも是非入党致呉候様要求有之候へとも」と述べている（明治〈三一〉年一一月一六日付伊藤博文宛金子堅太郎書簡〈伊藤博文関係文書研究会編『伊藤博文関係文書』四〈塙書房、一九七六年〉、六五頁〉）。また、土佐派の幹部片岡健吉も明治三二年一月二四日、金子堅太郎や経済研究同志会の渡辺洪基と接触していた（立志社創立百年記念出版委員会編『片岡健吉日記』〈高知市民図書館、一九七四年〉一九三頁）。
(93)前掲註(90)に同じ。経済研究同志会の会員との重複については、註(30)参照。

(94) 明治(三二)年(二)月九日付大隈重信宛添田寿一書簡（前掲註(31)「大隈文書」Ｂ三〇三）。
(95) 前掲註(90)に同じ。
(96)『憲政党党報』一巻七号、明治三二年三月五日。
(97)『帝国議会衆議院議事速記録』一五、五一二～五一四頁。
(98) 同右、五一四～五一五、五八三～五八四頁。
(99) 前掲註(16)浅井「成立期の日本興業銀行」三四～三六頁、同「日清戦後の外資導入と日本興業銀行」九～一〇頁。
(100) 松方は「政府ハ『モーガン』ト協議シテ外資輸入ヲ為スカ如キコトヲ希望シ居候ニハ無之候」と明言し、杉山とモルガン財閥との外資輸入の協議成立の真否について確認するよう小村寿太郎駐米公使へ打電していた（明治三二年二月四日付外務大臣宛〈松方〉大蔵大臣電報按「モーガン外資輸入ノ件ニ付在米小村公使へ電報按外務省へ御送付按」別紙「在米小村公使へ電報按」〈前掲註(40)「松尾家文書」四五冊─五一、「米人モーガン氏本邦ニ銀行創設ニ関スル件」所収〉）。また、神山恒雄氏も松方が人為的外資輸入を最小限にとどめようとしたことを指摘している（神山『明治経済政策史の研究』〈塙書房、一九九五年〉第三章第三節）。
(101)『帝国議会衆議院委員会議録』一三（東京大学出版会、一九八六年）五～八、一六～一七頁。
(102)『帝国議会衆議院議事速記録』一五、五八五頁。
(103)『帝国議会貴族院議事速記録』一五（東京大学出版会、一九八〇年）七二六～七二八頁。
(104) 年月不詳、一七日付松方正義宛金子堅太郎書簡（大久保達正監修『松方正義関係文書』第七巻〈大東文化大学東洋研究所、一九八六年〉九三頁）。書簡の記述内容から第一三議会開会中の明治三一年一二月～明治三二年三月の書簡と推定される。
(105)『帝国議会貴族院議事速記録』一五、七三一～七三二頁。
(106)『帝国議会衆議院議事速記録』一五、七六七～七六八頁。
(107)『帝国議会貴族院委員会速記録』一〇（東京大学出版会、一九八六年）五～八頁。
(108)『帝国議会貴族院議事速記録』一七、六七八～六八〇頁。

第Ⅱ部　『自由党史』の成立過程と歴史観

第一章 板垣退助の政界引退と『自由党史』

はじめに

明治三三（一九〇〇）年九月一三日、憲政党は臨時大会を開き、正式に解党を宣言した。そして、九月一五日、立憲政友会発会式が挙行され、伊藤博文を総裁とする立憲政友会が成立した。この二つの出来事は日本政治史上、非常に大きな画期であったとされる。そして、幸徳秋水が「自由党を祭る文」を執筆し、憲政党解党によって自由党以来の歴史が抹殺されたと批判したこともよく知られている(1)。

しかし、憲政党首脳部はこうした批判に対して、まったく配慮をしなかったわけではない。憲政党は臨時大会の席上、明治三三年一一月に憲政党総務委員待遇を辞退し、政界を引退していた板垣退助に対して「板垣伯ニ対シ感謝ノ意ヲ表スル決議案」を可決した。これは、板垣の「多年自由ノ主義ニ拠リ党員ヲ指導」した労を称え、感謝を表すために委員を派遣するものであった。これと同時に、憲政党は残務委員五名（末松謙澄・星亨・林有造・松田正久・片岡健吉）を指名し、「自由党歴史編纂」を担当させた。憲政党総務委員の星亨も解党が画期であるとの認識から「此際吾党か多年諸君と辛苦経営したる歴史を編纂し、以つて後昆に貽すにあらずんば、人情の軽侮なる後世或は前人苦辛経営の在る処を忘る丶に至らんことを虞る」と説明しており、党史編纂の必要性を認識していたのである(2)。

こうした処置はなぜ、取られたのであろうか。実は自由党―憲政党系の中で、党史編纂に熱心であったのが、板垣を領袖とする土佐派であった。明治三六年五月、立憲政友会伊藤博文総裁と桂太郎内閣の妥協が成立すると、立憲政友会からこれに反対して脱会者が続出したが、政友会幹部の林有造・片岡健吉ら土佐派も脱会した。そして、土佐派を中心とする勢力が板垣を推戴して計画したのが自由党の再興である。

しかし、こうした政友会結成前後における板垣や土佐派の政治動向についての研究はきわめて少なく、当該期の星亨を中心に描かれる政治史の一コマとして扱われることがほとんどである。たとえば、有泉貞夫氏は星が第二次山県内閣と提携して「積極主義」により地方での党勢拡張に成功し、憲政党内での地歩を固めたことを明快に論じているが、板垣の政界引退については、山県内閣との提携の主導権争いと横浜埋立事件以降の権力闘争に敗れて「政党活動からの事実上の別離」をしたとふれるにとどまっている(3)。

また、吉良芳恵氏は横浜埋立事件を憲政党内の問題と捉え、憲政党内の土佐派を中心とする星排斥派などが横浜埋立事件を政治問題化させる一方、星がこの問題を解決していく中で憲政党内を掌握していったことを解明した。そして、横浜埋立事件で星と対峙して敗北した板垣については「こうなっては板垣は総務委員待遇を辞任するだけであった」として、横浜埋立事件での主導権争いに敗退した結果、辞任に追い込まれたとしている(4)。

板垣が横浜埋立事件を契機とする党内の主導権争いに敗北した結果、政界引退に追い込まれたとするのは一見、理解しやすい。しかし、板垣が政界を引退した理由は他にはないのであろうか。なぜならば、板垣が政界を引退したのは明治三二年一一月八日のことであり、従者一人を連れて鎌倉に引きこもる突然の引退であったからである。しかも、後述するように、憲政党は七日後の一一月一五日に党大会を控えており、この席で板垣が総務委員待遇を辞退して、政界を引退する方が自然ではなかろうか。一方、自由党の再興計画についても、平尾道雄氏・山本四郎氏・伊藤之雄氏がこの計画にわずかにふれているにすぎず、その実相はほとんど検討されていない(5)。

近年、真辺将之氏が板垣退助、大隈重信の老年期を比較・検討した論考で、板垣の政界引退と自由党再興計画などについて紹介し、板垣が戊辰戦争の経験から封建門閥の打破という「明治維新の精神」を自らの行動原理として自由民権運動、社会政策に取り組み、「一代華族論」を唱えたことを指摘した(6)。しかし、真辺氏は板垣の政界引退の原因となった横浜埋立事件や後述する党則改正問題については検討対象としておらず、自由党再興計画についても略述するにとどまっている。このように、板垣の政界引退前後の政治動向については多くの未解明な点が残されているといえよう。

一方、憲政党解党のさいに決定された党史編纂事業は約一〇年後の明治四三年に板垣退助監修、宇田友猪（号滄溟）・和田三郎編纂の『自由党史』として刊行された。

遠山茂樹氏は土佐派の立憲政友会脱会や板垣の社会政策・自由党再興計画などについてふれた上で、これらが明治三〇年代における『自由党史』の編纂に影響を与えたと推測している(7)。近年、宇田友猪が執筆した板垣の未刊行伝記『板垣退助君伝記』が刊行されるなど、土佐派の歴史編纂過程に関する研究に新たな展開が生まれつつある。特に、『板垣退助君伝記』の刊行に尽力した公文豪氏は『土陽新聞』の記事を用いて、『自由党史』の稿本が明治三九年に旧憲政党残務委員から板垣の手に移り、その後、和田三郎が明治四〇年に修正・脱稿したことを指摘した(8)。

そこで、本章では土佐派の政友会結成前後における政治動向、特に板垣退助の政界引退と自由党再興計画を明らかにする。その上で、土佐派の政治動向を踏まえて、明治三〇年代に自由党系の党史編纂事業がどのように進められたのかを検討していきたい。

一　板垣退助の政界引退と党則改正問題

明治三一年一〇月二九日、隈板内閣を組織していた憲政党が分裂し、旧自由党系の板垣退助内務大臣・松田正久大蔵大臣・林有造逓信大臣が辞表を提出した。そして、旧自由党系は新しく憲政党を結成し、一〇月三一日に隈板内閣は崩壊したのである（旧進歩党系は憲政本党を結成）。

旧自由党系が結成した憲政党は一〇月二九日に党協議会、党大会を開催し、党則を決定した。その党大会では総務委員四名の内、星亨（関東派）・江原素六（前衆議院議員・星に近い）・片岡健吉（土佐派）の三名が指名され、一一月四日には党本部で在京党員の総会を開催し、伊藤博文の娘婿で憲政党に入党した末松謙澄が総務委員に選出されている(9)。

しかし、一一月二四日に開催された代議士総会では「吾党出身の前国務大臣は総務委員同一の資格を有する事」などが決定され、その結果、隈板内閣で閣僚を務めた土佐派の板垣、林、九州派の松田も総務委員待遇を受けることとなった(10)。さらに、総務委員の片岡は衆議院議長に就任して一一月一二日に総務委員を辞退したが、二七日の総務委員会には出席しており、片岡も衆議院議長の資格で事実上総務委員の地位にとどまっていた(11)。つまり、憲政党総務委員会は正式な総務委員である星・江原・末松に加えて、前大臣として総務委員待遇を受けていた板垣・松田・林と、衆議院議長の片岡がその構成員となっていた。そして、この七人の中で、第二次山県有朋内閣との提携を推進した星が憲政党を主導していた。

これに対し、勢力を弱体化させていた土佐派を中心とする勢力は、明治三二年二月、党組織を改造して板垣を自由党時代のようにふたたび総理として総務委員の上に置き、星の主導権を抑制しようとする動きを見せたが、実現しなかった[12]。その結果、同年三月には、憲政党の「関西、関東、北信、西海」が星に拝伏し、「星氏全盛の時代」と評されるほどであった[13]。その背景には星が自派の根拠地関東をはじめ、中国・近畿・北信・東北に運動費を多く分配し、土佐派の本拠地四国には運動費を配分しないなど、党の資金を掌握していたことも背景にあったとされる[14]。

明治三二年九月の府県会議員選挙では憲政党（旧自由党系）が憲政本党（旧進歩党系）に圧勝し、星の憲政党における主導権がさらに強まっていった。そうした中、発生した政治問題が東京市の市街鉄道問題と横浜埋立事件であった。明治三二年六月の東京市会議員半数改選で当選した星は東京市内への市街鉄道敷設権を傘下の出願者に獲得させて運営する私営鉄道論を主張した。これに反対し、市営鉄道を主張した区議―有力公民層が対立した事件が市街鉄道問題である[15]。この問題で板垣や土佐派の若宮正音（元農商務省商工局長・憲政党員）・鈴木充美（元衆議院議員）らは市営鉄道論を主張し、星の行動は憲政党の党議（鉄道国有論）に反するとして星の処分について謀議していた[16]。

こうした党内の反発に対して、星は先手を打ち、一〇月一二日の星ヶ岡茶寮で開催された総務委員会で家政の整理などを理由に総務委員の辞任を申し出た[17]。しかし、星の辞任は市街鉄道問題で市有説を主張する「板垣伯一派に対する反抗運動」や党内の反感を避けるという狙いがあり[18]、翌一三日には総務委員の懇請を受けて辞任を取り消している[19]。

だが、この前後より横浜埋立事件が政治問題化し、新聞紙上に相次いで報道された。横浜埋立事件は横浜の本牧地先海面の埋立をめぐる利権争いが地租増徴をめぐる中央政界の贈収賄事件に発展した事件であり、憲政党の横浜組（横浜の地主層・憲政党員で、林ら土佐派が後援したとされる）と小山田派（太田鉄道株式会社社長などを歴任した小山田信蔵を星らが支持）、信州組（龍野周一郎ら憲政党本部役員などが中心）が党内で埋立許可をめぐって争った[20]。特に、この事件が政治問題化したのは、小山田が第一三議会で地租増徴に反対する議員を買収する見返りに、星が内務省を通じて、横浜海面払下げを小山田に認可させたという点にあった。これに横浜組や信州組が猛反発し、星排斥の運動が広がったのである。

土佐派の竹内綱（前衆議院議員）・大江卓（元衆議院議員）・鈴木・若宮らは横浜組、信州組とともに、一〇月二五日に桝田屋で会合して星除名を申し合わせている。[21]その背後には第二次伊藤内閣以来、土佐派と連携する伊東巳代治らがいたとされる。翌二六日には土佐派の栗原亮一・鈴木・竹内・若宮・大江に加えて、総務委員待遇の林有造が芝山内の三縁亭に会合し、星除名などを打ち合わせた。[22]

こうした土佐派の横浜埋立事件による星批判と連動していたのが党則改正問題であった。この党則改正問題は管見のかぎり、先行研究で検討されたことがほとんどなく、わずかに有泉貞夫氏がふれているに過ぎないので、検討していきたい。[23]党則改正の動きが最初に表面化したのは前述の明治三二年二月における板垣の総理推戴の動きであったが、同年八月一七日にはふたたび憲政党の有力者が会合し、それまで総務委員が嘱託していた評議員を各支部から選挙し、その評議員が総理を選挙する憲政党組織の変革について議論がなされている。[24]こうした動きの中心にいた土佐派は自ら進んで総務委員を増減・変更し、各地方より自派の人物を選挙させ、総務委員の上に総務委員長として板垣を据えて、星を排斥しようとしていたとされる。[25]一〇月以降、党則改正案はしばしば新聞紙上にも登場し、総務委員長に代わって、総理一名、理事一〇名から構成される党則改正案（『大阪朝日新聞』）や、総理一名を置き、板垣を据え、理事一二名を置いて各支部から一名ずつ評議員を選出する党則改正案（『万朝報』）が報道されていた。[26]この党則改正案を起草したのが、土佐派の大江と竹内であり、彼らが一一月一五日の党大会に提出するために起草した「意見書」が残されている。[27]

これによると、大江らは党則を改正する理由として、明治七年以来の政党史に言及した上で、当初は厳格であった政党の風紀が「富貴利達」を得るとともに、「元気志操」が消耗し、党の統一が失われたと指摘する。その上で、大江らは「先ヅ党則ヲ改正シテ組織ノ系統ヲ明カニシ新ニ総理ヲ置」くことで党の統一を図り、党務委員とともに連帯責任を負わせ、「厳正ナル規律」により、党務を遂行するように求めたのである。

この「意見書」は全一〇項目からなるが、第一に、「総理ヲ置キ総理ハ毎年大会ニ於テ選挙ス、総理ハ総務委員会ノ首班ニシテ党務ヲ統一シ其責ニ任ズル事」と、総務委員の首班として総理を設置するよう主張した。この時、大江や竹内が総理に想定していたのが板垣であり、板垣を総務委員の星や松田らの「首班」に置くことで、土佐派の復権を図ったと考えられる。また、総務委員を一〇名に増員した上で、各府県から一名ずつ選挙される評議委員会の選挙で決定するとした（第二・三）。大江らは広く地方支部の意見を容れた形で総務委員を選挙する一方、総務委員の定数を増加することで、星の専権を抑えようとしたと推測される。

また、評議委員会が党議や党の諸規則、党の重要事項を議決するなど、合議制が重視されており（第五）、代議士会も議院提出の議案を審議し、評議委員会と議決が相違する時は両者が合議して決定すると定められた（第七）。このように、「意見書」は板垣を総理として土佐派の復権を図り、総務委員を増加することで、星の主導権を制限する目的があった。さらに、総務委員を地方支部から選挙し、評議委員会が党議や党の細則を決定するなど、合議制を重視した点も注目される。つまり、土佐派は横浜港埋立問題で星の失脚を謀る一方、党則改正によって制度的にも星の主導権を制限し、土佐派の復権を図ろうとしたのである。

一〇月三一日、大江・竹内・若宮・鈴木ら三縁亭に会合した土佐派は、星・岡崎邦輔（前衆議院議員・星の側近）が議員買収の見返りに横浜埋立の権利を与えたことは党の信用を失墜させる問題であり、両者を除名して党規振粛を計るべきであるとの意見を総務委員に提出した(28)。一〇月三一日、一一月一日には憲政党総務委員会が開催され、星の問題が議論された。その結果、一一月一日、総務委員待遇の板垣と総務委員の末松が星邸を訪問し、板垣が横浜埋立事件の経緯や党則改正の議論が党内にあることを説明した上で、星に総務委員の辞任と横浜埋立問題の指令取消を勧告した。[29]これに対して、星は辞任を拒否した上で、自ら本部の総務委員会に臨んだ。星は横浜埋立事件も解決に向かい、党内に紛擾はないと主張した上で、むしろ党内を攪乱させている者を処分すべきであると反論したのである。[30]結局、総務委員会は「横浜埋立事件ハ本部に於て干与せざる事、右に関し党中意志の行違ひなるものハ是が疎通を図る事」を決議し、星の処分に言及せず、憲政党本部も横浜埋立事件に関与しないという態度を取った。[31]つまり、横浜埋立問題を通じて、星除名を意図した土佐派の目論見は水泡に帰したのである。

では、なぜ星は除名や総務委員の辞任を免れたのであろうか。その理由として、星の優れた政治力と強い党内基盤に支えられた巧妙な「防御運動」が背景にあった。一〇月三一日には星の影響下にある東北地方の憲政党員が会合し、「我党々則は目下其改正の必要を認めず」と申し合わせる一方、星の地盤である関東倶楽部常議員会も一一月一日に「我党々則は目下に於て改正の必要を認めず」と決議した。[32]星の影響下にある憲政党の地方団体は土佐派などによる党則改正の動きに強く抵抗し、星の辞任や影響力の低下を牽制したのである。星の影響下にある機関紙『日刊人民』も憲政党の組織変更（党則改正）は、市街鉄道問題・横浜埋立事件における関東派・土佐派の感情対立や党の内紛を激化させると批判した。その上で、『日刊人民』は関東派や東北会などが組織変更を認めない現状では板垣も総理を引き受けないとして、組織変更を強く牽制したのである。[33]

これに対して、土佐派など反星派は一〇月三〇日、憲政党高知支部が「大に吾党の門戸を開放すると共に政党の組織を完備ならしむる事」を決議する一方、一一月三日には憲政党近畿各支部幹事会が総務委員を七名に増加し、内一名を互選で委員長とすることを決議したが、大勢が決した一三日の近畿会衆議院議員・代議員の集会で党則改正案の提出を見合わせている。(34)さらに、杉田定一ら党内融和を図る柳花苑組に土佐派の山本幸彦（高知県）が加わるなど、土佐派内でも一致した行動を取ることができなかった。(35)

一一月六日、それまで憲政党内で中立的立場を取っていた松田正久率いる九州派の衆議院議員が「現行の党則を改正するの必要を認めず」と決議した。(36)星は政権分与が急務の今日、党則改正を唱えて党内の平和を乱すのは得策でないと、松田を説得し、その同意を得たのである。(37)これにより、土佐派の党則改正案が一一月一五日の党大会で通過することはほぼ絶望的となった。

一一月八日、板垣退助は突然、憲政党総務委員待遇の辞表を党本部に提出し、従者一名を連れて鎌倉に隠遁した。板垣は逆境に立つことを自認するが、順境にあっては精神を保養したいとした上で、「今回府県会議員選挙も結了したれは、以後社会問題の方面に尽力致し度候」として、総務委員待遇を辞退したのであった。(38)板垣の政界引退は突然の出来事であり、一週間後の一一月一五日には憲政党大会を控えていた。そうした中、このタイミングで板垣が政界を引退したのは辞表の文面にある府県会議員選挙の勝利、社会問題（社会政策）を追求したいという理由よりも、憲政党内の情勢によるところが大きいと考えられる。

板垣は東京市街鉄道問題、横浜埋立事件で星と対立し、特に埋立事件では末松とともに行った総務委員の辞任勧告を星に拒否された。さらに、土佐派が自派の復権と星の主導権を制限するために計画した党則改正は、関東派の巻き返しにあった結果、九州派をはじめとする諸団体が党則改正不要を決議し、挫折した。こうした諸要素が重なったために、板垣はこのタイミングで政界を引退したと考えられる。(39)それを示すのが、板垣の慰留に鎌倉を訪れた片岡健吉に対して、一一月一一日に板垣が返答した談話である。それによると、板垣は府県会議員選挙後に引退するのは初志であり、評議員会の同意を得たかったので、大会前に辞任したと発言した上で、次のように述べている。(40)

又一つは昨今新聞紙の報ずる処に依れは、此頃党則改正の議党中に生じ已に之を決議せる支部さへあり、而して此事たる予の身上に関係するもの丶如くに伝ふるも余に於ては毫も之に関係せることなきを以て、世の誤解を招かさらん為め大会前に於て一身を潔くなし置くに如くはなしと思ふより、斯くは今日を以て辞退すべき時期なりとなし此挙に出でし所以なるが、尚其他の理由に至ては彼の書面（辞表）に記しあるが如し

つまり、板垣自身は党則改正に関与していないが、関与しているとの誤解を避けるためにこのタイミングで辞任したと弁明しており、党則改正問題が板垣の政界引退の一因となったことは指摘できよう。

一一月一五日、憲政党協議会と大会が開催された。その前日の一四日、大江卓が党則改正案を党本部の総務委員に提出したが、すでに党の大勢は決しており、党大会の議題に取り上げられることはなかった[41]。わずかに、一四日に開催された憲政党協議会で星亨が提案説明を行った「前大臣の総務委員待遇は自今廃止する事」が、後藤文一郎（愛知県）の動議により四票差で否決されたことが目立ったのみで、大会は平穏に終始し、総務委員に星亨・松田正久・末松謙澄・林有造が選挙された[42]。そして、この党大会の後、憲政党は星主導の下、立憲政友会結成への道を歩むこととなったのである。

二　自由党再興計画の挫折

明治三三年九月一五日、伊藤博文を総裁とする立憲政友会が結成されると、政界を引退した板垣退助を除き、憲政党土佐派の幹部林有造や片岡健吉らは政友会に参加した。しかし、前年の板垣の政界引退以降、土佐派はさらに勢力を衰退させていった。しかも、土佐派の本拠地高知県では片岡健吉の保護を受けたとされる中央派（肝胆会）と、林

有造の保護を受けたとされる郡部派（有隣会）が対立し、第七回・第八回総選挙や中央派が運営していた『土陽新聞』の経営権をめぐって、激しく争っていたのである。(43)

明治三四年六月七日には、土佐派の林有造が新たに総務委員中に設置された常任総務委員から外されるなど、党中枢からも遠ざけられていった。(44)六月二一日、立憲政友会で指導力を発揮してきた星亨が暗殺されると、政友会の一部から板垣を伊藤に次ぐ副総裁にしようとする動きが出てきた。(45)こうした状況の中、板垣は伊藤と面会し、七月八日には政友会組織改革の必要性を説く意見書を送付した。(46)その内容は政友会幹部である総務委員を廃止し、顧問数人を置くこと、顧問長が院内総理・政務調査部長・応接係を選任することを定め、内閣組織のさいは大臣を顧問から選択するものであった。また、地方団体を弊害であるとして解散し、一府県下五名の委員を選出して地方連合倶楽部を設置する一方、その内一名を常置委員として東京に事務所を置き、党勢拡張と選挙を担当させることとした。この組織変更の眼目は、総務委員と地方団体の廃止、それに代わる顧問と地方連合倶楽部の設置であった。六月二七日、板垣は伊藤を訪問し、組織変更の必要性を主張したが、総務委員原敬の消極論などもあり、組織変更は採用されなかった。(47)

明治三六年五月、政友会総裁伊藤博文が独断で第一次桂太郎内閣と予算問題で妥協すると、六月以降政友会から脱会者が相次ぎ、妥協に反対した片岡健吉や、妥協に反対した後、政友会の組織改革を求めて拒否された林有造ら土佐派の大半も脱会した。(48)この動きに呼応して、板垣は明治三六年六月一九日と二七日に政友会脱会者を中心とする旧友茶話会で演説した。板垣は二七日の演説で自由・平等・博愛を主義とし、綱領に「社会政策としては、小作条例、労働組合、鉄道国有、殖民政策、累進税法等」を確定するよう主張した。(49)この計画は「新政党組織の計画」であり、「愈板垣伯を推して其首領たらしむるの準備に外ならざりき」というものであった。(50)

七月一六日には旧友茶話会を再編した同志集会所（政友会脱会組）が芝公園で総会を開催した。板垣や土佐派の衆議院議員山本幸彦・根本正（茨城県）らだけでなく、かつて星の配下であった関東派の板倉中（千葉県）・石坂昌孝（元衆議院議員）や、前大蔵大臣渡辺国武を領袖とし、貴族院議長近衛篤磨とも連携して新党結成を画策していた信州組の龍野周一郎（長野県）・石塚重平（長野県・前衆議院議員）らも参加したが、寄り合い所帯の性格は否めなかった。板垣は総会で「自由博愛主義及び例の社会政策に移り、資本労働の調和を計るべし」と主張した。そして、会合では新政党は次期議会前に結成すること、「新党の主義綱領は板垣伯に一任して調査せしむる事」が決議された。(51)

しかし、信州組の小川平吉（長野県）は七月三〇日の日記で「板伯頃日来熱度昂騰、当初吾同志が伯に期せしより以外に進まんとするの虞あり」と、板垣が信州組の意向以外の活動をすることを危惧していた。(52) 小川は対ロシア強硬派で、近衛―渡辺新党計画に関与していた人物である。その上で、小川は板垣の新党趣意書脱稿に関する同志集会所の会議を欠席する旨を述べた書簡の中で、「小党樹立」には「大反対」であり、板垣が「少数なりとも直に政党を組織すべしとか、自由平等博愛を以て主義」とすることが事実であれば諌止するように、土佐派の衆議院議員山本幸彦や小田貫一（広島県）に依頼している。特に、小川は板垣の新党組織を「特に自由平等博愛といふが如き、抽象的の題目を掲げて政党の旗幟と致候は、最早時期に後れたる仕事」とし、空論で幼稚であると批判した。この背景には社会政策に基づく新党設立を進める土佐派と「大倶楽部設立」にとどめる信州組の路線対立があり、信州組は新党構想から離脱していくこととなった。

その後、八月一日には、板垣起草とされる「党則」とその「説明」が公表された。「党則」では総裁一名と顧問若干名、常任幹事四名、議員会・地方連合倶楽部の設置が構想されており、明治三四年に板垣が伊藤に提出した政友会組織改革案を多くの点で継承していた。(53) そして、八月一二日には大井憲太郎（元衆議院議員）・板倉中・楠目玄らが板垣邸で会合、その席で新政党の綱領が協議され、一六日に『万朝報』紙上に綱領と宣言書の一部が板垣の私案として発表された[54]。綱領と宣言書が板垣の私案として発表されたのは、同志集会所内で異論があったこともあり、新政党がこれを採用するかどうかは別問題とされていたからであった[55]。

では、板垣の起草とされる新党の綱領とはどのようなものであったのか。高知県立図書館坂崎文庫に「板垣伯の新政党宣言書及び綱領政策私案」と題する史料が存在する[56]。この坂崎文庫は土佐派で自由民権運動家、政治小説家・歴史家として活躍した坂崎紫瀾の史料群である。この「板垣伯の新政党宣言書及び綱領政策私案」は宣言書のみ残存しており、坂崎の手で修正・抹消が行われているが、立憲政友会の会報『政友』に掲載された「新政党の綱領及宣言書案」の宣言書の記述内容とほぼ同じであり、綱領・政策の部分は欠くものの、坂崎が宣言書の立案・修正に関与したと考えられる[57]。一方、綱領の内、社会政策については、社会政策学会の中心的存在で東京帝国大学法科大学教授の金井延博士に調査を委託したようである[58]。

この「新政党の綱領及宣言書」は宣言書と一〇条からなる綱領、二八項からなる政策から構成されている[59]。宣言書は現在の時勢が大きく転換し、「政治上の専制は則社会上経済上の専制となり、権利問題既に解決せられて国民的生活問題の解決正に其急を告ぐるものあり」と強調した上で、立憲政治が確立された現在、「社会上経済上の専制」を取り除くことが急務とする。その上で、宣言書は資本家と労働者の調和を主張する一方、「我党の遵行す可きは只此自由平等博愛主義あるのみ、即ち此主義の啓導する所に適従して社会政策を確立するあるのみ」と、自由平等博愛主義に基づく社会政策の確立を訴えたのである。

次に新党の綱領について検討する。新党は「自由平等博愛主義」（第一）を掲げた上で、皇室尊栄・国民の権利強化（第二）などを主張する一方、「資本者と労働者の調和」（第九）を強調するのが基本的な立場であった。また、新党は外交について、平和を旨としつつも、「清韓二国の保全」を主張し、当時満州に進駐して、日本との対立を深めていたロシアを間接的に牽制した。板垣はロシアが、満州を策源地として朝鮮半島の占領を狙っているとし、その満州経営を極力妨害することを主張していた。(60)

一方、全二八項目から構成された政策は国内政策と外交・通商問題に大別される。国内政策としては、経済政策、軍備、行財政改革、社会政策などがある。まず、経済政策として、新党は「経済は積極方針に拠り世界共通の方法を乗る」(第一)ことを宣言し、積極財政と世界共通の方法＝各国からの外資輸入を主張する。また、交通機関の速成および銀行法の改正による「金融機関の完整」を主張した(第一〇)。特に交通機関やインフラに関しては、「鉄道瓦斯電灯」の「国家及自治体の経営」を唱え、鉄道の国有化(あるいは自治体による運営)を主張している点が注目される(第一一)。なお、この鉄道・ガス・電灯の国有化と自治体による運営は同時に低料金による利用を可能とする意味で社会政策とも関連する政策であった。(61)このように、新党は積極財政による外資輸入論や鉄道などの国有化、交通機関・金融機関の整備などを主張しているが、これらには隈板内閣前後に土佐派が実現を目指した経済政策も存在しており、これを継承したといえよう。(62)

さらに、新党は帰休兵制度を拡張することにより軍備の節減を主張する一方(第四)、行財政改革を行い、政費の節減を目指した(第九)。また、所得税の累進税率引き上げや相続税法の設定、奢侈品への課税など、低所得者に配慮した税法改正(第八)も社会政策の一環とみることができよう。その他に、議院法改正(第一九)や漸次選挙権の拡張(第二〇)も主張されている。

特に、新党が重視したのが社会政策であった。その政策は、小作条例制定(第一五)、労働局の設立(第一六)、工場法の制定(第一七)、小学校の授業料無料化(第二二)、簡易な実業教育普及と貧民職業学校設立の奨励・保護(第二三)、資本家の慈善施設奨励と一般の慈善事業設立の奨励・保護(第二四)、労働組合及生産消費等の組合設立の保護（第二五）、細民の金融機関に対する自治体による保護（第二六）、「窮民救助法」の政府・自治体による制定（第二七）、施薬方法の普及（第二八）など一〇項目を数え、多岐にわたっている。

こうした社会政策は資本家の慈善施設奨励などにより、資本家と労働者の調和を図る新党の立場を表しているといえよう。また、労働者を労働局の設置や工場法の制定、労働組合の保護によって行政・法律の側から保護する一方、貧民に対しては窮民救助などの直接的な援助だけでなく、小学校授業料の無料化など教育面から支える政策が強調された。こうした社会政策でその役割が重視されたのが自治体であり、その財政基盤の強化のための基本財産蓄積の立法化も構想されていた（第二二）。

一方、外交・通商問題としては、殖民政策の拡張と奨励保護（第五）を掲げ、貿易は保護政策を主張した（第七）。また、海関税権の回復と同時に、外国人に土地・鉱山の所有を認める政策は外資輸入を促進するものであった（第六）。

以上の点から、新党が掲げた政策の第一の特徴は、「社会上経済上の専制」を防ぎ、資本家と労働者の対立を調和する社会政策であったことが挙げられる。特に、政策に列挙された二八項目の内、社会政策に直接関係するものが一〇項目あり、税法（第八）や鉄道・ガス・電灯の国有化と自治体による運営（第一一）も社会政策に関連している。つまり、新党は「自由平等博愛主義」に基づいた具体的な社会政策を立案したといえよう。

第二に、新党が経済政策で積極財政の方針を掲げ、外資輸入論・鉄道などの国有化、交通機関・金融機関の整備を唱えた点である。第三に、新党がロシアに対する清・韓両国の保全を主張するなど、外交政策で対ロシア強硬論を主張した点である。この点については、信州組や関東派の板倉中らも対ロシア強硬論を唱えていた。

明治三六年一〇月三一日、土佐派で新党結成を時期尚早としていた、片岡健吉衆議院議長が死亡した[63]。片岡の死後、林有造を中心に新党設立への動きが活発化していったが、新党は「未だ基本金支出の見込もなく」、新党の中核を占める土佐派とかつての旧敵関東派の間で主導権争いが激化していった(64)。こうした状況下で、一一月二九日には新党創立準備のための発起人総会が開催され、土佐派の林有造が創立委員長に、創立委員には山本幸彦・楠目玄（非議員）ら土佐派、持田若佐（栃木県）・板倉中ら関東派、小川平吉・龍野周一郎・石塚重平の信州組など三一名が選出された(65)。そして、第一九議会（明治三六年一二月五日召集）では新党に衆議院議員二三名が参加することとなった(66)。しかし、新党内の内部対立は続き、信州組の小川・石塚らは新党の発起人となることを辞退した(67)。そして、板倉も「林有造氏の為す所」と志が違ったことから創立委員を辞退して新党から分離し、宿志である東洋政略の実行に尽力したいと述べていた(68)。

一二月二一日、新党の創立総会が開催された。党名は自由党と決定され、衆議院議員の林有造（高知県）・駒林広運（山形県）・田村順之助（栃木県）・小田貫一（広島県）・和泉邦彦（鹿児島県）・高野孟矩（宮城県）、元衆議院議員の石坂昌孝が常務委員に選挙された。また、自由党は「吾人は所謂自由主義を執り、之を今日の社会に応用し、以て貧富両者の調和を図り、国民をして其所を得せしむるに在り」と宣言書で発表した(69)。板垣も「自由党（憲政党）を変じて政友会と為したるは大なる過失」であったと論じた上で、自由党時代の「自由、平等、博愛」の主義は一貫しているが、「資本家」すなわち「金閥」の専制に対して人民の生活を擁護するように自らの主張が発展したとして、全国の政友に支持を求めたのである(70)。

一二月二九日には、仙台で自由党創立東北大会が開催された。この大会には板垣も参加し、林・駒林・高野らに加えて、坂崎も「主戦論」の題で演説した。そして、大会では、「吾人は現時の政界を革新する為め健全なる政党を創立するの急務なる事を認む。因て自由党の創立を賛襄し、憲政有終の美を成さんことを期す」と、決定された(71)。

翌明治三七年三月一日の第九回総選挙では、自由党は林を従来の選挙区高知県郡部ではなく、千葉県郡部から出馬させるなど、懸命の選挙運動を展開した。板垣も千葉県船橋における林の政見発表会において「政党革新の時機」の題名で演説し[72]、林の選挙活動を支援したが、林が千葉県郡部最下位当選という結果に終わるなど、自由党全体でも二六名の当選にとどまった[73]。そして、自由党は日露戦争下で存在感を発揮することもなく、翌明治三八年三月一四日の在京党員総会で関東派の田村・持田らが分離意見を提出するに至った[74]。その結果、三月一八日の自由党総会で自由党創立事務所の解散が宣言された[75]。その背景には、解党を迫る関東・北陸の衆議院議員と存続論を主張する林ら高知・広島・山形の衆議院議員の対立があり、前者が多数を占めたため、解党となったのである。

三　明治三〇年代における自由党系の党史編纂計画と『自由党史』

本節では、明治三二年の板垣の政界引退、明治三六年の自由党再興計画という政治的背景を踏まえ、土佐派が明治三〇年代にどのような党史編纂を行ったのか、その前史である明治一〇年代以降の党史編纂過程も含め、検討する。

自由党が党の歴史をまとまった形で執筆した最初の事例は明治一七年一月から自由党の機関紙『自由新聞』に連載され、国会開設運動の歴史を叙述した「国会論ノ始末」が最初とされる[76]。その後、植木枝盛が立志社の歴史について執筆した『立志社始末記要』[77]（明治一八年）、栗原亮一が明治維新から西南戦争までの歴史を描いた「維新革命の精神」（明治二一年）などの一連の論説が発表された[78]。

明治二三年九月、立憲自由党が再興され、第一回帝国議会に臨んだ。明治二四年三月、立憲自由党は自由党に改称され、板垣が自由党総理に就任した。議会政治が進展する中で、明治二五年五月には小室重弘（『新愛知』主筆・後に衆議院議員）が「党史編纂論」で、自由党の歴史こそが立憲史であるとの自信を示して党史編纂の必要性を強調した(79)。

一方、板垣退助の伝記編纂も党史編纂と併行して実施された。板垣は明治一四年の東北遊説で「会津開城の逸話」を語り、軍人であった自らが戊辰戦争の経験を踏まえて四民平等に基づく藩政改革を実施し、自由民権運動を展開するに至った経緯を説明した(80)。さらに、明治一五年三月に開始された東海道遊説を契機に、板垣と民権家の懇談をまとめた『板垣君口演征韓民権論　勇退雪冤録』が出版された(81)。板垣は『板垣君口演征韓民権論　勇退雪冤録』で「会津開城の逸話」を踏まえて軍人から自由民権運動の指導者に転身した経緯や征韓論による下野について説明したのである。同年九月には自由党の機関紙『自由新聞』紙上で板垣の経歴について提示した談話筆記録「板垣退助言行略」が連載されている(82)。

さらに、明治二六年九月には、『自由党史』の編纂者宇田友猪(83)が栗原亮一と連名で『板垣退助君伝』第一巻を刊行し、「会津開城の逸話」など軍人板垣の戊辰戦争における活躍が活写された(84)。こうして、板垣の戊辰戦争における功績が誇示され、自由民権運動が戊辰戦争から誕生したという歴史観が強調されたのである(85)。

明治三〇年代には自由党の党史編纂への機運はさらに高まり、明治三一年二月、中野寅次郎（『日刊人民』記者・『土陽新聞』社長や衆議院議員などを歴任）が「自由党々史編纂史料」を発表した(86)。中野は立憲政治の成立に自由党が大きく貢献したことから、立憲政治の由来を知るためには「自由党前代の歴史」を知るべきであると主張する。その上で、中野は「先輩雄大の筆に成る『自由党々史』編纂の史料」に供し、「地方新来の党員」に先輩の当時の苦衷を伝えさせるため、「吾党既往の実蹟」を『自由党党報』に掲載するとしたのである。すでに自由党内で「自由党々史」の編纂が予定されていたことは注目される。

明治三二年一一月八日、板垣は突然政界を引退し、東京から鎌倉に隠棲した。鎌倉の板垣を訪問した人物に雑誌

『太陽』の記者がおり、板垣の近状について聞いた記事が残っている[87]。これによると、板垣は「それに自由党の歴史といふものは、是非とも纏めて一冊の記録として置かないと、後日私の死んだ後では、最早分らないことが多い、で、此の微しく閑暇のある間に、自由党創立以来の沿革を編纂しやうと思ふて、日夜其事に従ふて居るので、仲々閑暇で退屈であらうなど丶は以の外の事だ」と述べていた。

このように、政界引退後の板垣は自由党創立期の歴史編纂に従事しており、これを実際に執筆したのが坂崎紫瀾であった。坂崎はすでに明治三二年八月、板垣に従い平塚に赴いて、板垣の伝記を起稿していた。そして、明治三三年二月には憲政党からも党史編纂を委嘱され、史料収集にあたる一方、同年一〇月には板垣が発刊した社会政策の新聞『社会新報』記者となった。しかし、坂崎は明治三四年三月に『社会新報』を退社、同年九月には板垣の伝記と山内容堂の伝記『鯨海酔侯』を脱稿したとされる[88]。

そして、この時脱稿された板垣の伝記に該当するのが「板垣退助自由党創立史」と考えられる。坂崎文庫には「板垣退助自由党創立史予約簿」が残っており、この「予約簿」によると、一〇〇〇部限定の予約製本で予約代価は金一円、「来ル明治三十七年四月ヲ期シ必ス出板スベシ（ママ）」と記されている[89]。そして、坂崎が「板垣退助自由党創立史」執筆の過程で明治三三年一月に雑誌『太陽』で発表したのが、板垣退助伯談「自由党創立に係る実歴」である[90]。これは板垣が戊辰戦争の中で、民権論を主張し、民撰議院設立建白書、国会期成同盟の結成を経て、自由党創立に至る過程をエピソードを交えながら回顧する内容であるが、実質的な筆者は坂崎であった。しかし、「紫瀾年譜」は明治三四年九月に板垣伝脱稿と記すものの、管見の限り「板垣退助自由党創立史」は稿本の段階にとどまり、予定された明治三七年には刊行されなかったようである[91]。

一方、『自由党史』は前述したように、明治三三年九月の憲政党解党式で正式に編纂が決定された。同年一〇月には自由党史編纂所が立憲政友会の機関誌『政友』二号に、「党史資料蒐集広告」を掲載し、蒐集を要する事項や資料報知の注意について示している。[92] 広告の中で必要とされた資料は自由党結成以前から憲政党に至るまでの二〇年以上の期間のものであり、中央の自由党だけでなく、「各地方党員同志の奔走尽力、疑獄、遭難等の事蹟」や「各地方旧支部の沿革歴史」までを含んでいた。

つまり、当初計画された『自由党史』は自由民権運動から憲政党解党に至る二〇年以上の期間を対象としており、実際に刊行された『自由党史』が明治維新から起筆し、帝国憲法発布で擱筆したのとは大きな相違があった。その違いは遠山茂樹氏が鋭く指摘したように、『自由党史』編纂における星亨＝関東派と板垣ら土佐派との編纂意図の距離にあったといえよう。[93]

星は立憲政友会の結成について、「是則ち政党歴史の大変革にして往事を顧れば実に感慨に堪へざるものあり」と述べて、それがいかに自由党—憲政党の歴史にとって大変革であるかを認識していた。[94] しかし、星は政友会結成を憲政党の目的である「憲政の美を大成するに於て最良の方便なればなり」と考えており、憲政党の解党は「憲政の美」を成し遂げるための手段に過ぎず、政友会への発展的解消と捉えていたのである。星の機関紙であった『日刊人民』も憲政党解党大会の翌日から「憲政党小史」を三九回にわたって連載し、明治維新から自由民権運動を経て自由党の結成、憲政党の解党に至るまでの歴史を描いている。[95] 自由党が「維新革命の正嫡児」、すなわち、明治維新の精神の継承者という視点は『自由党史』と共通しているが、憲政党の解党を「希望の解党」、「振党」と論じ、明治維新から憲政党解党に至るまでの歴史を描いた点は星＝関東派の歴史観であった。

これに対して、立憲政友会の結成に反発を隠せなかったのが、明治三二年に政界引退を余儀なくされた板垣であった。明治三三年八月一二日に板垣は伊藤博文と面会し、そのさいに新党（立憲政友会）の名称について、「党名を廃して会名となすが如きハ自由党の歴史を滅却するものなれバとて反対の意を示し」たにもかかわらず、伊藤が党名を廃して立憲政友会としたことに激昂していた[96]。板垣にとって「党」名は自由党の歴史そのものであり、伊藤に反発した板垣は憲政党解党式・立憲政友会発会式に出席せず、北海道旅行に出発することとなった[97]。

明治三四年六月二一日、政友会総務委員で憲政党残務委員を兼ねていた星が暗殺され、憲政党の解党を政友会への発展的解消と捉える歴史観が『自由党史』に反映される可能性はなくなったと思われる。そして、『自由党史』の編纂者宇田友猪は『自由党史』稿本を査閲のため、明治三五年頃には板垣に渡していた[98]。当時、衆議院が「各政党の歴史を調査して日本の政党史を編纂する筈にて目下夫々調査」する事業を行っていたが、「政友会に於ても前自由党残務委員において自由党史編纂に着手し目下略脱稿し居り、衆議院の調査に参考となるべきこと少なからず」と『土陽新聞』が報じたように、明治三五年五月頃には『自由党史』稿本がほぼ脱稿したことが確認できる[99]。

『自由党史』稿本がほぼ脱稿した明治三五年五月、宇田は「自由党史緒論」を発表した[100]。序文で宇田は高知県における土佐派の分裂と勢力争いを批判した上で、「僕昨は偶ま自由党史緒論を草す、固より未定稿に属すと雖も、意実に海内の同宗に示さんと欲するや切なり」と述べている。そして、宇田は明治維新の革命は門閥階級の政治を打破したものであり、元首統治権の回復、国民自由の回復を同時にもたらしたと主張した上で、明治維新を国民の自覚、すなわち「公議輿論の勁力」にその原因を求め、「公議輿論」＝「維新革命の精神」を継承した「正系」が自由党であるとの土佐派の「明治維新観」を強調した。この論説は字句や文章の異同はあるものの、ほぼ『自由党史』上巻第一編第一章「維新改革の精神」の前半部分と一致しており、『自由党史』稿本が「未定稿」ではあるが、脱稿していたことが確認できる[101]（第Ⅱ部第三章参照）。

しかし、その後、宇田が執筆した『自由党史』稿本も坂崎の「板垣退助自由党創立史」同様、刊行されることはなかった。『自由党史』が刊行されたのは、さらに八年後の明治四三年三月のことであり、さらなる紆余曲折を経てのことであった。

おわりに

本章では、明治三〇年代における土佐派の政治動向、特に明治三一年の板垣退助の政界引退と明治三六年の自由党再興計画について検討した。その結果、板垣退助の政界引退は従来、説明されてきた横浜埋立事件をめぐる党内の主導権争いだけでなく、党則改正問題もその一因であったことが明らかになった。板垣＝土佐派は憲政党の主導権を握った星亨＝関東派と市街鉄道問題や横浜埋立事件をめぐって鋭く対立しており、特に、横浜埋立事件は板垣を憲政党の総理とする党則改正問題と連動していたのである。この党則改正問題は板垣を総理とし、総務委員を増員することで星の党内における主導権を制限するものであったが、同時に党の合議制を重視するものであった。この問題は、明治三三年九月に立憲政友会が成立した後も土佐派にとって重要な課題であった。板垣は明治三四年に政友会の組織改革を主張しており、明治三六年の林有造ら土佐派による政友会脱会も自らの組織改革要求を受け入れられなかったことが一因であった。

また、本章では、明治三六年の自由党再興計画を再検討し、計画の概要と自由党の政策について明らかにした。この自由党再興計画は、明治三一年に政界を引退した板垣が行った「最後の政党結成計画」であった。そして、自由党は社会政策を主要政策とした新党として成立を目指したが、寄り合い所帯の弱点もあり、日露戦争後に解散したのである。

このように、隈板内閣崩壊以降の政治情勢は板垣ら土佐派にとって厳しい「冬の時代」であった。そして、それは土佐派の歴史編纂計画にも大きな影響を及ぼしていくこととなった。明治一〇年代より党史編纂に熱心であった土佐派は明治三〇年代以降、本格的に党史編纂に臨むこととなる。その一つが明治三二年から開始された坂崎紫瀾の「板垣退助自由党創立史」の編纂事業である。「板垣退助自由党創立史」は板垣の伝記という側面と自由党の創立史という側面の二つの性格を有しており、板垣退助の岐阜遭難で擱筆するというものであった。そのため、坂崎の編纂事業に協力し、その稿本を一読したかつての自由党幹事で政友会の衆議院議員内藤魯一（愛知県）は明治四二年に坂崎の「板垣退助自由党創立史」について、次のような感想を述べている。(102)

夫ノ板垣伯ノ配慮ニカヽル自由党誌（「板垣退助自由党創立史」）ノ如キ之ヲ先年一見セシ事アルモ、頗ル遺憾ノ事ノミ多ク、殊ニ明治十五年岐阜遭難迄ニテ擱筆ニ相成リ、一読殆ト其価値ナキヲ遺憾トスル所ニ御座候。是レハ畢竟スルニ坂崎氏ノ如キ当年殆ト自由党ノ門外漢タル者ノ筆ニ成ル党誌ナレハ去モアルベキ事ト存候。

内藤は坂崎の「板垣退助自由党創立史」について、「一読殆ト其価値ナキ」と厳しく批判しており、自由党の党史としても、板垣の伝記としても坂崎が編纂した「板垣退助自由党創立史」は「明治十五年岐阜遭難迄ニテ擱筆ニ相成」る中途半端な内容であったことが分かる。こうした旧自由党系の不満や内容の不十分さも影響したのか、坂崎の執筆した「板垣退助自由党創立史」は脱稿したものの、刊行されることはなかった。

一方、明治三三年九月に正式決定された『自由党史』編纂計画は当初、二つの歴史観の狭間で編纂が推進された。一つは星亨に代表される憲政党の解党を政友会への発展的解消と捉える歴史観であり、この歴史観が『自由党史』に反映されれば、藩閥政府を厳しく批判する現在の『自由党史』とは異なる『自由党史』が刊行されたかもしれない。

しかし、明治三四年の星暗殺後、『自由党史』の監修者となったのは、「自由党（憲政党）」を政友会に合流させたことは「大失敗」であるとして、自由党再興計画に積極的に関与した板垣であった。板垣監修の下、土佐派の宇田友猪が編纂した『自由党史』は明治三五年に脱稿したとされるが、『自由党史』の刊行はさらに明治四三年まで延期された。この点については、次章で検討する。

註

(1) 幸徳秋水「自由党を祭る文」(『万朝報』明治三三年八月三〇日号)。
(2) 『憲政党党報』第四巻第四四号、明治三三年九月二五日。
(3) 有泉貞夫『星亨』(朝日新聞社、一九八三年)二七五～二七七頁。
(4) 吉良芳恵「横浜埋立事件の一考察」(『史艸』四五、二〇〇四年)八九～九一頁。
(5) 平尾道雄『自由民権の系譜』(高知市民図書館、一九七〇年)第七章第三節、山本四郎『初期政友会の研究』(清文堂出版、一九七五年)第四章第三節、伊藤之雄『立憲国家と日露戦争』(木鐸社、二〇〇〇年)第二部第一章。なお、田中貢太郎『林有造伝』(土佐史談会、一九七九年)第一三章にも、自由党再興計画について記述されているが、一次史料に基づいた分析としては不十分である。
(6) 真辺将之「老年期の板垣退助と大隈重信」(『日本歴史』七七六、二〇一三年)。
(7) 遠山茂樹「解説」(板垣退助監修、遠山茂樹・佐藤誠朗校訂『自由党史』下巻〈岩波文庫、一九五八年〉所収)四四五～四四七頁。
(8) 公文豪「滄溟・宇田友猪の生涯と業績」(宇田友猪著・公分豪校訂『板垣退助君伝記』第一巻〈原書房、二〇〇九年〉)九～一〇頁。
(9) 『憲政党党報』一巻一号、明治三一年一二月五日。
(10) 同右。
(11) 立志社創立百年記念出版委員会編『片岡健吉日記』(高知市民図書館、一九七四年)一八九頁。『万朝報』も星・江原・末松の三名を「実際の総務委員」、板垣・林・松田・片岡の四名を「前大臣若くハ衆議院議長たるに依て総務委員会に列するの資格を与へられ言はバ准員とも称すべき」であったが、「何時となく両者同等のもの」となったとしている(『万朝報』明治三二年一〇月一八日号雑報「土佐派の陰謀」)。
(12)『大阪朝日新聞』明治三二年二月四日号雑報「憲政党の内訌に就て」。前掲註(5)伊藤『立憲国家と日露戦争』四一頁。
(13)『大阪朝日新聞』明治三二年三月二日号雑報「土佐派の寂滅」。
(14)『大阪朝日新聞』明治三二年三月二七日号雑報「憲政党四国派の嗔恚」。
(15)市街鉄道問題については、池田真歩「明治中期東京市政の重層性」(『史学雑誌』一二一―七、二〇一二年)を参照。
(16)『大阪朝日新聞』明治三二年九月二二日号雑報「市街鉄道と自由党」、『読売新聞』明治三二年一〇月一四日号雑報「星亨氏総務委員を辞す」。
(17)『大阪朝日新聞』明治三二年一〇月一四日号雑報「星氏退任の申出」、『読売新聞』明治三二年一〇月一四日号雑報「星亨氏総務委員を辞す」。
(18)『大阪朝日新聞』明治三二年一〇月一四日号雑報「星氏辞任の近因」、『読売新聞』明治三二年一〇月一五日号雑報「星氏辞任の真意」。
(19)『読売新聞』明治三二年一〇月一七日号雑報「星亨氏の総務辞職に就て」。
(20)横浜埋立事件の詳細については、前掲註(4)吉良「横浜埋立事件の一考察」参照。
(21)『読売新聞』明治三二年一〇月二九日号雑報「横浜の埋立事件」。
(22)『万朝報』明治三二年一〇月二八日号雑報「自由党の大破綻」、『読売新聞』明治三二年一〇月三一日号雑報「横浜の埋立事件」。
(23)前掲註(3)有泉『星亨』二七五~二七七頁。
(24)『大阪朝日新聞』明治三二年八月二三日号雑報「政党の裏面と表面」。なお、九月にも総務委員の上に総務委員長を置くか、総理を設置する動きが報じられている(『大阪朝日新聞』明治三二年九月二二日号雑報「憲政党員の会合」、「其の別報」)。
(25)『万朝報』明治三二年一〇月一八日号雑報「土佐派の陰謀」。
(26)『大阪朝日新聞』明治三二年一〇月一六日号雑報「憲政党々則改正案」、『万朝報』明治三二年一〇月三一日号雑報「自由党内訌の成行」。
(27)「大江卓・竹内綱意見(写)」(明治三二年一一月一三日付、国立国会図書館憲政資料室所蔵「大江卓関係文書」一八四)。なお、この「意見書」とその理由書は土佐派の機関紙『土陽新聞』紙上で全文が掲載された(『土陽新聞』明治三二年一一月一八日号雑

報「憲政党々則改正案」、一一月一九日号雑報「党則改正理由書」)。
(28) 『読売新聞』明治三一年一一月一日号雑報「横浜の埋立事件」。
(29) 『読売新聞』明治三一年一一月二、四日号雑報「自由党の大紛擾」、『万朝報』明治三一年一一月二日号雑報「総務委員会と星亨」。
(30) 『万朝報』明治三一年一一月三日号雑報「依然たる星の自由党」。これについて、星除名・党則改正を主張した土佐派の大江卓は星除名が当然であるとした上で、除名するならば、咄嗟の間に断行すべきであったと述べている(『読売新聞』明治三一年一一月六日号雑報「自由党の大紛擾」)。
(31) 『読売新聞』明治三一年一一月二日号雑報「自由党の大紛擾」。
(32) 『東京日日新聞』明治三一年一一月二日号雑報「憲政党の東北有志会」、「関東倶楽部常議員会」。一一月四日には星も臨席した憲政党東京支部常議員会が開催され、ここでも「我党々則の改正は目下不必要と認むる事」を決議している(『東京日日新聞』明治三一年一一月五日号雑報「憲政党東京支部常議員会」)。
(33) 中野寅次郎「組織変更の時期に非ず」(『日刊人民』明治三一年一一月九日号論説)。
(34) 『新愛知』明治三一年一一月九日号雑報「党則改正の実相」、『東京日日新聞』明治三一年一一月五日号雑報「近畿幹事会の総務増員決議」、一一月一四日号雑報「憲政党の諸会」。
(35) 『万朝報』明治三一年一一月一〇日号雑報「板伯と自由派の動揺」。
(36) 『東京日日新聞』明治三一年一一月八日号雑報「憲政党九州代議士の決議」。
(37) 『大阪朝日新聞』明治三一年一一月一〇日号東京電報「九州派の決議に就て」。
(38) 『日刊人民』明治三一年一一月一〇日号雑報「板垣伯の総務待遇辞退」。
(39) 『大阪朝日新聞』明治三一年一一月一〇日号東京電報「板垣伯遁世の近因」、『万朝報』明治三一年一一月一〇日号雑報「板伯と自由派の動揺」。
(40) 『日刊人民』明治三一年一一月一四日号雑報「鎌倉の音信」、『土陽新聞』明治三一年一一月一六日号雑報「板垣伯の固辞」。
(41) 『万朝報』明治三一年一一月一五日号雑報「党則改正案提出さる」、一一月一六日号雑報「自由党大会」、『東京日日新聞』明治三一年一一月一五日号雑報「党則改正の議」。
(42) 『日刊人民』明治三一年一一月一五日号雑報「憲政党協議会」、「総務委員待遇に就て」。

(43) 高知県編『高知県史』近代編(高知県文教協会、一九七〇年)二六一〜二六六頁、前掲註(5)平尾『自由民権の系譜』第七章第三節、岸本繁一「立憲政友会高知支部の分裂と土陽新聞社経営権争奪抗争に関する一考察」(『高知市立自由民権記念館紀要』一六、二〇〇八年)参照。

(44) 前掲註(5)伊藤『立憲国家と日露戦争』三〇〇〜三〇一頁。原奎一郎編『原敬日記』第二巻(乾元社、一九五〇年)三九一頁。

(45) 『大阪朝日新聞』明治三四年六月二八日号雑報「今後の政友会統率者」。

(46) 『大阪朝日新聞』明治三四年七月一七日号雑報「板垣伯の政友会改革意見」。

(47) 前掲註(44)『原敬日記』第二巻、三九七〜三九八頁。なお、伊藤は面会後、板垣の側近であった栗原に政友会組織変更の書類を作成するように依頼しているが、組織変更は実現されなかった(明治〈三四〉年六月二七日付栗原亮一宛横山友義〈板垣退助従者〉書簡〈国立国会図書館憲政資料室所蔵「栗原亮一関係文書」一一一〉)。

(48) 桂内閣との妥協を批判して脱会した片岡健吉と、妥協に反対した後、政友会の組織改革を求めて、その要求が容れられなかったために脱会した林有造・西山志澄・山本幸彦らの間には同じ土佐派内でも温度差があった(『東海新聞』明治三六年六月一三日号雑報「片岡氏の脱会告知状」、六月一七日号雑報「林有造氏等の脱会理由書」)。

(49) 『政友』三五号、明治三六年七月一五日。なお、板垣と社会政策については、住谷悦治「板垣退助の社会政策論」(『開化』一―一、一九三七年)、廣江清「覚書・板垣と社会改良会」一・二(『海南史学』一〇・一一、一九七三年)、田村安興「日露戦後経営と初期社会政策」(『高知論叢』社会科学三四号、一九八九年)、保谷六郎『日本社会政策の源流』(聖学院大学出版会、一九九五年)第一章第三節を参照。

(50) 明治(三六)年六月一六日付伊藤博文宛金子堅太郎書簡別紙〈旧友茶話会情報〉(伊藤博文関係文書研究会編『伊藤博文関係文書』四〈塙書房、一九七六年〉、八〇〜八一頁)。

(51) 『東海新聞』明治三六年七月一八日号雑報「新政党組織準備」。

(52) 「明治三六年日記」(二)七月三〇日の項、および明治三六年七月三〇日付山本幸彦、小田貫一宛小川平吉書簡写(小川平吉文書研究会編『小川平吉関係文書』一〈みすず書房、一九七三年〉一八三頁)。

(53) 『土陽新聞』明治三六年八月一日号雑報「新政党々則案」。

(54) 『万朝報』明治三六年八月一三日号雑報「板垣邸の会」、八月一六日号雑報「板垣の新政党主義案」、『東海新聞』明治三六年八月一四日号雑報「板垣伯邸の集会」。
(55)『東海新聞』明治三六年八月一五日号雑報「板垣伯の綱領と政綱」。
(56)高知県立図書館坂崎文庫所蔵「板垣伯の新政党宣言書及び綱領政策私案」。坂崎は嘉永六年に土佐藩医の子として誕生、明治一三年七月に高知新聞に入社した。一方、坂崎は坂本龍馬を描いた『汗血千里駒』を刊行する一方、『林有造氏旧夢談』や『維新土佐勤王史』などを執筆し、歴史家・政治小説家として活躍した。なお、坂崎の政治小説家としての活躍については、柳田泉「坂崎紫瀾について」が詳しい(柳田『政治小説研究』上巻〈春秋社、一九三五年〉所収)。
(57)『政友』三七号、明治三六年九月一五日。
(58)『大阪朝日新聞』明治三六年七月一八日号雑報「新政党の綱領」。なお、金井については、飯田鼎「戦前わが国経済学研究における社会政策学会の役割(その一)」(『三田学会雑誌』七二―一、一九七九年)参照。
(59)前掲註(57)。
(60)板垣退助「東亜問題に於る解釈意見」〈明治三六年〉(板垣守正編纂『板垣退助全集』〈一九六九年復刻、原書房〉所収、一〇七～一一四頁)。
(61)板垣は前述の旧友茶話会の演説で、新政党の綱領の内、社会政策として、小作条例、労働組合、累進税法と並んで、鉄道国有や殖民政策などを挙げていた(『政友』三五号、明治三六年七月一五日)。
(62)本書第Ⅰ部第四章参照。
(63)『大阪朝日新聞』明治三六年七月二三日号雑報「片岡議長の政局観」、『万朝報』明治三六年一一月一日号雑報「片岡衆議院議長逝く」。
(64)『万朝報』明治三六年一一月二六日号雑報「新政党組織難」。
(65)『万朝報』明治三六年一一月三〇日号雑報「新政党組織の準備会」、一二月一日号雑報「新政党創立委員」。
(66)『万朝報』明治三六年一二月四日号雑報「党派別及院内控室」。
(67)『万朝報』明治三六年一二月二四日号雑報「信州組の向背」。
(68)『東海新聞』明治三七年二月二一、二三日号雑報「板倉中氏の宣言書」。
(69)『万朝報』明治三六年一二月二二日号雑報「新政党創立総会」、「新政党創立宣言書」、『政友』四二号、明治三七年一月二五日。

(70)『政友』四二号、明治三七年一月二五日。
(71)高知県立図書館坂崎文庫所蔵「自由党に関する諸文献」所収、「自由党東北大会」。
(72)『東海新聞』明治三七年二月一三日号雑報「船橋の演説会」。
(73)『東海新聞』明治三七年三月四日号雑報「総選挙の結果」、三月六日号雑報「新代議士の党派別」。なお、林有造と第九回総選挙については、『柏市史』近代編（柏市史編さん委員会、二〇〇〇年）三〇三〜三一三頁参照。
(74)『土陽新聞』明治三八年三月一六日号雑報「自由党総会」。
(75)無記名「自由党の解散」（『土陽新聞』明治三八年三月二一日号社説）。
(76)無記名「国会論ノ始末」（『自由新聞』明治一七年一月二四〜三月二六日号社説）、前掲註(7)遠山「解説」四三六〜四三七頁。
(77)植木枝盛『立志社始末記要』（『植木枝盛集』第一〇巻〈岩波書店、一九九一年〉、九三〜一八一頁）。
(78)無記名「維新革命の精神」（『東雲新聞』明治二一年五月二五、二六日号社説）、なお、この社説は「日本政党の起原」（六月一、二日号社説）、「大阪大会議の始末」（六月八、九、一〇日号社説）、「明治十年の内乱」（八月九、一〇、一一日号社説）と連載されている。「維新革命の精神」の執筆者が栗原亮一であることを指摘した経緯については、第Ⅱ部第四章註(15)参照。
(79)小室重弘「党史編纂論」（『自由党報』一二号、明治二五年五月一〇日）。
(80)拙稿「板垣退助と戊辰戦争・自由民権運動」（『歴史評論』八一二、二〇一七年）。
(81)遊佐発編輯、白井菊也校閲『板垣君口演征韓民権論　勇退雪冤録』（国立国会図書館所蔵、明治一五年）。
(82)『自由新聞』明治一五年九月二六、二七、二八、二九、一〇月一日号「板垣退助言行略」。
(83)宇田友猪は慶応四年に土佐藩士宇田収蔵の三男として誕生し、明治二二年に『土陽新聞』、明治二五年に『自由新聞』の記者となり、明治二六年に『板垣退助君伝』第一巻を栗原亮一とともに編纂した。その後、明治二九年に『新福井』主筆、明治三一年に『新愛知』主筆などを歴任、明治三四年に『自由党史』稿本を編纂し、明治四三年に和田三郎と連名で『自由党史』を編纂した。晩年は『板垣退助君伝記』編纂に従事し、編纂途中の一九三〇年に死去した（前掲註(8)公文「滄溟・宇田友猪の生涯と業績」）。
(84)栗原亮一、宇田友猪編纂『板垣退助君伝』第一巻（自由新聞社、明治二六年）。『板垣退助君伝』は第一巻の明治維新期のみ刊行されたが、第二巻以降では板垣を中心とする自由党の歴史を描く予定だったとされる（前掲註(7)遠山「解説」、四四一頁）。
(85)松沢裕作「戊辰戦争の歴史叙述」（奈倉哲三・保谷徹・箱石大編『戊辰戦争の新視点』上〈吉川弘文館、二〇一八年〉所収）。

(86) 中野寅次郎「自由党々史編纂史料」（『自由党党報』一五一号、明治三一年二月二五日）。

(87) 無記名「板垣伯を訪ふ」（『太陽』五巻二七号、明治三二年一二月二〇日）。

(88) 高知県立図書館坂崎文庫所蔵「紫瀾年譜」、『新愛知』明治三三年二月一日号雑報「憲政党の歴史編纂」。

(89) 高知県立図書館坂崎文庫所蔵「板垣退助自由党創立史予約簿」。なお、この「予約簿」は予約した人名と領収金額、部数が列挙されているが、片岡健吉から「弐拾部也内十五部代価領収（一二月三日）」とある。片岡は明治三六年一〇月三一日に死亡しており、「紫瀾年譜」の記述と照合すると、明治三四年一二月三日か翌三五年一二月三日に片岡が予約に応じていた可能性があろう。なお、「板垣退助自由党創立史」については、「紫瀾年譜」とともに外崎光広氏が『自由党史』の編纂過程に関する論考の中でわずかに紹介しているのみである（外崎光広「土佐自由民権研究史」〈『高知市立自由民権記念館紀要』八、一九九九年〉一八〜一九頁）。

(90) 板垣退助談「自由党創立に係る実歴」（『太陽』六巻一号、明治三三年一月三日）。序では、「筆者某」が十分な板垣の検閲を経ずに発表したと断っているが、この「筆者某」は坂崎と考えられる。「筆者某」を坂崎と推定する理由は、坂崎文庫中に残された坂崎の草稿「板垣翁伝記原稿」巻末に「以下、太陽に載せし以外のものを抄す」（後欠）とあり、このことから板垣の回想を坂崎が執筆したと推測される。

(91) 本章では、「板垣退助自由党創立史」が『自由党史』の編纂にどのように関係したのかを解明することはできなかった。今後の課題としたい。なお、外崎光広氏は「板垣退助自由党創立史」が刊行されなかったことを指摘した上で、明治三三年九月の憲政党解党臨時大会で党史編纂が決議されたことが刊行中止の原因ではないかと推測されているが（前掲註(89)外崎「土佐自由民権研究史」一八〜一九頁）、本章で述べたように「板垣退助自由党創立史」は明治三七年に出版予定とされており、不明な点が残る。現在、坂崎文庫には「板垣翁伝記原稿」、「坂崎紫瀾諸原稿」、「坂崎紫瀾の原稿」と分類された草稿が残されている。「板垣翁伝記原稿」が「板垣退助自由党創立史」の草稿である可能性が考えられるが、「板垣退助自由党創立史」は残されていない。この点について、坂崎の旧友野崎左文は稿本として『板垣退介《ママ》伝』があり、「此内板垣退介《ママ》伝は同伯の卒去後之を遺族に提供し」たとしており、現在もその稿本は見つかっていない（野崎左文「坂崎紫瀾翁の伝」〈『明治文化研究　新旧時代』第三年第九冊、一九二七年〉）。

(92) 「党史資料蒐集広告」（『政友』二号、明治三三年一一月一〇日）。

(93) 前掲註(7)遠山「解説」四四六頁。

(94)　『日刊人民』明治三三年八月二八日号雑報「星亭氏の演説」。
(95)　無記名「憲政党小史」一〜三九（『日刊人民』明治三三年九月一四〜一一月八日号）。
(96)　『万朝報』明治三三年八月二七日号雑報「自由党の激昂」、『日刊人民』明治三三年八月一四日号雑報「伊侯板伯の会見」。
(97)　『万朝報』明治三三年九月八日号雑報「板垣伯旅行の魂胆」。
(98)　前掲註(8)公文「滄溟・宇田友猪の生涯と業績」九〜一〇頁、『土陽新聞』明治四〇年一一月一九日号雑報「自由党史編纂」。
(99)　『土陽新聞』明治三五年五月二二日号雑報「政党史編纂に就て」。
(100)　宇田滄溟「自由党史緒論」天・地・人（『土陽新聞』明治三五年五月二九、三〇、六月一日号社説）。
(101)　板垣退助監修、宇田友猪・和田三郎編纂『自由党史』上巻（五車楼、明治四三年）一〜一六頁。
(102)　明治（四二）年二月一四日付河野広中宛内藤魯一書簡（国立国会図書館憲政資料室所蔵「河野広中関係文書」九六一―七）。

第二章　日露戦後における激化事件顕彰運動と『自由党史』

はじめに

明治四二（一九〇九）年二月二六日、自由民権運動の指導者板垣退助らへの行賞を目的とする「憲政創設功労者行賞に関する建議案」が内藤魯一（愛知県・立憲政友会）により衆議院に提出された。翌明治四三年二月二五日には、加波山事件で死亡した関係者の表彰を求める「加波山事件殉難志士表彰に関する建議案」が、小久保喜七（茨城県・立憲政友会）・森久保作蔵（東京府・立憲政友会）・平島松尾（福島県・憲政本党）により衆議院に提出されている。同年三月には、板垣退助監修『自由党史』が刊行されており、自由民権運動に対する顕彰が大きく進展したのが日露戦後であった。では、なぜ日露戦後に自由民権運動、とりわけ、激化事件に関する顕彰運動が進んだのであろうか。また、これらの顕彰運動にはどのような政治的背景があったのであろうか。

こうした自由民権運動、特に激化事件関係者に対する追弔や顕彰運動について、一九八〇年代以降、優れた実証研究が相次いで発表された。日比野元彦氏は内藤の「憲政創設功労者行賞に関する建議案」について、事実関係を中心に初めて概要を紹介し、内藤が「この藩閥政府をきびしく攻撃しながら、過去において犠牲を強いられた民権家の復権と、自由民権運動の再評価を行なおうとした、といっても過言ではない」と評価した(1)。また、寺崎修氏は有罪確定後の加波山事件関係者について、生存者の特赦出獄および公権回復、獄死者・刑死者の名誉回復について詳細に検討しており、その成果に著者も負うところが大きい(2)。

一方、高島千代氏は秩父事件の「記憶」が、落合寅市による顕彰運動を経て、戦後、「暴動史観」克服の視点と、遺族の心に寄り添い、遺族の記憶への共感を通じて事件を意味づけようとする視点を生んだことを指摘している(3)。河西英通氏は高田事件について、明治から大正期における鉄窓会によって事件が記憶化され、昭和一二（一九三七）年の国事犯高田事件記念碑建立につながったことを、戦後の歴史研究・教育を通じて解明した(4)。田﨑公司氏は福島・喜多方事件で獄死した田母野秀顕の顕彰活動について実証的に解明し、この顕彰活動が明治一七年の激化状況を支える要因の一つとなったことを指摘した(5)。大内雅人氏は加波山事件の顕彰活動について河野広體を中心に検討し、加波山事件が自由民権運動史のなかで大きな意義を有する事件であることを論証している(6)。真辺将之氏は板垣退助、大隈重信の老年期を比較・検討した論考で、大正期に板垣が組織した旧友会、立憲同臭幽明会を自由民権の追憶の事例として紹介しているが(7)、本章で扱う日露戦後における激化事件顕彰運動については検討対象とされていない。

このように、先行研究では、日露戦後における激化事件顕彰運動の政治的背景や政府の対応などについて、主たる分析対象とされておらず、十分な検討がされているとはいえない。また、顕彰運動の主体である旧自由党系団体の動向についての分析も不可欠と考える。

そこで、本章では旧自由党系団体の動向を踏まえて、激化事件の中でも、特に加波山事件を対象として、検討を進めたい。著者が激化事件の内、加波山事件の顕彰運動を取り上げるのは、以下の理由からである。第一に、『自由党史』が「加波山の激挙は、反動の悲劇中の最も悲惨なるものなりき」と定義づけ、解党への過程に位置づけて特筆している点にある(8)。また、『自由党史』の下巻巻頭口絵には民権家の写真に続き、激化事件関係者の写真が掲載されているが、「福島事件」(一頁)、「静岡事件」(一頁)、「大阪事件」(一頁)、「加波山事件」(四頁)、「飯田事件」・「群馬事件」・「名古屋事件」(合計一頁)、「保安条例違犯入獄者」(一頁)、「大臣暗殺隠謀事件」(一頁)の構成になっている。(9)この内、加波山事件のみが四頁であり、事件関係者の写真や「自由党旗立石」の写真(事件関係者が見張りをしたとされる加波山の巨石)も掲載するなど、別格の扱いであることが分かる。

第二に、加波山事件が激化事件の中で史料収集・編纂が最も早期に実施された点である。加波山事件については、野島幾太郎『加波山事件』(明治三三年)、関戸覚蔵『東陲民権史』(明治三六年)、田岡嶺雲『明治叛臣伝』(明治四二年)、板垣退助監修『自由党史』(明治四三年)などが相次いで刊行された。そして、数ある激化事件の中で建議案が独自に提出されたのは、加波山事件のみであり、加波山事件の重要性が理解できよう。

上記を踏まえて、本章では、日露戦後における激化事件顕彰運動について検討する。特に、これまで本格的な検討がなされていない内藤魯一の「憲政創設功労者行賞に関する建議案」を中心に、小久保喜七の「加波山事件殉難志士表彰に関する建議案」についても併せて検討することで、激化事件顕彰運動における政治的背景を解明する。その上で、激化事件の顕彰運動が『自由党史』の編纂過程に与えた影響についても分析し、『自由党史』編纂に対する激化事件関係者遺族の心情や協力姿勢についても指摘したい。

一 加波山事件における内藤魯一と小久保喜七の動向

加波山事件は、明治一七年九月、福島県の河野広體、茨城県の富松正安、栃木県の鯉沼九八郎ら自由党急進派が栃木県庁開庁式に臨席する政府高官や栃木県令三島通庸の暗殺を企てた一連の事件である。そして、東京神田区の質屋を襲撃した小川町事件（九月一〇日）、鯉沼九八郎らの爆弾製造中における負傷事件（九月一二日）の結果、追いつめられた自由党急進派一六名は茨城県真壁郡加波山に「挙兵」（九月二三日）した。その後、彼らは下妻警察署町屋分署を襲撃し、九月二四日に警戒中の警察官と長岡畷で衝突するが、東京飛鳥山での再会を期して解散した。しかし、彼らは相次いで逮捕され、国事犯ではなく、常事犯、つまり強盗殺人犯として処罰されることとなった。本節では内藤魯一と小久保喜七の加波山事件における行動について検討する。

内藤魯一は明治一四年に自由党幹事、明治一七年に常備員に就任し、事件当時は自由党の壮士養成施設、有一館の主幹であった。内藤は加波山事件に参加した小林篤太郎に逃走資金を与えた罪により逮捕され、軽禁固二月、罰金五円の有罪判決を受けている。(10)

では、加波山事件について、内藤は党幹部としてどのような役割を果たしたのか。この点について、長谷川昇氏は内藤自筆の「雑誌」から、内藤が明治一七年八月一七日に会合を開催、加波山事件関係者に決起を戒めたと推定し、その指導性の欠如を指摘した。(11)その論拠として、長谷川氏は当時未発見であったが、「雑誌」で存在が確認されていた七月三〇日付小針重雄宛内藤魯一書簡で、内藤が事件関係者の小針と小針を訪問するであろう河野広體を召集したと論じている。一方、三浦進氏はこの「雑誌」から七月三〇日付小針宛内藤書簡（三浦氏は小針ではなく、三浦文次宛と推定）は内藤が三浦に上京を急がせるための書簡と推測し、「雑誌」にある八月一四日付書簡（未発見）と併せて、栃木県庁開庁式襲撃計画の中心に内藤がいたと推定した。(12)しかし、近年、整理・公開された「加波山事件関係資料」の明治一七年七月三一日付小針重雄宛内藤魯一書簡によると、長谷川・三浦氏の推定は実際の書簡と相違することが判明した。(13)その内容は次の通りである。

炎暑ノ下先以テ御健康奉賀候。陳ハ本年五月一日附ノ芳翰過日帰省ノ際拝読候処、某ヨリ脱党云々ノ談ハ実ニ無根ノ妄説ニ有之候間、幸ニ御安心有之度、就テモ懇々御厚意ノ程誠ニ感謝ノ至ニ御座候。拙ハ目下吾党ノ寄附金ヨリ成立タル有一館（文ヲ講シ武ヲ演スルノ場）主幹ノ任ヲ委託セラレ、不省其任ニ当ラサルモ日々勉励いたし居候次第ナレハ、他ニ如何ナル妄説ヲ唱ル者アルモ、御疑無之様いたし度事ニ御座候。余ハ唯夕我党ト進退死生ヲ為スノミ。幸ニ小人ノ言ニ惑フ勿レ。

この書簡によると、長谷川氏が推定したように、内藤が決起を戒めるために、小針と河野を召集したのではなく、また三浦氏が推測したように、三浦文次に上京を促したものでもない。つまり、小針が内藤に対する「脱党云々」の噂の真偽について確認した手紙に対し、内藤が「実ニ無根ノ妄説」と否定するために、小針に返書したことが分かる。この書簡を根拠に内藤と加波山事件の直接の関わりを見いだすことは難しい。

一方、小久保喜七は明治一七年夏、茨城県中田に文武館を設立して自由党壮士を養成していた。小久保は鯉沼九八郎の居宅から逃れて、九月一三日に文武館に到着した天野市太郎らに頼られるが、同席した有一館生保多駒吉が下館にあった富松正安の有為館への脱出を勧め、小久保も同意したとされる。小久保には「二十有余名の志士を引率」して東京に突入する計画があったともされるが、加波山事件関係者に呼応することはなかった[14]。その後、小久保は未決囚のまま約一年間拘留された後、明治一八年八月四日に釈放された[15]。このように、内藤と小久保は加波山事件の蜂起に直接的に関与せず、事件に連座して内藤は有罪判決を受け、小久保は拘留された。この点に両者の共通点を見いだすことができよう。

明治一九年一〇月二日、加波山事件で死刑が確定した三浦文次・小針重雄・琴田岩松の死刑が市ヶ谷監獄で執行され（死刑確定者の内、横山信六は九月三日に獄死）、一〇月五日には富松正安・保多駒吉・杉浦吉副もそれぞれの監獄で死刑が執行された。三浦・小針・琴田の遺体は翌三日に出棺し、谷中天王寺の墓地に埋葬された(16)。そして、加波山事件の遺族や多くの民権家は加波山事件墓碑の建設や翌年一〇月に開催された加波山事件刑死一回忌などに参加し、加波山事件を支持したとされる(17)。

二　日露戦後における激化事件顕彰運動の展開と『自由党史』

明治二六年二月二一日、加波山事件の有期受刑者鯉沼九八郎が特赦・放免され、門奈茂次郎・佐伯正門もほぼ同時に特赦・放免された(18)。翌年一一月五日、加波山事件の無期受刑者河野広體・玉水嘉一ら六名が恩赦により出獄し（小林篤太郎のみ一一月七日出獄）、札幌・函館・福島・三春・須賀川・石川・白河と慰労会に臨み、一一月二三日に東京上野に到着、二五日に盛大な慰労会が開催された(19)。明治三二年一〇月三日には茨城県下館町妙西寺で加波山事件殉難志士建碑式が挙行された。発起人総代は玉水嘉一であり、憲政党本部代表者石塚重平らが祭文を朗読し、懇親会では石坂昌孝・堀内賢郎の両名が演説した(20)。

こうした明治二〇～三〇年代における激化事件顕彰運動がさらに組織的に実施される契機となったのが日露戦争であった。明治三八年二月二二日には旧自由党系の山口熊野・改野耕三・村野常右衛門が発起した旧友懇親会が東京池上曙楼で開催され、星亨の墓所本門寺に赴いた後、板垣退助が憲法政治創立の由来について演説した。板垣は「目下我軍が連戦連捷世界最強の暴露を懲し、国運の隆興前途の多望春海の如きものあるは、一に憲政の賜に外ならざる」

と強調した上で、この制度の創立に尽力した友人達を悼むとしている。つまり、板垣は日露戦争において日本が最強国ロシアに勝利を収めているのは立憲制度のおかげであり、そこで尽力した民権家を慰霊、顕彰すべきとの認識を示したのである。そして、次回幹事に旧自由党系の松田正久・林有造・河野広中を選挙し、会名を旧友会と決定するなど、旧自由党系の団体として継続されることが確認された(21)。

一二月一七日には、中西悟玄（東京北多摩郡神代村祇園寺住職・旧自由党員）を発起人として、東京芝青松寺において「憲政創設功労諸氏の追悼会」が開催された。この時には、板垣・河野・杉田定一・加藤平四郎・栗原亮一・小林樟雄ら旧自由党関係者六十余名が参加した。この席で板垣は憲政創設の志士たちの功績として、義務ある者は必ず権利がある国民を創出したことを挙げ、日露戦争の連戦連勝はこの「立憲政体の勝利」であり、自由主義が過去において勝利し、現在終局の勝利を得つつあると、志士たちの霊に報告している(22)。明治三九年三月一八日には板垣の寿筵が開催され、松田が発起人総代を務め、杉田・河野・林や大倉喜八郎ら財界人も参加した。この席で松田が板垣の寿像建設を発議すると、満場一致で決定された(23)。

明治四〇年三月九日には貴衆両院議員らが会合し、「板垣退助翁寿像建設資金公募趣意書」が発表された(24)。「趣意書」は板垣の自由民権運動、立憲政治における尽力を称えた上で、金一〇万円を募集し、寿像を建設することを宣言している。しかし、銅像の建設は日露戦後恐慌により一度中断され、明治四二年四月に政友会がふたたび地方支部に寄付金募集を依頼している(25)。八月には松田が板垣の銅像建設と養老基金をかねて一〇万円を募集し、一万四、五〇〇〇円で銅像を建設し、残金を板垣の養老基金とする計画を立案した(26)。こうした紆余曲折を経て、大正二（一九一三）年四月一九日に板垣退助銅像除幕式が挙行されたのである(27)。

一方、日露戦後には加波山事件に関する史料調査も積極的に実施された。明治三九年六月二三日、史談会（会長由利公正）は殉国志士英霊弔慰会を開催、嘉永元年から明治二三年の間に国事上の戦闘・騒擾・事故により死亡した人物の事跡を調査し、その調査結果が明治四〇年一一月一五日、『戦亡殉難　志士人名録』として公刊された[28]。『戦亡殉難　志士人名録』には加波山事件の刑死者（富松正安・保多駒吉・三浦文次・小針重雄・琴田岩松・杉浦吉副）、闘死者（平尾八十吉）、獄死者（横山信六・原利八・大橋源三郎）、有罪判決確定以前の獄死者（山口守太郎・石橋鼎吉）の名前が挙げられているが、石橋は事件とは無関係である。

先行諸研究では指摘されていないが、『戦亡殉難　志士人名録』における加波山事件の項目作成に協力したのが板垣と中西悟玄であり、板垣らは史談会に対して加波山事件の刑死者（富松・保多・杉浦・琴田・三浦・小針）、闘死者（平尾）、獄死者（横山・原・山口）合計一〇名の略歴を提出している。また、加波山事件関係者の仙波兵庫・玉水嘉一・小久保喜七も史談会に彼らの表彰を申請していた。史談会はこれに対して「不日贈位の申請を為す」と『土陽新聞』で報じられているが、さらに「此外猶憲政創始の意見を有し国事犯を以て刑死若くは横死を遂げたる志士の事蹟調査」を板垣に嘱託している[29]。

明治四二年九月一二日、小久保が史談会の例会で加波山事件について回想した[30]。小久保は加波山事件の関係者が国事犯でありながら強盗殺人犯で処罰されたことを強く批判した上で、加波山事件の関係者は「一命を立憲政体の創設に捧げんとの誠意正心より出たのである」とし、日清・日露戦争に大勝した今こそ、国家が彼らの功績を表彰すべきであると主張したのである。

こうした加波山事件の史料調査は『自由党史』編纂計画にも大きく影響した。当初、『自由党史』を編纂したのが宇田友猪であり、宇田の稿本を修正したのが和田三郎であった[31]。近年、公文豪氏によって紹介されたのが、『自由党史』編纂経緯に関する史料、『土陽新聞』明治四〇年一一月一九日号である[32]。

去三十三年憲政党解党の当時自由党史を編纂するに決し、当時政務委員たりし松田正久、末松謙澄、片岡健吉、星亨の四氏自由党残務委員となり其監督の下に自由党史編纂所を芝高（公）園内に設け、栗原亮一氏其主任となり宇田友猪氏の手にて材料蒐集と同時に編纂に着手し約三千有余円を投じて其稿本十五巻を完結せしが、第一に自由党と異体同心の関係ある板垣伯の査閲を乞はざるべからざる次第より之を伯の手許に提供したるに、其後片岡星両氏倶に物故し、憲政党を継ける政友会は之を出版するの意なきもの、如くなるより、板垣伯は深く之を遺憾とし該稿本を挙げて伯の手に貰ひ受けんと有林（林有）造氏を以て申込みし結果、漸く昨年に至り残務委員の認諾する所となりしが偶々大和の土倉庄三郎氏其挙を賛し修正添削の費用を支出せんと申出で、伯は和田三郎氏をして爾来鋭意修正に従事せしめ頃日に至り全部脱稿を告げ伯の校閲を経て近日出版の運びとなりしが伯は更に旧自由党関係の人々に仍ほ遺事及び殉難死士の写真文書を徴するの必要ありとし去十二日衆議院議長官舎に杉田、栗原、改野、山本、奥野等諸氏の出席を求め、右に関する趣意を説明したりといふ。

この記事によると、憲政党解党のさい、板垣の側近で旧自由党系の栗原が主任となり、宇田が『自由党史』の資料蒐集と編纂にあたったとされる。そして、宇田の『自由党史』稿本を政友会が出版しなかったため、板垣が林有造を介して明治三九年に残務委員から『自由党史』稿本を譲り受け、和田が明治四〇年一一月頃に『自由党史』稿本を修正、脱稿したことが分かる。しかし、板垣はさらに旧自由党関係者の遺事や「殉難死士」の写真・文書を蒐集するとして、旧自由党系の杉田定一衆議院議長や栗原・改野耕三・山本幸彦・奥野市次郎らにその趣旨を説明したのである。

実際に、板垣らは明治四二年一二月頃まで写真や史料収集を実施しており、福島の自由民権家苅宿仲衛の遺族にも、「今回自由党史出版に付巻頭へ挿入の為御秘蔵の苅宿仲衛氏御写真乍御手数本端書着一週間以内に至急御送付被下度」と『自由党史』巻頭に掲載する写真を急送するよう求めている(33)。つまり、『自由党史』の刊行が遅れたのは、板垣が旧自由党関係者、特に激化事件関係者の史料収集を続けたこともその一因であったのである。

三　内藤魯一と「憲政創設功労者行賞に関する建議案」の提出

明治四一年三月二一日、東京芝青松寺で行われた加波山事件殉難志士第二三回忌追悼会が福島・喜多方事件殉難者五名を合祀する形で挙行された(34)。この追悼会では、「加波山事件に最も関係深き」人物として小久保喜七が事件の顛末について詳述し、内藤魯一が旧自由党略史について玉水嘉一の代役として演説した。その後、板垣退助が自由党解党と加波山事件の経緯について演説し、河野広中が閉会の辞を読み、記念撮影をして終了した。

この時の内藤・板垣の演説をまとめたのが『自由党歴史概要』である(35)。これによると、内藤は自由党の歴史を、初期＝明治維新から国会開設の勅諭まで、第二期＝明治一四年の自由党結成から憲法発布まで、第三期＝立憲政体となって政党代議士の活躍しつつある現在までとしている。そして、内藤は自由党の歴史を述べた上で、日清・日露戦争の勝利を「上下一致の効」によるものであり、「国会開設の効」がなければ、「焉ぞ能く斯く戦功を収めて其能く最強国の伍班に列することを得べけんや」と、国会開設＝立憲政体樹立を明治維新と並んで「二大事業の成功」と、高く評価した。

一方、内藤は伊藤博文について、集会条例や保安条例などを制定し、「自由党の半世に在ては終生忘るべからざる不倶戴天の人」と厳しく批判し、憲法制定も伊藤だけの功績ではなく、「我が国論強大の刺激」によるものであるとした。また、内藤は有一館について、板垣により創設・命名され、「而して魯一の管理にかゝりし（ママ）短刀直入的の壮烈鬼神を泣かしむる底の刺客養成所」であると強調した。そして、板垣を高く評価した上で、加波山事件や福島・喜多方事件などの刑死・獄死者たちを追悼したのである。

つまり、内藤演説の特徴は自由民権運動史を三期に分け、日本が日清・日露戦争を勝ち抜き、一等国となった理由を立憲政体樹立に求めて高く評価する歴史観であり、伊藤ら藩閥政府を激しく批判する点にあった。

明治四二年二月二六日、「憲政創設功労者行賞に関する建議案」が内藤魯一により衆議院に提出された(36)。建議案は「立憲政体創設ノ業ハ王政維新ノ業ニ待テ我カ国政体上ノ首尾ヲ成」すものであり、「千歳不磨ノ国是」であるとの考えから「政府ハ宜ク其ノ功労者ヲ取調ヘ以テ上聞ニ達スルノ道ヲ講スヘキナリ」とするものであった。内藤は加波山事件殉難志士第二三回忌追悼会同様、第一期「国会開設願望ノ時代」、第二期「完備ナル憲法ノ制定ヲ期待シ、準備政党発生ノ時代」、第三期「国会開設、憲政実施ノ効果タル秋収ヲ獲ルノ時代」に分けて憲政史の大要を演説し、殉難志士の追弔を主張した。

内藤演説の第一の特徴は憲政創設の功労者として板垣をはじめ、大隈重信・後藤象二郎を高く評価し、これに相当する待遇（昇爵）を迫る一方、命をかけて憲政第二期に活躍した河野広中・大井憲太郎・片岡健吉の功労を賞賛している点である。第二の特徴は憲政の第二期を重視し、激化事件の殉難者を追弔した点である。第三の特徴は、伊藤博文や井上馨、山県有朋らの藩閥の元勲に対し、衆議院より「政治的大刑罰」を加えるべきであると主張した点である。このように、内藤の演説内容は加波山事件殉難志士第二三回忌追悼会の演説を多くの点で継承したものである。しかし、内藤が五ヵ条の御誓文を根拠に挙げて、「我国ニ於テハ特ニ当初ヨリ国民ノ大多数ヲ得べキ一般的ナル普通選挙法デナケ《（マ》ラ《マ）》ネバナラナイノデゴザイマス」と、普通選挙法の施行を訴えた点は重要な相違点といえる。

一方、内藤が藩閥政府の伊藤や山県らを批判すると、議場では又新会、憲政本党が拍手喝采する有様であった。長谷場純孝議長（鹿児島県・立憲政友会）は「言、問題外に出でざらんことを更に注意」するが、内藤は演説を続行し、

「再び政友会側より問題外なりと叫び又新会側よりは遣るべし〳〵と叫」ぶ声が起きた。演説終了のさいには、内藤は又新会、憲政本党の拍手を浴びて降壇している。(37)

その後、建議案は憲政創設功労者行賞に関する建議案委員会（委員長横井時雄）で「上聞ニ達ス」を削り、「之ヲ表彰ス」に修正され、三月二三日に衆議院本会議で可決・成立した。(38)これを受けて、明治四二年一二月八日、賞勲局総裁から内閣総理大臣へ行賞実施の有無とその範囲について、政府の決定を踏まえた上で、審査する旨の意見具申が行われた。そして、明治四三年一月一三日、内閣法制局長官から内閣総理大臣に、政府において功労ある者は遺漏なく表彰しているため、さらに憲政功労者を調査・行賞する必要はないと回答がなされ、閣議決定された。(39)このように、建議案は政府に認められなかったが、その反響は大きかった。

まず、政友会では、内藤が初代総裁の伊藤を批判し、議会を混乱させたことに対する反発の声が上がった。政友会では「政友会創設者たる伊藤公に対し会員たる内藤氏が此の如き悪声を放ちたるに対し、何とか処分せざるべからずとの議論起りたる」が、当事者の伊藤が「内藤氏は憲政の創設に就き幾多の艱苦を嘗めたる功労者」であり、「多少の失言ありとも之を処分せんとするは穏かならず」と発言し、内藤の処分は沙汰止みとなった。(40)

一方、内藤には板垣や河野らだけでなく、加波山事件関係者の玉水嘉一や事件遺族から感謝状が殺到した。(41)その一人、小針鎮平は事件関係者で死刑となった小針重雄の父であった。小針は内藤に「我々死者関係遺族等ニ於テハ多年之思ひ一時ニシテ実ニ聊無残念御厚志之段重々感謝々々」と述べ、強い感謝の意を表している。(42)その上で、小針は建議案が議会で否決されたとしても、それは「一切残念無御座候」としており、議会で事件関係者の追弔が主張されたことが遺族にとって重要な意味を持っていたとみることができる。

ここで、内藤演説の反響について内藤の地元愛知県における新聞の社説を確認しておきたい。政友会系の『新愛知』は内藤の建議案提出が「実に機宜を得たりと謂ふ可し」と高く評価し、板垣・大隈の昇爵を主張する内藤演説は「実に我が国民の意志を代表したり」と内藤に感謝を示した。(43) しかし、その一方で、『新愛知』は内藤が伊藤批判を繰り広げたことに反発し、伊藤の功績を認める雅量があるべきであると批判したのである。

これに対して、非政友会系の『名古屋新聞』は政界から一度は忘れられた内藤が演説によって新たな記憶を人々の胸に印象づけたと評価した。(44) その上で、『名古屋新聞』は内藤が伊藤を揶揄し、憲政の危機を叫んだ発言を政友会が阻む一方、清節の士である他党の人物が内藤を支持した点を挙げて、内藤演説が時弊に的中し、元老・伊藤批判は「国民大々部分の意志」であると支持した。最後に、『名古屋新聞』は「併せて老優内藤魯一氏が其復活の精力を失はしむる無く真乎憲政擁護の為めに余生を費さん事を冀ふ」と、内藤にエールを送っている。

両紙の社説で重要な点は政友会系の『新愛知』、非政友会系の『名古屋新聞』がともに内藤演説は国民の意思を代表していると支持したことである。一方、『新愛知』は伊藤批判について反論したが、『名古屋新聞』は逆に内藤を他党が応援したことを特筆しており、内藤演説が「反藩閥」で政友会に批判的な立場からなされたことを示しているといえる。

四 「憲政創設功労者行賞に関する建議案」の政治的背景と国民議会

では、内藤はこの「憲政創設功労者行賞に関する建議案」をなぜ提出したのであろうか。本節では、内藤の意図と政治的背景について考察する。明治四二年一月九日、内藤は建議案の添削を山田という人物に依頼した書簡で、自らが自由党の歴史について板垣よりもよく記憶しており、「故ニ幸ニ此ノ時機ニ於て藩閥ノ醜類ニ一ト泡吹カセ置クも頗ル心地好キ奇劇」であるとする。(45)その上で、内藤は「出来得べくんは老生ノ演説か動機トナリて満場ノ賛同ヲ得て、板垣伯等ノ生前ニ大公爵迄に昇爵セシメて、我カ憲政ノ美ヲ世界ニ飾ル様ニ致して後世ノ人々をして永く敬意ヲ表さしむる様致さゞるべからすと存居候」と述べており、演説を通じて板垣を公爵に昇爵させようと考えていた。そして、内藤は桂太郎内閣の時期に建議案を提出したのは「他日現内閣ニ更ルヘキ内閣」の時に昇爵を実現するための「種蒔演説」であったと述べている。

その背景には、内藤がすでに前年から建議案提出を考えており、「時日相迫リテ余日ナキト猶ホ取調ノ付カザル点モ有之候」ために、明治四二年に建議案を提出したという経緯もあった。(46)

一方、内藤は建議案提出のさいに、板垣や河野広中、大井憲太郎にも演説文の添削を依頼した。特に、内藤は河野の指摘を受け、演説文における藩閥批判の部分を「故ニ帝国議会ハ斯ル藩閥ノ醜類共ヲシテ天下国民ノ為ニ愧死セシメ得ベキ底ノ咎撃ヲ加ヒ(ママ)ザルヲ得ザルモノト存ジマス」と加筆した。さらに、内藤は帝国議会がこうした政策を取らないのであれば、「是レ帝国議会ハ腐敗セシモノナリ、堕落セシモノナリ、責任ヲ無視セシモノナリト云ハザルベカラズ、更ニ又我々ハ何ノ面目アツテ上下ニ見エ且ツ憲政史中ノ殉難志士ニ答フル事ガ出来得マセウゾ」と加筆したのである。(47)こうした内藤と河野・板垣や大井の関係をうかがうことができるのが、明治（四二）年二月一四日付河野広中宛内藤魯一書簡である。(48)

一、板垣伯ハ板垣伯トシテ別ニ自由党ノ中堅トナリ或ル種ノ仕事ヲ為シ、又ハ為サシメシ者ハ兄等ノ両三輩ニシテ他ハ殆ト穏和ナル附和雷同ノ党友ト云フモ可ナランカ。故ニ我ガ憲政史ヲ事実ニ作リ成シタル其両三輩ニアラサレハ、我カ憲政史ヲ知ルノ理ナシ。何トナレハ、外面上ノ憲政史ト内面上ノ真想(ママ)トハ自然異ナラサルヲ得ザル事ト存候。（中略）案スルニ御互ノ如キ者ニ在ラサレハ、真正ノ憲政史ヲ知ルモノナク、又タ他ニ知ル者アリトスルモ今日トナテハ栗原ノ如キ杉田ノ如キ人々ニシテ、而シテ此等ノ如キハ所謂筆ノ人ニ在ラザレバ口ノ人ニテ此ノ二人者ノ類ハ沢山ニアリトスルモ自由党ノ中堅者トテハ之レナキニ付、彼レ等ハ由来憲政史ヲ（真正ノ）知悉スルノ人ニアラズト存候（中略）。

一、現下筆ノ人ト口ノ人ハ沢山世ニ中々有リ余ル様ナルモ、行ノ人ニ乏シ、小生ハ行ノ人ヲ作リ度考ニ御座候。御互ノ相続人ハ行ノ人ニシテ、口ノ人筆ノ人ニアラスト存居候、故ニ今一度若返りて国民議会ニ在テ終生国民ノ自覚ヲ企画スルノ考ニ御座候。現下ノ議会ニ於テ其人ニ乏シカラザル如キ見ユルモ、言行一致ノ人物少キハ慨歎ノ至ニ御座候。

このように、内藤は自らと河野を「憲政史ヲ知ルモノ」と位置づけていた。そして、内藤は栗原や杉田について「口ノ人」、「筆ノ人」とした上で、河野と自分が「行ノ人」、つまり、実行の人であるとの強烈な自負を示したのである。さらに、内藤は現在の政界が「言行一致ノ人物」が乏しいことから「行ノ人」を育てるため、「国民議会ニ在テ終生国民ノ自覚ヲ企画スルノ考」を示しており、この国民議会をめぐって両者は連携したのであった。

国民議会とは大井・河野らが前年の明治四一年に計画した私設の国民議会のことである。明治四一年八月二八日、大井は「私立国民議会一件」で河野の意見を聞くため、参上する旨を告げており[49]、九月二四日には大井らが国民議会の「協議案」を河野広中に送付し、一覧を求めた[50]。この経緯を含めた国民議会関係史料が「内藤魯一関係文書」に残されている[51]。この史料によると、「協議案」は九月二六日の国民議会第一回協議会で一部修正の上、「準備事務所内規定」として可決された。そして、国民議会は準備委員を設置し、準備委員長を河野に依頼すること、準備委員から専任された常務委員（一〇名）に大井・奥野市次郎ら八名（残り二名は後に補充予定）を選任することとした。

また、庶務部・調査部を設置する一方、当初の「協議案」にはなかった議案調査局を設置し、河野・大井・奥野・

奥宮健之らに調査委員を依頼することが決定された。この議案調査局では、調査中の議案として「議員選挙法改正」、「営利的事業ノ官営全廃」、「悪税廃止」が列挙された。さらに、会員は会則で明治四二年二月上旬に予定された大会で府県同志者から府県選出貴衆両院議員の倍数の代議員を選挙することとなっていた。

そして、国民議会第一回準備会が九月二六日に開催され、国民議会が「憲政扶植ノ為メニ最モ痛切ナル問題」を取り上げて、国民大多数の賛成を得た上で、政府・議会に「国民ノ輿望ヲ容レシメン」こと、「真誠ナル立憲内閣」の樹立を決議した。

一〇月八日、大井は内藤に対し、国民議会への加入と国民議会常務委員就任の要請を行ったが、内藤は関係者から国民議会設立に延期説が出ているとして、一度は断っている。それに対し、大井は国民議会について「名ハ国民議会ト称スレトモ其実質ハ短簡率直ナル仕組ニテ全国有志大会ニ過キ」ないこと、国民議会には「下層社会即チ労働者小作人ノ如キ」も代表者を出せることから、「代議員」も「有志惣代ニ過キサル」と、その組織の実態について説明している。(52) その上で、大井は「国民議会起ラハ社会一般ニ政治問題ヲ等閑視セス、自然熱誠ヲ以テ討究スル風ヲ馴致」することが可能であり、国民議会の延期説は第二回準備委員会で否決される見込みであるとして、内藤の再考を求めた。

こうした波乱を含みつつも、国民議会は延期されることなく、明治四一年一〇月二八、二九日に国民議会趣意発表政談演説会が開催された。(53) 二八日には大井や奥宮健之、山口弾正・三澤綱蔵・田中弘之・山田喜之助に加えて、一度は国民議会への加入を断った内藤も「国民議会趣旨発表に就て選挙法改正の急務を論す」の演題で演説した。(54)

内藤はまず、国民議会は「非政社組織にして何れの党派へも偏倚せず単に政界の革新を以て目的とする者でありまする」と述べ、政界革新こそ国民議会の目的であるとした。そして、内藤は現在の帝国議会が国民の多数を代表していないとした上で、「帝国臣民ニシテ公権ヲ有スル二十五歳以上ノ男子ニシテ一ヶ年以上公費ヲ負担シ猶ホ引続キ其負担ヲ継続スル者」に衆議院議員選挙権を有する形の男子普通選挙を主張したのである。さらに、内藤は「故に今日の急務は国民議会を組織して天下世論の府を築き以て国民自ら憲政有終の美を成さん事に任ずるの外はありません」と述べ、国民議会の結成により、選挙法改正に必要な国民の覚醒を主張した。なお、内藤は「憲政掉尾の害毒を流さしめたる人」と伊藤博文ら長州閥を弾劾する一方、現在の代議士を「権勢家金力家の奴隷にして私利是れ事」としているると批判しており、代議士の改造についても強調したのである。

大井憲太郎も翌二九日の演説会で「藩閥者流」による非立憲行動を批判する一方、政党の堕落を糾弾し、「今日ハ憲政危期《(ママ)》ノ時代」であると強調した(55)。その上で、大井は「即チ五千万同胞ガ自覚自動ニ於テ救フノ外ハ無イ」として、国民議会の組織による選挙界の矯正＝普通選挙の実施を主張したのである。このように、内藤・大井の主張は国民議会による政界革新、選挙界の矯正であり、男子普通選挙実施を志向していたといえよう。

二八日夜の懇親会では板垣も登場し、明治維新は外面の改革にとどまり、国民自覚の改革でなかったために社会の道義腐敗を招いたとし、国民の自覚・道義心に待ち、選挙改革・政党覚醒をすべきであると演説した(56)。この懇親会では正面演壇の右側に「我が憲政の創設に尽力せる志士の位牌を装り燭を点じ其の前に白髯長き板垣老伯の座を設け」ており、「来会者をして一種無限の感慨に打たれしめ」ている。板垣も志士の位牌に礼拝して演壇に進むなど、国民議会が憲政創設の志士を顕彰する場でもあったことがうかがえる(57)。

このように、内藤の「憲政創設功労者行賞に関する建議案」提出の目的は藩閥を攻撃する一方、憲政創設の功労者板垣らを昇爵させ、憲政創設に尽力した志士を追弔することにあった。そして、その背景には自由民権運動を率いた「行ノ人」内藤の自負と、大井・河野らとの政界革新・普通選挙実施を目指す国民議会を通じた連携があったのである。

五　小久保喜七と「加波山事件殉難志士表彰に関する建議案」の提出

明治四三年二月二五日、加波山事件で死亡した関係者の表彰を求める「加波山事件殉難志士表彰に関する建議案」が、小久保喜七・森久保作蔵・平島松尾により衆議院に提出された(58)。その内容は加波山事件関係者の内、現場・刑場・獄中で死亡した人物に「相当ノ表彰アラムコトヲ望ム」ものであった。小久保の提案理由は前述の史談会における談話を継承したものであり、事件が小久保の出身県（茨城県）で起こり、自身も「本事件に多少の関係」があったために建議案を提出したとする(59)。その上で、小久保は加波山事件が国事犯ではなく、強盗殺人の罪名で処断された不当性を批判し、事件について弁護した。

二月二五日、加波山事件殉難志士表彰に関する建議案第一回委員会が開催され、委員九名（小久保喜七・内藤魯一・本出保太郎・望月圭介・大津淳一郎・平島松尾・高橋政右衛門・鈴木力・山口熊野）から委員長に小久保が推薦され、理事に山口が指名された(60)。小久保・内藤・平島・山口は旧自由党系であり、彼らは加波山事件関係者の顕彰を図っていた。

第二回委員会（三月一日）では、内藤が殉難志士は「立憲政体ノ基礎ヲ為」したにもかかわらず、政府が「謀叛者」として表彰しなかったのではないかと質問した(61)。これに対して、政府委員一木喜徳郎内務次官は事件関係者に「衷情」を示しつつも、「不幸ニシテ其ノ手段方法ヲ誤レル為」表彰しなかったとし、「閑却」した方が国家発展のために適当との意見を示した。これに対して、各委員から反発が相次いでいる。

第三回委員会（三月三日）では、平島が「福島事件」から「加波山事件」に至る民権運動弾圧の経緯を述べて、事件関係者が常事犯として裁かれた不法を批判し、彼らを顕彰すべきと強調した。(62) この意見に各委員も賛成し、委員会は満場一致で建議案を可決した。

三月六日、「加波山事件殉難志士表彰に関する建議案」は衆議院本会議で可決された。(63) しかし、建議案に対する三月二八日付の内務大臣平田東助の請議は、加波山事件が時の大勢に通ぜず、方向を誤ったものであり、何ら表彰すべき理由はないと、建議案の採用を拒否した。これを受けて、四月六日、内閣法制局長官が建議案の否決を回答し、これが閣議決定されたのである。(64)

おわりに

本章では、内藤魯一の「憲政創設功労者行賞に関する建議案」の政治的背景を中心に検討し、小久保喜七の「加波山事件殉難志士表彰に関する建議案」についても併せて検討した。その結果、日露戦後における旧自由党系の激化事件顕彰運動、とりわけ、加波山事件の顕彰運動がその背景にあったことを解明した。特に、内藤による建議案提出の背景には板垣退助を昇爵させ、加波山事件など激化事件の志士たちを追弔する意図があったことが明らかになった。また、内藤が旧自由党幹部として「行ノ人」の自負を持ち、政界革新・普通選挙を掲げる国民議会で河野広中・大井憲太郎と連携していたことも指摘した。

一方、小久保は日露戦後、加波山事件関係者として茨城県側を代表し、加波山事件関係者の顕彰を図っており、激化事件関係者の顕彰という点では内藤と共同歩調を取っていた。そして、明治四四年の内藤死後も、小久保は自由民権運動・加波山事件の顕彰運動に関わっていくこととなる。[65]

また、本章では、激化事件顕彰運動と『自由党史』との関係についても検討した。『自由党史』は明治三三年の編纂決定から一〇年の時を経て刊行されたが、その一因に日露戦後における激化事件関係者の史料収集とそれによる時間の経過があったことを指摘した。そして、その間に『自由党歴史概要』の出版や内藤魯一の「憲政創設功労者行賞に関する建議案」での演説があり、それらのすりあわせの中で板垣・内藤・河野・大井の間で「憲政史」が確認されていった。つまり、激化事件顕彰運動の中で、現在の政界に対する批判が展開される一方、回顧の中で理想像として自由民権運動が語られてきたといえよう。

そして、激化事件関係者の遺族は事件関係者が国事犯ではなく、常事犯として処刑されたことへの不満と悲しみの中で内藤らを支持し、旧自由党系の歴史編纂に協力した。その一人が加波山事件の刑死者小針重雄の父小針鎮平であり、彼は明治四〇年一月に「自由党史予約」として金五円を支払い、「板垣伯家内担任者へ注文」している。[66]このように、『自由党史』は自由民権運動、特に激化事件顕彰運動を経て最終的に成立したといえよう。

註

（1）日比野元彦「内藤魯一の殉難志士追悼演説」（『東海近代史研究』三、一九八一年）。
（2）寺崎修「有罪確定後の加波山事件関係者」（寺崎『自由民権運動の研究』第五章〈慶應義塾大学法学研究会、二〇〇八年〉所収）。
（3）高島千代「秩父事件顕彰運動と地域」（『歴史学研究』七四二、二〇〇〇年）。
（4）河西英通「高田事件」（『上越教育大学研究紀要』二四―一、二〇〇四年）。
（5）田﨑公司「自由党と明治一七年激化状況」（安在邦夫・田﨑公司編『自由民権の再発見』〈日本経済評論社、二〇〇六年〉第四章所収）。
（6）大内雅人「明治一七年　加波山事件再考」（前掲註（5）『自由民権の再発見』第五章所収）。

（7）真辺将之「老年期の板垣退助と大隈重信」（『日本歴史』七七六、二〇一三年）。
（8）板垣退助監修、宇田友猪・和田三郎編纂『自由党史』下巻（五車楼、明治四三年）二三八頁。
（9）同右、口絵。
（10）寺崎修「明治十七年・加波山事件の附帯犯について」（『近代日本史の新研究』Ⅷ、北樹出版、一九九〇年）六二〜六五頁。
（11）長谷川昇「明治十七年の自由党」一・二（『歴史評論』六一・六二、一九五四・五五年）。
（12）三浦進『明治の革命』（同時代社、二〇一二年）第四章。
（13）明治（一七）年七月三一日付小針重雄宛内藤魯一書簡（国立国会図書館憲政資料室所蔵「加波山事件関係資料」三八）。日付は三一日となっているが、「雑誌」の記述と同じく、宛所が「福島県西白河郡矢吹村長尾半次郎方」となっており、これが長谷川氏の論じた七月三〇日に出されたとする書簡と考えられる。
（14）野島幾太郎著、林基・遠藤鎮雄編『加波山事件』（平凡社、一九六六年）二〇五〜二〇七、二二三頁。なお、三浦氏は小久保を東京蜂起計画の「本隊」の一員としている（三浦進・塚田昌宏『加波山事件研究』〈同時代社、一九八四年〉第五章）。
（15）小久保喜七「加波山事件」三（『日本弁護士協会録事』二五三号、大正九年）五六〜五七頁。
（16）大江志乃夫「自由民権家の死刑場」（『歴史学研究』五三二、一九八四年）、前掲註(6)大内「明治一七年　加波山事件再考」一二七〜一二八頁。
（17）前掲註(6)大内「明治一七年　加波山事件再考」一二七〜一三一頁。
（18）前掲註(2)寺崎「有罪確定後の加波山事件関係者」一四四〜一四七頁、『自由党党報』三三号、明治二六年三月二五日。
（19）前掲註(2)寺崎「有罪確定後の加波山事件関係者」一四七〜一五〇頁、『自由党党報』七三号、明治二七年一一月三〇日。
（20）『新愛知』明治三二年一〇月六日号雑報「加波山殉難志士建碑式」。
（21）『土陽新聞』明治三八年二月二四日号雑報「旧友懇親会」。第一回旧友会は明治四〇年一二月二四日に東京美術倶楽部で開催された。板垣はその席上で『自由党史』が出版の運びになったことや、愛国社設立・国会願望・三大事件の建白・加波山事件・名古屋事件・大阪事件とそれに関係した人々の紀念碑を設立したいとの希望を述べている（『東京朝日新聞』明治四〇年一二月二六日号雑報「旧自由党旧友会」）。
（22）『土陽新聞』明治三八年一二月二〇日号雑報「憲政功労者追悼」。

(23)『土陽新聞』明治三九年三月二二日号雑報「板垣伯の寿筵」および三月二五日号雑報「板垣伯寿筵の記」(和田三郎筆)。なお、寿像建設とは別に、明治四一年一〇月、板垣の高齢と国家への尽力を慰藉する無形会も設立された(『土陽新聞』明治四一年一〇月二一日号社説「無形会の挙」)。
(24)『土陽新聞』明治四〇年三月一四日号雑報「板伯寿像建設の檄」。
(25)『土陽新聞』明治四二年四月二日号雑報「板伯銅像建設」。
(26)『土陽新聞』明治四二年八月一九日号雑報「板垣伯養老金」。
(27)『土陽新聞』大正二年四月二〇日号東京電報「板伯銅像除幕式」。
(28)前掲註(2)寺崎「有罪確定後の加波山事件関係者」一五四～一五五頁、史談会編纂『戦亡殉難　志士人名録』(明治四〇年)三四九頁。
(29)『土陽新聞』明治四〇年一一月一四日号雑報「加波山事件志士の旌表」。
(30)『史談速記録』二〇二輯、二七～三八頁。
(31)和田三郎は明治四年に高知県平民和田千秋の三男として誕生し、明治三〇年に明治学院神学部を卒業した後、『関西青年』、『大阪新聞』の編集に携わった。その後、和田は『佐久新報』(明治三〇年刊行)や『近畿評論』(明治三二年刊行)に無政府主義的な「新共和主義」の論説を寄稿する一方、宮崎滔天主宰の『革命評論』(明治三九年刊行)に同人として論説を寄稿し、中国革命運動に参加した。明治三二年には『土陽新聞』に入社し、板垣退助が創刊した『社会政策』(明治四四年刊行)の編集人として毎号寄稿したが、大正一五年に死去した(工藤英一「和田三郎の社会思想」〈『経済論集』二六、一九七七年〉、藤原和雄「『和田三郎』資料紹介と著作目録および略年譜」〈『高知市立自由民権記念館紀要』七、一九九八年〉、同「和田三郎」〈山本大編『土佐の自由民権家列伝』、土佐出版社、一九八七年〉所収)。
(32)『土陽新聞』明治四〇年一一月一九日号雑報「自由党史編纂」、公文豪「滄溟・宇田友猪の生涯と業績」(宇田友猪著、公分豪校訂『板垣退助君伝記』第一巻〈原書房、二〇〇九年〉)九～一〇頁。公文氏はこの記事を『土陽新聞』の主筆宇田によって執筆されたと推測している。
(33)明治四二年一二月付(日付欠)苅宿仲衛様御遺族宛板垣退助書簡(苅宿俊風『自由民権家乃記録』〈大盛堂印刷出版部、一九七六年〉二二〇～二二一頁。

(34)『土陽新聞』明治四一年三月二五日号雑報「加波山殉難者追弔会」。追悼会の発起人は旧自由党系の板垣退助・河野広中・大井憲太郎・松田正久・内藤魯一・栗原亮一・平島松尾・小久保喜七・玉水嘉一・鯉沼九八郎ら四三人であった（明治四一年三月〈日付欠〉付小針鎮平宛加波山事件殉難志士追悼会発起人書簡（前掲註(13)「加波山事件関係資料」八〇）。なお、一〇月二六日には下館町妙西寺でも加波山事件追悼会が開催され、板垣・内藤・大井・小久保らが参加し、板垣が追悼演説を行っている（『東京朝日新聞』明治四一年一〇月二八日号雑報「加波山追悼会（下館）」）。

(35)『自由党歴史概要』（知立市歴史民俗資料館寄託「内藤魯一関係文書」四―一一―二〇）。内藤演説について、長谷川昇氏は「『語るに落ちた』自己弁護と美化としか受取れぬ板垣と内藤の『自由党歴史概要』の追憶」と批判しているが、内藤演説の歴史観と、その政治的背景についてはふれていない（前掲註(11)長谷川「明治十七年の自由党」一、三頁、同「自由党歴史概要」〈『歴史評論』八八、一九五七年〉）。

(36)『帝国議会衆議院議事速記録』二三（東京大学出版会、一九八〇年）、二二七～二三一頁。なお、建議案の賛成者は河野広中（福島県・又新会）、山口熊野（和歌山県・又新会）、平島松尾（福島県・憲政本党）、杉田定一（福井県・立憲政友会）、栗原亮一（三重県・立憲政友会）、小久保喜七（茨城県・立憲政友会）ら五一名であった（前掲註(35)「内藤魯一関係文書」六―一―五、「憲政創始功労者行賞に関する建議案提出書」）。

(37)『新愛知』明治四二年二月二六日号雑報「衆議院議事」。

(38)前掲註(36)『帝国議会衆議院議事速記録』二三、五五〇～五五一頁。

(39)国立公文書館所蔵「衆議院建議憲政創設功労者表彰ニ関スル件」纂〇一一六九一〇〇。

(40)『新愛知』明治四二年三月四日号雑報「内藤氏処分問題の沙汰止」。

(41)知立市歴史民俗資料館編『内藤魯一自由民権運動資料集』（知立市教育委員会、二〇〇〇年）三五七～三九三頁。

(42)明治（四二）年二月二七日付内藤魯一宛小針鎮平書簡（前掲註(35)「内藤魯一関係文書」六―二―二八）。

(43)『新愛知』明治四二年三月二日号社説「憲政創設の功労者」。

(44)『名古屋新聞』明治四二年三月一日号社説「記憶されたる老優」。

(45)明治（四二）年一月九日付山田先生宛内藤魯一書簡（前掲註(35)「内藤魯一関係文書」六―二―二）。なお、山田先生という人物については、現時点では特定できていない。

(46)　明治（四二）年二月一四日付河野広中宛内藤魯一書簡（国立国会図書館憲政資料室所蔵「河野広中関係文書」九六一—七）。
(47)　明治（四二）年二月二一日付河野広中宛内藤魯一書簡（前掲註(46)「河野広中関係文書」九六一—二）。内藤は河野に二月一四日と、一七日の二度にわたって演説文の加筆、修正を依頼している（註(46)および明治（四二）年二月一七日付河野広中宛内藤魯一書簡〈「河野広中関係文書」九六一—四〉）。
(48)　註(46)に同じ。
(49)　明治（四一）年八月二八日付河野広中宛大井憲太郎書簡（前掲註(46)「河野広中関係文書」一二六—一）。
(50)　明治（四一）年（九）月二四日付河野広中宛大井憲太郎書簡（前掲註(46)「河野広中関係文書」一二六—三）。
(51)　前掲註(35)「内藤魯一関係文書」六—四—三、「国民議会趣意書」。
(52)　明治（四一）年一〇月九日付内藤魯一宛大井憲太郎書簡（前掲註(35)「内藤魯一関係文書」六—三—一）。
(53)　『土陽新聞』明治四一年一〇月三〇日号雑報「国民議会演説会」、『東京日日新聞』明治四一年一〇月二九日号雑報「国民議会演説会」。
(54)　内藤魯一「国民議会趣旨発表に就て選挙法改正の急務を論す」（前掲註(35)「内藤魯一関係文書」六—四—六）。
(55)　大井憲太郎「国民議会設立の趣旨」（国立国会図書館憲政資料室所蔵「憲政資料室収集文書」一二〇〇—四）、『土陽新聞』明治四一年一〇月三一日号東京電報「国民議会第二日目」。
(56)　『土陽新聞』明治四一年一〇月三〇日号東京電報「板垣伯の演説」。
(57)　『東京日日新聞』明治四一年一〇月二九日号雑報「国民議会演説会」。
(58)　『帝国議会衆議院議事速記録』二四（東京大学出版会、一九八一年）二三五〜二三七頁。建議案上程の直前には、下館町長多内達三郎他三〇名が内藤魯一・小久保喜七・平島松尾らの紹介を得て加波山事件殉難者を表彰する請願書を衆議院に提出していた（『東京朝日新聞』明治四三年二月一四日号雑報「加波山事件表彰請願」）。
(59)　小久保喜七「加波山事件殉難志士表彰建議案提出理由」（『雄弁』第五号、明治四三年六月）。
(60)　『帝国議会衆議院委員会議録』六一（東京大学出版会、一九八九年）一八七頁。
(61)　同右、一八九頁。
(62)　註(60)に同じ、一九一〜一九五頁。

(63) 前掲註(58)『帝国議会衆議院議事速記録』二四、二九二頁。
(64) 国立公文書館所蔵「加波山事件殉難志士表彰ニ関スル建議ノ件」纂〇一一六九一〇〇。
(65) 拙稿「小久保喜七の加波山事件顕彰運動と『檄文』の変容」(『自由民権』三〇、二〇一七年)参照。
(66) 明治(四〇)年一月二二日付小針鎮平宛近藤徳次書簡(前掲註(13)「加波山事件関係資料」一五九)。

第三章　『自由党史』の編纂方針と記述の変容

はじめに

明治四三（一九一〇）年三月二二日、板垣退助監修、宇田友猪・和田三郎編纂『自由党史』が刊行された。明治三三年九月一三日に自由党の後身、憲政党の臨時大会で残務委員五名（末松謙澄・星亨・林有造・松田正久・片岡健吉）が指名され、「自由党歴史編纂」を担当することが決定されてから、すでに一〇年近い月日が流れていたのである(1)。この間における『自由党史』の編纂方針と記述の変容に迫るのが本章の目的である。

先行研究では、遠山茂樹氏が『自由党史』の編纂過程について検討したが、宇田が明治三四年に作成した『自由党史』稿本を和田がどのように改めたのか、この点を解明する史料はないことを指摘した(2)。近年、宇田が執筆した板垣の未刊行伝記『板垣退助君伝記』が刊行された。その刊行に尽力した公文豪氏は『土陽新聞』の記事を用いて『自由党史』の編纂が明治三九年に旧憲政党残務委員から板垣に移り、宇田の『自由党史』稿本を和田が明治四〇年に修正の上、脱稿したことを指摘した(3)（第Ⅱ部第二章第二節参照）。

しかし、遠山氏が指摘した、宇田の『自由党史』稿本が和田によって『自由党史』の中でどのように修正されたのか、その政治的背景は何かという疑問はいまだ解決していない。

そこで、本章で取り上げるのが、『自由党史』編纂と時期的に重なる明治四〇年二月に板垣によって提起された、華族を一代限りとして世襲を否定する「一代華族論」と『自由党史』稿本の関係である。この「一代華族論」について、真辺将之氏は板垣が明治維新の精神を自由民権運動・社会政策と一貫して把握し、封建的門閥打破の観点から「一代華族論」を主張したことを指摘した(4)。また、安在邦夫氏も明治二〇年に板垣が伯爵を二度にわたって辞爵し、最終的に受爵した理由として、板垣の一君万民＝四民平等論や華族制度への批判などを挙げ、後の「一代華族論」の端緒となったことを論じている(5)。

一方、両氏の研究では板垣の「一代華族論」と『自由党史』稿本の関係について分析対象とされていないが、『自由党史』稿本の一部である「板垣伯辞爵事件史」は「一代華族論」が提起された直後に発表されており、両者の関連性についても検討する必要があろう。

そこで、本章では、宇田の『自由党史』稿本と和田が修正した『自由党史』を比較しつつ、両者のテキスト分析によってその相違点を検討する(6)。さらに、板垣の「一代華族論」と『自由党史』稿本の関係や『自由党史』における修正の背景についても指摘したい。

一　「自由党史緒論」と『自由党史』の相違点

宇田友猪の『自由党史』稿本の内、管見の限り『土陽新聞』紙上で確認できるのは明治三五年五～六月に三回連載された「自由党史緒論」(7)、明治三九年一一月に一七回連載された「三大事件史」(8)、明治四〇年二月に六回連載された「板垣伯辞爵事件史」(9)である。

それでは、宇田の『自由党史』稿本は和田が修正した『自由党史』でどのように削除・訂正・追加・修正されたのか。本章では、『自由党史』稿本と『自由党史』のテキスト分析にさいして、以下のように類型化して説明する。『自由党史』稿本の内容を『自由党史』で削除したもの（類型Ⅰ）、『自由党史』稿本の字句や年月日の誤りを『自由党史』で訂正したもの（類型Ⅱ）、『自由党史』稿本になかった史料を『自由党史』で追加したもの（類型Ⅲ）、『自由党史』稿本の記述を『自由党史』で修正したもの（類型Ⅳ）である。

宇田が『自由党史』稿本を完成させたのは明治三四年とされ、わずか一年で稿本を執筆したとされる。(10)そして、明治三五年に発表された「自由党史緒論」は宇田（「滄溟学人」）の署名と「僕昨は偶ま自由党史緒論を草す」の文章があるため、宇田が前年の明治三四年に執筆した『自由党史』稿本の一部であることが分かる。(11)そして、その内容は『自由党史』上巻第一編「総説」の第一章「維新改革の精神」の冒頭部分に相当する。(12)一方、「自由党史緒論」と『自由党史』は字句以外にも数多くの相違点が存在し、和田による大幅な加筆修正があったことが分かる（表3参照）。

以下、表3から特徴的な部分を取り上げて説明する。

まず、「自由党史緒論」から『自由党史』編纂のさいに削除されたのが表3の③・④である（類型Ⅰ）。「民選議院設立建白書」の冒頭を引用して自由民権運動が明治維新の精神を継承した経綸であると位置づけた③の「自由党史緒論」では、「民選議院設立建白書」をそのまま引用しているのに対して、『自由党史』では「而して帝室漸く其尊栄を失ふ」の部分が削除された。そして、『自由党史』では「民選議院設立建白書」全文が再度引用されているが、そのさいも「而して帝室漸く其尊栄を失ふ」は削除されており、和田が皇室への敬意は失われたとする建白書の一部を意図的に削除したと考えられる。(13)④の「自由党史緒論」では明治維新を「革命」とし、万機公論という「維新革命の精神」に基づいて自由党が勃興したとするのに対し、『自由党史』ではこの部分が簡略化され、「憲政発動の起因と政党

表3　「自由党史緒論」と『自由党史』の史料対照表

番号	「自由党史緒論」(天・地・人)	『自由党史』上巻
①	佐賀の江藤新平氏が戊辰の年、兵馬倥偬の際に於て、既に郡県制度を首唱し、封建全廃を先言したるの類も亦た時勢を洞観せる確固不抜の経綸に基づくものなるを信ぜざる能はず。(地)	佐賀の江藤新平、〈土佐の牧野群馬〉が、戊辰の年、兵馬倥偬の際に於て、既に郡県制度を首唱し、進んで国会を開設すべしとの議を唱へたる類も、亦た時勢を洞観せる確固不抜の経綸に基くものなるを信ぜざる能はず。(六頁)
②	板垣退助氏の山道王師の参謀と為り、馬箠に杖いて東北に転戦し、撥乱反称せらるゝに拘らず、其の亡ぶに当つて国に殉ずる者、僅に三千の士族に過ぎずして、農商工の庶民、皆な荷担して避逃せし状を目撃し、自ら深く憂国の至情を禁ずる能はず、因て以為へらく、今日封建の勢既に破れ、時局復た一新するに及んで(地)	板垣退助の山道王師の参謀となり、馬箠に杖いて東北に転戦し、撥乱反正の功を奏するや〈夫の会津が天下の雄藩を以て称せらるゝ〉に拘らず、其亡ぶるに方つて国に殉ずる者、僅かに五千の士族に過ぎずして、農商工の庶民は皆な荷担して逃避せし状を目撃し、〈深く感ずる所あり〉、憂国の至情自から禁ずる能はず、因て以為らく、〈会津は天下屈指の雄藩なり、若し上下心を一にし、戮力以て藩国に尽さば、僅かに五千未満の我が官兵豈容易く之を降すを得んや。而かも斯の如く庶民難を避けて遁散し、毫も累世の君恩に酬ゆるの概なく、君国の滅亡を見て風馬牛の感を為す所以のものは、果して何の故ぞ。蓋し上下隔離、互に其楽を倶にせざるが為なり。既に楽を倶にせず、曷んぞ其苦を倶にせしむることを得んや。〉今や封建の勢既に蹙り、時局これより一新するに際す(六頁)
③	夫の民選議院設立建白書の劈頭に曰はずや。方今政権の帰する所を察するに、上帝室に在らず、下人民に在らず、而して独り有司に帰す、夫れ有司上帝室を尊ぶと云はざるには非ず、《而して帝室漸く其尊栄を失ふ》、下人民を保つと云はざるには非ず(人)	夫の民選議院設立建白書の劈頭に曰はずや。方今政権の帰する所を察するに、上帝室に在らず、下人民に在らず、而して独り有司に帰す。夫れ有司、上帝室を尊ふと云はざるには非ず、下人民を保つと云はざるには非ず(一四頁)
④	先覚の士が自ら実験の観念を鍾錬して茲に奪ふべからざる政党の信条と為れるを、《嗚呼万機公論に決するは、聖明の大志皇謨の仗る所なり、而して国民の積望なり、維新革命の精神なり、天下に必然の理あり、必至の勢あり、自由党の勃興せるは唯だ実に此理勢に順応せるが為めのみ、》且つ以て自由主義正系の意志を推詳するに足らずや、《今人何の惑ふ所かある、三思せよ(滄溟)》(人)	先覚の士が自ら実験の観念を鍾錬して、茲に奪ふべからざる政党の信条と為れるを。〈請ふ是れより更に憲政発動の起因と政党勃興の淵源を明にせんが為めに、維新初政の形成を叙し、併せて国是の消長する所以を観ん。〉即ち自由党を結成する思想の正系を推詳する所以なり。(一五～一六頁)

注　「自由党史緒論」の文末漢字(天・地・人)は、記事の掲載部分を指し、『自由党史』の文末漢数字は掲載頁を指す。

凡例　傍線は変更箇所、《》は「自由党史緒論」にありながら『自由党史』で削除された箇所、〈〉は『自由党史』で新たに挿入された箇所。

勃興の淵源」を明らかにするために、明治維新について叙述するとしている。

一方、『自由党史』編纂にさいして和田によって加筆・修正がなされたのが、①と②である（類型Ⅳ）。①の「自由党史緒論」では、立憲政治の原点として佐賀の江藤新平が郡県制度の設置と封建制度の全廃を主張したとするのに対して、『自由党史』では、江藤だけでなく、板垣と同じ土佐藩士の大軍監牧野群馬（小笠原唯八・会津戦争で戦死）が郡県制度だけでなく、国会開設を主張したと修正している。

また、②の「自由党史緒論」では、板垣が戊辰戦争の最中に国に殉じたのは三〇〇〇の士族のみで農工商の庶民が逃亡したことから、封建制度の矛盾に気付いて四民平等を主張したとする。一方、『自由党史』では具体的に会津戦争のことと位置づけられ、板垣が五〇〇〇の士族以外は農工商の庶民が逃亡し、会津藩が敗北したのを見て封建制度の矛盾に気付き、四民平等に至ったと加筆された。この会津戦争の記述は軍人であった板垣が四民平等の必要性に覚醒し、土佐藩で四民平等に基づく藩政改革を実施した後、自由民権運動を展開してその指導者へと転身する契機として描かれた重要な事件であった。そして、板垣は明治一四年の東北遊説以降、この「会津開城の逸話」を繰り返し主張しており、「自由党史緒論」などを経て『自由党史』で詳述されたのである(14)。

このように、和田は「自由党史緒論」を『自由党史』で修正するさいに、天皇の権威失墜や明治維新の位置づけ、会津戦争における板垣の四民平等への覚醒などの部分について、削除や重要な加筆・修正を行ったのである。

二　「三大事件史」と『自由党史』の相違点

「三大事件史」は序文に「滄溟」（宇田の号）の署名があり、三大事件建白運動を「創造時代に於ける我党掉尾の運動」と位置づける。(15) その内容は『自由党史』下巻第九編「包囲攻撃の大勢」の第四章「三大事件の建白」、第五章「保安条例」に相当する。(16)「三大事件史」は前半部分の一～九では修正箇所が少ないが、後半部分の一〇～一七、特に、保安条例の発布（一三）やその後日談・背景（一四～一六）にかけて大幅な修正が行われている。以下、表4を中心に特徴的な部分をそれぞれ類型Ⅰ～Ⅳで分析する。まず、「三大事件史」から『自由党史』編纂のさいに削除されたのが表4の②・⑩である（類型Ⅰ）。②は伊藤博文総理大臣が三大事件建白運動に対して総理大臣を辞任するなど譲歩の意思があったとするのに対して、山県有朋内務大臣が武断策を唱えたとする場面であり、⑩は保安条例執行を躊躇する三島通庸警視総監に対して、山県が執行を厳命する場面である。

一方、『自由党史』の⑧では、保安条例発令の日時（二五日→二六日）と東京から追放された民権家の人数（五百七十余名→「六〇〇名」）を「三大事件史」から訂正しており、⑨では、保安条例に従わなかった下獄者一六名を一五名、軽禁錮の年次を三年と加筆・訂正している（類型Ⅱ）。また、『自由党史』の⑨では、建白運動の総代らが鹿鳴館前を護送される無念の情景が加筆された。この保安条例による退去者について、寺崎修氏は国立公文書館の史料などを基に四五一名としており、『自由党史』が誇張したことを指摘しているが、(17) 宇田が「三大事件史」で五百七十余名と誇張した退去者を和田が『自由党史』でさらに六〇〇名と誇張したことが今回の検討で明らかになった。

また、『自由党史』では、③の後藤象二郎の「封事」全文が追加され、中江兆民が執筆したことが補足された（類型Ⅲ）。さらに、「三大事件史」から『自由党史』編纂にさいして、多くの加筆がなされており（類型Ⅳ）、建白運動の総代に会見・対応した逓信大臣榎本武揚や元老院議官鳥尾小弥太・尾崎三良らの名前や行動が加筆されている（④）。

そして、『自由党史』では民権派（特に土佐派の総代片岡健吉ら）が建白運動に賭けた覚悟や尽力を強調する一方（①・⑤・⑥・⑦）、自由党を脱党した大石正巳や末広重恭ら土佐派から政治的距離を置いた人物に批判的である。た

表4　「三大事件史」と『自由党史』の史料対照表

番号	「三大事件史」(一～一七)	『自由党史』下巻
①	当時出京総代《の多数》は皆な同胞姻戚に訣別し郡町村民の盛大なる餞送を受けて郷国を辞し《深く心に決する所あり》必ず上書の目的を貫徹するに非ずんば故なくして復た故土を踏まざるを誓ひ其の京に入るや敢て高談放言の為を学ばず(一〇)	当時〈各県の〉出京総代は皆な同胞姻親に訣別し、郡町村民の盛大なる餞送を受けて郷国を辞し、必ず上書の目的を貫徹するに非ずんば、故なくして復た故土を践まざるを誓ひ、其の京に入るや、〈以為らく、我等は身実に人民の代表者にして、自己一人にあらず、故に一人一個の進退を為すべきにあらずと、悉く一死を分と為し、〉敢て高談放言の為を学ばず(五八五～五八六頁)
②	伊藤の海上に去るや政府の中心主力は山県内務の手に落ちたり、《当時或は伝ふ伊藤已に世論の群興するに遭ひ自ら職責を譲つて民間要求の幾分を容れんとするの意あり、而して山県独り之を不可とし飽まで薩長を連結して草莽の徒を弾圧せんと主張す、内閣の衆議略ぼ之に傾けりと既にして》其武断策は先づ鋒芒を運動会の検束より露出し来れり(一一)	伊藤の海上に去るや政府の中心主力は山県内務の手に落ちたり、〈而し山県の〉武断窠は先づ鋒芒を運動会の検束より露出し来れり(五八九頁)
③	土方事に托して之を拒む後藤遂に懐にせる封事を奉呈して退けり(一二) ＊後藤象二郎の封事は存在せず	土方事に托して之を拒む、後藤遂に懐にせる封事を奉呈して退けり。〈封事は実に中江篤介が後藤の旨を享けて草する所、文章遒勁議論凱切、閥族をして膽を寒うせしむるに足る、今左に其全文を掲ぐ〉(五九二頁) ＊《後藤象二郎の「封事」(五九二～六〇三頁)が続く》
④	普く諸官を歴訪して具さに事情の存ずる所を陳弁し復た之を繰り返へすの余地なし、唯だ内閣首相遠く去て帰り来らず、以て政府の去就を知るに由なしと雖ども、当時元老院議官の大半は寧ろ民意に左袒するの傾向ありと称せられ宜しく時に及んで同院の議決を促がし、而して是に依て内閣の進退を迫るは至当の順序に属せり(一二)	〈総代等は〉普く内閣各大臣、元老院議官、其他朝野の有力者を歴訪して具さに事情の存する所を開陳せるも、内閣大臣に在りては、独り逓信大臣榎本武揚の、総代等を延て密室に会見せる外、悉く面会を拒絶し、毫も民論に耳を傾けず、之に反して元老院議官に在ては、鳥尾小弥太、尾崎三良、中島錫胤、本田親雄等主として総代等の言に傾聴し、往々民意に左袒するの傾向あり、〈就中尾崎三良の如きは、密かに片岡に会見するの約を為せり。故を以て〉宜しく時に及んで元老院の議決を促がし、是に依て内閣の進退を迫るは、〈与論を貫徹するに於て、正に〉至当の順序に属せり(六〇五頁)

⑤	×存在せず（一一）	〈是時に方り島本仲道は更に別方面より三大事件建白の目的を達するの途を講ぜんと欲し、鷲尾隆聚と謀りて東久世通禧を説き、大に画策する所あり、又た山本幸彦は林有造と謀り、日に入京する有志の為めに、屯営の所を設けんと欲し、本所西片町に巨屋を賃して之に充つる等、民間党は百方建白の趣旨を貫徹するに腐心せり。〉（六〇六頁）
⑥	諸県の総代九十余名星亨の邸に会し、伊藤已に帰京せるを以て委員二名を挙げて之に面談し、必らず趣旨を貫徹せんことを決議す、即ち片岡健吉、星亨、其選に当れり、将に来二十六日を刻して倶に相携えて伊藤首相を訪問せんとせる也（一二）	九十余名の総代等相会して委員の人選を行ひ、〈其選まれたる者は相前後して内閣に赴き、伊藤若し面会を拒絶せば、内閣の内に坐して幾日を経るも動かず、警察官来りて、暴力に訴へて之を引致せば、其引致するに任せ、軍隊来りて武器を以て之を掃蕩せば、其掃蕩するに任せ、其総理大臣に面し、人民より委託せられたる建白の趣旨を達するに非ずんば、一歩たりとも其坐席を退かざらんとせるなり。是に於て星は自から大に決する所あり、之を快諾したるも、何故か大石は躊躇して之を肯ぜず、由て総代等は更に次日大に星亨の邸に会し、凝議の結果、〉片岡、星の二人選ばれて委員と為り、二人は将に廿六日を刻して、倶に相携へて伊藤を内閣に訪問せんとす（六〇八頁）
⑦	蓋し当日片岡は侃然伊藤に面争し苟くも建白の意志を徹底するにあらずんば断じて幾日たりとも其座を去らざるを決心し、仄かに之を腹心に告ぐる所ありしといふ（一二）	蓋し当日〈二人の決心の牢き、共に一死を分として、また生還を期せず、〉特に片岡の如きは、其郷を発するの始めに於て既に、建白、抗争の結果、或は獄に投ぜらるゝに至り、専制政府の酷薄なる、為めに毒殺に遭ふが如きことあるも、従容死に就くの覚悟を為し、密かに之を其腹心に告ぐる所あり（六〇九頁）
⑧	奇怪なる紀念を以て政史に印したる明治二十年の十二月二十五日（日曜日）窮鼠却て猫を噛むの時来れり、歳の将さに暮れんとするや天地の積陰凝結して野に青草だもなし、北風街道を吹き沙塵を揚ること十丈、霹靂一声此日午後、忽ち官報号外を以て保安条例なる者を迅下せり、《翌廿六日》政客を都下より放逐すること無慮五百七十余人、実に建白総代の二委員が総理大臣に面議せんとする期と其日を同ふせしなり（一三）	奇怪なる紀念を以て明治の政史に印したる、二十年の十二月二十六日は来れり、正に是れ窮鼠却つて猫を噛むもの、歳の将に暮れんとするや、天地の積陰凝結して、野に青草だも無く北風街道を吹いて、沙塵を揚ぐること十丈、此日午後、霹靂一声、忽ち官報号外を以て保安条例を迅下し、政客を都門より放逐すること、無慮六百人、暴令の発布は実に建白総代の二委員が、総理大臣に面議せんとせる日と其期を同くせり（六〇九～六一〇頁）

⑨	翌二十七日、片岡健吉、西山志澄、武市安哉、山本幸彦、細川義昌、坂本直寛、黒岩成存、今村弥太郎、澤本楠弥、前田岩吉、中内庄三郎、土居勝郎、楠目馬太郎、山本繁馬、溝淵幸馬の十六人各々軽禁錮に処せられたり、而して同志一旦皆な横浜に退くや衆論容易に一定せず（一四）	翌二十七日、片岡健吉、西山志澄、武市安哉、山本幸彦、細川義昌、坂本直寛、黒岩成存、今村弥太郎、澤本楠弥、前田岩吉、中内庄三郎、土居勝郎、楠目馬太郎、山本繁馬、溝淵幸馬の十五人各々軽禁錮三年に処せられたり。〈始め総代等の護送せられて警視庁の監倉に赴くや、時恰も深夜、寒風砂を捲いて、肌まさに劈かるゝもの、如し、途鹿鳴館（今の華族会館）の前を過ぐ、門内車馬絡繹、硝灯煌々として白昼を欺き、音楽舞蹈の声、洋々たり、総代等為めに倍々其感愴を深くせりといふ。〉他の総代並に同志は、一旦皆横浜に退き、前途の方針を議せるも、衆論容易に一定せず（六一九～六二〇頁）
⑩	《或は伝ふ、始め閣議一決して保安条例を発布せんとするや、内務大臣山県は警視総監三島通庸を召し明昏を待たずして執行すべきを命ず。三島逡巡之を難んずるの色あり、山県声を励して曰く、卿若し之を敢てする能はずんば予必ず数隊を帥いて実行せんと、三島終に命を領して去る、而して条例を印刷するに方り深く外聞に漏洩せんことを恐れ、百方苦計の後石川島の監獄に托して刊出せりと云ふ》此の如くにして実施の二十六日に及び三島総監は府下各警察署員を芝公園弥生社に招き（一五）	保安条例実施の日、三島は府下各警察署員を芝公園弥生社に招き（六二四頁）
⑪	当時建白運動に関与せし知名の士にして纔に此奇厄を脱せしは大石正巳、末広重恭等の数人に過ぎず（一六）	当時建白運動に関与せし知名の士は、悉く此奇厄を免るゝ能はず、〈殊に土佐人に至つては馬丁、走卒と雖も、之が羅織を蒙れるに方り、曩きに後藤の提撕を受けて屢々其集会に臨みたる大石正巳、末広重恭の二人が、特に退去者の名簿より漏れて、平然として京に止まることを得たるは、世人の見て以て怪巾に堪へざりし所にして、之が為め甚だしきは二人を目して、政府に通ずるの牒奴と見倣すものあるに至れり、惜む可き夫〉。（六二六頁）

注　「三大事件史」の文末漢数字（一～一七）は、記事の掲載部分を指し、『自由党史』の文末漢数字は掲載頁を指す。

凡例　傍線は変更箇所、《》は「三大事件史」にありながら『自由党史』で削除された箇所、〈〉は『自由党史』で新たに挿入された箇所。なお、人名の明らかな誤りは適宜修正した。

とえば、『自由党史』では当初建白総代を躊躇した大石の代わりに片岡が選ばれたと「三大事件史」の記述に加筆されており（⑥）、保安条例による追放を免れた末広も『自由党史』では大石とともに「政府に通ずるの牒奴（スパイ）」と批判されている[18]（⑪）。こうした『自由党史』における土佐派偏重の三大事件建白運動像は、和田の修正によってさらに強調されたことが明らかになった。

三　「板垣伯辞爵事件史」と『自由党史』の相違点

「板垣伯辞爵事件史」の内容は『自由党史』下巻第九編「包囲攻撃の大勢」の第一章「欧化政略と貴族主義」の後半部分と第二章「板垣辞爵の顚末」の大部分に相当する[19]。筆者の宇田は序文で「当時記者年方さに弱冠、同志の青年に伍し、伯に随ふて阪神より京に入る、親しく辞爵事件の成行を目睹し」たと述べている[20]。一方、宇田は序文で、板垣辞爵事件は「板垣後藤大隈の諸元勲を拉して華族に列し、以て反動の勢力を挫折せんと謀」ったと叙述し、藩閥政府が三大事件建白運動を挫折させる策略として描いた。

次に、「板垣伯辞爵事件史」と『自由党史』の相違点について、表5を参照して分析する（「再辞爵表」は長文のため、⑤〜⑦に分割して掲載した）。

「板垣伯辞爵事件史」から『自由党史』編纂のさいに削除されたのが表5の③・④と、「再辞爵表」の⑤・⑦である（類型Ⅰ）。「板垣伯辞爵事件史」の③では、辞爵事件に関連して板垣批判を行った人物「或人」について、「（記者曰く蓋し伊藤氏を指す）」とわざわざ補足している。この記者は宇田その人であり、伊藤博文が辞爵事件に関連して板垣を批判したことを強調しているが、『自由党史』では削除された。

表5　「板垣伯辞爵事件史」と『自由党史』の史料対照表

番号	「板垣伯辞爵事件史」（一～六）	『自由党史』
①	嚮きに一たび自由党を解いて海南に帰臥せし板垣退助は、股肱の同志と議して東洋貿易商会を創立せんと欲し、月を経て計画漸く熟し、将に自ら阪神の間に出でんとす（一）	嚮きに一たび自由党を解いて海南に帰臥せし板垣退助は、股肱の同志と議して新たに亜細亜貿易商会を創立し、〈一には以て東亜の開発に任じ、一には以て主義の拡張に資せんと欲し、〉月を経て計画漸く熟し、〈左の趣意書を頒布す〉。 〈亜細亜貿易趣意書〉（以下、趣意書・有限責任亜細亜貿易商会仮規則は省略） 而して板垣は将に自から坂神の間に出で、〈大に遊説する所あらんとす、〉 （三八八～四〇六頁）
②	臣素と南海の一民なり、《今ま高爵を辞するも》朴忠自ら許し、君に許し国に報ふるの節を尽すに至ては、決して他人に譲る者に非ず、維新の際東北戡定の功を助けたりと雖、是れ素と陛下聖徳の然らしむる所、陛下先に賜ふに高禄を以てし正四位に叙せられしすら殊遇既に分に過ぎたり、今又貴族に列せらるゝに至ては、衷情実に安ずる能はざるものあり云々（三）	〈辞爵表〉 〈伏して五月九日の勅を奉ず、陛下特に臣を伯爵に叙し華族に列せしむ、天恩の優渥なる臣誠に感愧激切の至りに任へず、直ちに闕下に趨て寵命を拝すべき也、而して臣退て窃かに平生を回顧するに、〉臣素と南海一介の士、朴忠自ら許す、〈常に君に事へて身を忘れ、国に報ひて家を遺る〉、嘗て維新中興の運に会し、錦旗を奏して東北戡定の功を奏すと雖も、是れ皆　陛下威霊の致す所、而して　陛下臣を賞するに厚禄を以てし、並に物を賜ふ事若干、次て参議に任し、正四位に叙せらる、陛下の知遇を受くる已に極まり、〈人臣の栄之に過ぎず、何ぞ図らん今又此の非分の寵命を辱ふせんとは、臣唯惶懼措く所を知らず、抑も臣が身は廊廟を去り江湖に在るも、其夙夜に以て　陛下に報ひ国家に尽すの赤心は、何ぞ曩日に異ならん、一朝事あり闕に詣り　陛下に咫尺して以て臣か説を進むるを得は、臣の願既に足れり、尚ほ何ぞ伯爵に叙し、〉華族に列するの特典を拝するを須ひんや、且臣平生衷に感する所あり、高爵を拝し貴族に班するは、臣に於て自ら安んずる能はす （四一一～四一二頁）

③	斯る改革を企てたるは当時の大政府なりしも、之を遵奉して他藩に率先し断然之を為し遂げたるは高知藩にして、此事に付ては退助も与つて力ありし次第である、然るに或人《記者曰く蓋し伊藤氏を指す》は貴族を嫌ふは王室をも嫌ふの始にして、結局共和政治を欲する者ならん抔とて、頻りに私を傷けんとするが如くなるは甚だ迷惑なる事である(五)	斯く改革を企てたるは当時の大改革なりしも、之を遵奉して他藩に率先し、断然之をなし遂げたるは高知藩にして、此事に付ては退助も与りて力ありしなり、然るに或人は、貴族を嫌ふは王室をも嫌ふの始めにして、結局共和政治を欲する者ならんなど、、頻りに私を傷けんとするが如くなれば、甚だ迷惑なる事と云ふべし(四二一頁)
④	(板垣の演説) 《右の演説は時の半官報たる東京日々新聞に於て、板垣の辞爵を非難罵詈したるに基き反駁を加へたるものにして、而して東京日々は実に主筆福地源一郎が内閣総理大臣兼宮内大臣伊藤博文の頤使を受けたる結果、舞文羅織を事とする機関に外ならず、復た以て政府が如何に板垣の辞爵を頑拒せんとせし乎を知るに足らん。》都下の新聞は板垣の財産を検して、猟犬三匹、家鴨二十羽、猟銃二挺に過ぎずと云ひ之を伝へて其清節清貧、能く富貴人爵に綣恋せざるを激讃せり(六)	(板垣の演説) 〈当時〉都下の新聞は、板垣の財産を検して、猟犬三頭、家鴨二十羽、猟銃二挺に過ぎずと云ひ、之を伝へて其清節清貧、能く富貴人爵に懸恋せざるを激讃せり、(四二四頁)
⑤	睿聖文武皇帝陛下往きには　陛下臣が曾て微労ありしを以て臣に賜ふに華族伯爵の栄を以てす、臣誠惶誠恐感泣の至りに堪へず、然り而して臣窃に考ふるに自ら心に安せざるものあり、是を以て敢て上表して恩命を回へすを請ふて　陛下の威怒を犯すことを憚らず自ら誅俎を分とせり、《陛下深仁深慈独り厳譴を賜はざるのみならず、更る臣に諭して固辞すること勿らしむ、臣実に感激に堪へず、夫れ　陛下仁慈此の如くして臣若し罪を懼れ敢て鄙衷を表陳せざる時は臣は則ち不忠の人たらん、故に今は謹んで誓言を上り以て　聖聴を垂る丶ことを乞ふ》、抑ふ中興維新の偉業の由て成る所を考ふるに是れ固より　陛下聖徳の致す所なりと雖、亦た時を観、勢を察し天下人心の嚮ふ	〈再辞爵表〉 〈臣退助謹言〉 〈往きに上表して伯爵に叙し華族に列するの寵命を辞す、　陛下宣諭慇懃、臣が請を聴さず、〉感恩惟重、泣汗共に下る、〈臣義以て重ねて固辞す可らざるを知る〉、然りと雖も臣が心寔に自ら安んぜざるものあり、敢て斧鉞の誅を犯して区々の微衷を上陳す、臣伏て中興維新の大業由て成る所以を考ふるに、是固より　陛下聖徳の致す所なりと雖も、抑亦天下人心の嚮ふ所に従つて之を済せるに因らざるは無き也(四二四～四二五頁)

	「板垣退助辞爵史」	『自由党史』
	所に従ふて之を済せしに因る也(六)	
⑥	是時臣《適ま》高知藩大参事たり、山内容堂と議して曰く、朝廷若し士族をして旧に依り政事兵役に当らしめんと欲するに、士の等級を廃する《ときは》何を以て黜陟沮勧することを得んや、今《や》士の等級を廃す、是れ必ず《臣が平生抱持する所の》四民平等の制に循はんと《欲するなりと、乃ち》右大臣岩倉具視参議木戸孝允を見て、廟議の在る所を問ふ、二人曰く廟議正さに四民平等の制に循ふに在りと、臣是に於て更に進んで高知藩士族の常職を解かしむることを乞ふて裁可を得、因て直ちに藩士の職を解き、世禄を廃し禄券と為して売買するを得せしめ、実に他の諸藩に率先せり(六)	是時臣高知藩の大参事たり、同僚等と議して曰く、朝廷若し士族をして旧に依り政事兵役に当らしめんと欲するか、士の等級を廃する何を以て黜陟勧懲を為さん、今士の等級を廃す、是必ず四民平等の制には循んと、〈臣等藩知事山内豊範と商量し、其命を以て〉右大臣岩倉具視、参議木戸孝允を見て、廟議の在る所を問ふ、二人曰く、廟議正に四民平等の制を行ふに在りと、是に於て高知藩士族の常職を解き、世禄を廃し禄券と為し、売買を許すの制可を得て、直ちに之を施行す、其事たる寔に他の諸藩に率先せり(四二五～四二六頁)
⑦	然り而して近歳に至り、稍又華族を以て帝室を擁護し、人民に標準たらしめんと欲するの勢を致し、新に爵五等を設け、更に功臣をして華族に列せしめ、特に貲財を賜ひ世々相襲かしむ、《臣誠に恐らくは此れ尤も中興の　聖意に反する無きを得る乎、上下乖隔し官民離違するの弊を馴致するなきを得る乎、又彼の昔日有志の士身を殺し家を滅ぼし王政復古の業を佐けしものに愧るなき乎、臣往昔を憶ひ、将来を思ひ、憂慮措く能はず、》夫れ我邦中古以来、門族政治の禍乱を致せしこと、歴々徴すべし、臣の喋々するを須ひざる也(六)	然而して近歳に至り、又華族を以て皇室を擁護し、人民の標準たらしめんと欲するの勢を致し、新に五等の爵を置き、〈世襲財産の法を設け、〉更に功臣をして華族に列せしめ、特に貲財を賜ひ、世々相襲かしむ、〈臣浅識妄に其是非を判する能はずと雖も、其制度の得失、進退の当否、陛下の最深く省察を加へられんことを冀ふ、〉夫れ我邦中古以来、門閥の禍乱を致せしこと、歴々徴すべし、何ぞ復た臣の喋々を須ひんや(四二六～四二七頁)

注　「板垣退助辞爵史」の文末漢数字(一)は、記事の掲載部分を指し、『自由党史』の文末漢数字は掲載頁を指す。
凡例　傍線は変更箇所、《》は「板垣伯辞爵事件史」にありながら『自由党史』で削除された箇所、〈〉は『自由党史』で新たに挿入された箇所。

一方、⑤は板垣の「再辞爵表」の冒頭部分であり、「板垣伯辞爵事件史」では板垣が明治天皇に「再辞爵表」を提出しなければ「不忠の人」となるとして、提出のやむを得ない事情を強調している部分であるが、『自由党史』では削除された。そして、「板垣伯辞爵事件史」には「再辞爵表」の文字や板垣の署名、『自由党史』に存在する「往きに上表して伯爵に叙し華族に列するの寵命を辞す、陛下宣諭慇懃、臣が請を聴さず」の文言が存在しておらず、これらは『自由党史』で補足されたことが分かる。

また、⑦は板垣が「再辞爵表」で華族制度の創出について明治天皇に中世以来の門閥による争乱の事例を挙げて再考を求める部分である。「板垣伯辞爵事件史」では、「尤も中興の　聖意に反する無きを得る乎、上下乖隔し官民離違するの弊を馴致するなきを得る乎、又彼の昔日有志の士身を殺し家を滅ぼし王政復古の業を佐けしものに愧るなき乎」と、板垣が維新中興の聖意や王政復古のために死んだ志士に対して背くものではないかと明治天皇に厳しく反省を迫る内容が『自由党史』では削除されている。再度辞爵する板垣が明治天皇に厳しく反省を迫るのは不自然であり、板垣が後年刊行した『一代華族論』の「再辞爵表」にもこの部分の記述は存在しない[21]。つまり、この部分は宇田による創作の可能性が高く、和田によって削除されたものと考えられる。

表5の①は、明治二〇年五月に板垣が亜細亜貿易商会を設立したさいの記述であり、「板垣伯辞爵事件史」にはない「亜細亜貿易趣意書」や「有限責任亜細亜貿易商会仮規則」が『自由党史』では掲載されている（類型Ⅲ）。宇田は「板垣伯辞爵事件史」を執筆した時点で、亜細亜貿易商会を東洋貿易商会としており、その正式名称を把握していなかった。また、宇田が「亜細亜貿易趣意書」や「有限責任亜細亜貿易商会仮規則」についても入手していなかった可能性が高い。これについても、和田が「板垣伯辞爵事件史」を修正し、『自由党史』で補足したと考えられる。そして、『自由党史』では亜細亜貿易商会の目的についても「一には以て東亜の開発に任じ、一には以て主義の拡張に資せん」と補足された。

一方、「板垣伯辞爵事件史」から『自由党史』で修正されたのが、②・⑥である（類型Ⅳ）。②の「板垣伯辞爵事件史」は「辞爵表」の要約であり、細部も異なるが、『自由党史』の「辞爵表」では全文を引用している[22]。また、「再辞爵表」の⑥は、板垣が明治三年の高知藩大参事時代における藩政改革を回顧した部分である。「板垣伯辞爵事件史」では板垣が藩政改革を議論した相手が、土佐藩前藩主の山内容堂となっているが、『自由党史』では同僚と議論した後、藩知事山内豊範と「商量」してその命を受けて実行したとされている。山内容堂は藩政改革の二年後である明治五年に死亡しており、和田三郎が「板垣伯辞爵事件史」の記述を修正したことが分かる。

四　「板垣伯辞爵事件史」掲載の政治的意図と『自由党史』による修正

「板垣伯辞爵事件史」の叙述は『自由党史』の段階で「亜細亜貿易趣意書」が追加される一方、天皇批判と見なされかねない部分については、『自由党史』で削除されたことが分かった。「板垣伯辞爵事件史」が修正された背景には、『土陽新聞』に掲載された明治四〇年が板垣の「一代華族論」をめぐる論争と時期的に重なっていたという事情があった。

明治四〇年二月、板垣退助は世襲華族廃止の「意見書」を発表した。この「意見書」は、明治維新によって四民平等を達成したにもかかわらず、一君と万民の間に華族のような中間階級を設けることに反対し、国家に功績のある人物に対して爵位を授与するさいは一代限りとし、世襲を認めないとするものであった(23)(「一代華族論」)。そして、板垣はこの「意見書」を全華族八五〇名に送付したが、回答者はわずかに三七名であり、賛成者一二、賛否を明言しない者一八、反対者七名という結果に終わった(24)。

一方、『土陽新聞』主筆・宇田友猪は二月一四日、同紙上に板垣の「意見書」を掲載してこれに全面的に賛同した(25)。そして、宇田は板垣の「意見書」を「一代華族論」ではなく、華族制度廃止論であると推測した上で、華族・士族といった族称も全廃する板垣より急進的な解釈を述べたのである。[26] その上で、宇田は二月一六日に「板垣伯辞爵事件史」を『土陽新聞』に掲載して次のように主張した。[27]

星霜転移し、二十年後の今日、早くも辞爵事件の何たるやを忘れ、或は伯今回の提議が卒然崛起せしものと速了するなきを必せず、因て『自由党史稿本』第十四巻中より抜摘して該事件の始末を公にする事と為しぬ、且以て伯の始終一貫の赤誠を看取するに足らん（滄溟しるす）

このように、宇田が「板垣伯辞爵事件史」を『自由党史』稿本から抜摘して『土陽新聞』に掲載したのは、板垣の「一代華族論」が明治二〇年の板垣退助辞爵事件以来、「始終一貫の赤誠」であることを示すためであり、これを正当化する政治的意図があった。一方、「板垣伯辞爵事件史」の天皇に関する叙述を削除したのが和田三郎であった。

和田は当初、『自由党史』の刊行にあたって、『自由党史』の天覧に重きを置かなかったが、「自分が板垣伯の命によりて、滄溟兄の後を襲ふて、自由党史の編纂に従事して居る内に、自分は幾度か、此書物こそは出来る事ならば天覧に供し奉り度きものである」と考えるようになったとする。[28] その理由として、和田は明治天皇に自由党の「先輩志士のこの苦心を諒として戴き度い、官憲の名によつて誤り伝へられて居る当時の実情に就て御明察を仰ぎ度い」という想いを挙げている。

板垣も『自由党史』の天覧を強く意識しており、『自由党史』天覧の翌日に病床の中で「万一不敬の文字があつてはならぬと思ひ、既に幾度も目を通した事なれ共、猶始めより改めて悉皆目を通して居る」として、『自由党史』上巻の三分の一を読了していた。[29] 和田は「自由党史には不敬に亘るやうな文字は一も無い。それかと謂つて又た皇室に媚び諛つた箇所は微塵も無い」と強調しているが、『自由党史』における天覧の可能性が和田による天皇に関する記述の修正、削除につながったといえよう。[30]

おわりに

本章では、宇田の『自由党史』稿本（「自由党史緒論」・「三大事件史」・「板垣伯辞爵事件史」）が『自由党史』の編纂過程でどのように削除（類型Ⅰ）・訂正（類型Ⅱ）・新史料の追加（類型Ⅲ）・修正（類型Ⅳ）されたかを検討した。その結果、本章では宇田の『自由党史』稿本がそのまま『自由党史』となったのではなく、和田によって削除や訂正、追加、修正が行われたことが明らかになった。

本章では、まず「自由党史緒論」と『自由党史』を比較し、『自由党史』では天皇の権威に配慮した削除を行う一方、明治維新の位置づけを修正し、板垣の会津戦争体験から四民平等に基づく藩政改革を経て自由民権運動に至ったとする重要な「会津開城の逸話」をより詳しく記述したことを指摘した。

そして、「三大事件史」と『自由党史』を比較・検討し、『自由党史』では保安条例の日時や追放された民権家の人数が訂正される一方、山県有朋や伊藤博文らに関する記述が削除されたことが判明した。遠山氏は『自由党史』の限界として、「板垣ら土佐派の活動にもっぱら重点がおかれている点」を指摘しているが、(31)本章によって、『自由党史』では「三大事件史」に存在しなかった片岡健吉ら土佐派の活躍が加筆される一方、大石正巳や末広重恭ら土佐派から距離を置いた人物への批判が加筆されたことも解明した。

さらに、「板垣伯辞爵事件史」の記述は『自由党史』の段階で宇田による事実誤認の部分を修正し、「亜細亜貿易趣意書」を追加するなど大幅に加筆・修正されたことが分かった。一方、板垣退助が明治天皇に提出した「再辞爵表」に関する「板垣伯辞爵事件史」の記述は、天皇批判につながりかねない部分があったため、削除されたのである。その背景には、板垣や和田が『自由党史』における天覧の可能性を強く意識しており、和田による天皇に関する記述の削除につながったといえよう。

つまり、宇田の『自由党史』稿本は土佐派の歴史観が反映される一方、藩閥の伊藤博文や山県有朋らを批判するだけでなく、華族制度批判を強めたために明治天皇への批判につながりかねない内容であった。これに対して、和田は『自由党史』で土佐派の活躍をさらに強調して加筆・修正する一方、明治天皇に対する批判的な叙述は削除したのである。こうした加筆・修正や削除は『自由党史』の本質に関わる部分であり、その意味で和田による修正は重要であったといえよう。

註

(1)『憲政党党報』四巻四四号、明治三三年九月二五日。
(2)遠山茂樹「解説」(板垣退助監修、遠山茂樹・佐藤誠朗校訂『自由党史』下巻〈岩波文庫、一九五八年〉四三一〜四三六頁)。
(3)公文豪「滄溟・宇田友猪の生涯と業績」(宇田友猪著、公文豪校訂『板垣退助君伝記』第一巻〈原書房、二〇〇九年〉九〜一〇頁)。
(4)真辺将之「老年期の板垣退助と大隈重信」(『日本歴史』七七六、二〇一三年)。
(5)安在邦夫「『受爵』をめぐる板垣退助の言動と華族認識」(安在邦夫・真辺将之・荒船俊太郎編著『明治期の天皇と宮廷』〈梓出版社、二〇一六年〉所収)。
(6)本章は拙稿「『自由党史』の編纂方針と記述の変容」(羽賀祥二編『近代日本の歴史意識』〈吉川弘文館、二〇一八年〉所収)の一部である。拙稿では『自由党史』の編纂過程に宇田の『自由党史』稿本を位置づけた上で、両者のテキスト分析によってその相違点を検討した。併せて参照されたい。
(7)『土陽新聞』明治三五年五月二九、三〇、六月一日号「自由党史緒論」天・地・人。
(8)『土陽新聞』明治三九年一一月三、七、八、九、一〇、一一、一三、一四、一五、一六、一七、一八、二〇、二一、二二、二三、二五日号「三大事件史」一〜一七。

（9）『土陽新聞』明治四〇年二月一六、一七、一九、二〇、二二、二三日号「板垣伯辞爵事件史」一〜六。
（10）宇田友猪「自由党史稿本告成作短歌」（『滄溟集』第六巻所収、東京大学大学院法学政治学研究科附属近代日本法政史料センター明治新聞雑誌文庫所蔵）。
（11）『土陽新聞』明治三五年五月二九日号「自由党史緒論」天。
（12）板垣退助監修、宇田友猪・和田三郎編纂『自由党史』上巻（五車楼、明治四三年）一〜一六頁。
（13）『日新真事誌』明治七年一月一八日号。同誌に掲載された「民選議院設立建白書」と比較すると、『自由党史』の削除は明らかである。
（14）拙稿「板垣退助と戊辰戦争・自由民権運動」（『歴史評論』八一二、二〇一七年）。
（15）『土陽新聞』明治三九年一一月三日号「三大事件史」一。
（16）前掲註(12)『自由党史』下巻、五四〇〜六三二頁。
（17）寺崎修「保安条例の施行状況について」（手塚豊編著『近代日本史の新研究』Ⅸ〈北樹出版、一九九一年〉二一四〜二一五頁）。
（18）真辺美佐氏は末広が『自由党史』で政府寄りの人物としてきわめて低い評価を与えられている点について、議会開設後に末広が自由党と袂を分かったために、自由党関係者が末広に悪感情を抱いていたこと、『自由党史』刊行の時点ですでに末広が死去していたことなどが背景にあったとしている（真辺美佐『末広鉄腸研究』〈梓出版社、二〇〇六年〉七〜九頁）。
（19）前掲註(12)『自由党史』下巻、三八八〜四二八頁。
（20）『土陽新聞』明治四〇年二月一六日号「板垣伯辞爵事件史」一。
（21）板垣退助「再辞爵表」（板垣『一代華族論』〈社会政策社、大正元年〉所収）。
（22）前掲註(12)『自由党史』下巻、四一一〜四一三頁。
（23）前掲註(21)『一代華族論』一〜一七頁。板垣の「一代華族論」については、前掲註(4)真辺「老年期の板垣退助と大隈重信」五五〜五七頁、板垣と谷干城の華族制度をめぐる論戦については、「一代華族に就ての論戦」（日本史籍協会編『谷干城遺稿』四〈東京大学出版会、一九七六年覆刻〉六九二〜七二三頁）を参照。
（24）前掲註(21)『一代華族論』一八〜二三頁。
（25）『土陽新聞』明治四〇年二月一四日号社説「板垣伯の華族制廃止意見書」。

(26)『土陽新聞』明治四〇年二月一五、一七日号社説「板垣伯の偉挙」前・後。
(27)『土陽新聞』明治四〇年二月一六日号「板垣伯辞爵事件史」一。
(28)和田三郎「自由党史の天覧に就て」上(『土陽新聞』明治四三年五月二一日号)。
(29)和田三郎「自由党史の天覧に就て」中(『土陽新聞』明治四三年五月二二日号)。
(30)和田三郎「自由党史の天覧に就て」下(『土陽新聞』明治四三年六月七日号)。
(31)前掲註(2)遠山「解説」四三二頁。

第四章　土佐派の「明治維新観」形成と『自由党史』

――西郷隆盛・江藤新平像の形成過程を中心に――

はじめに

『自由党史』は明治四三（一九一〇）年に板垣退助監修、宇田友猪・和田三郎編纂によって刊行され、自由民権運動研究において重要な位置を占めてきた。土佐派はどのような歴史観の下、自由民権運動を把握したのか。著者はこの点を考察する格好の材料こそ、土佐派の編纂した『自由党史』であると考える。

たとえば、『自由党史』上巻巻頭口絵には、自由民権運動関係者の肖像画・写真と史料が掲載されている(1)。まず、一頁に西郷隆盛の肖像があり、二頁に板垣退助の写真が、三頁に後藤象二郎の写真が続いている。そして、西郷・板垣・後藤以降は一頁に二名の写真が掲載されており、副島種臣・江藤新平が四頁、福岡孝弟・由利公正が五頁に掲載されている。こうした写真の順序は『自由党史』における登場人物の序列を示しているが、なぜ自由党総理の板垣ではなく西郷が冒頭の位置を占め、副島・江藤が後藤に続いているのであろうか。

こうした西郷への優遇は写真の順番にとどまらない。『自由党史』では、西郷の書簡が上巻巻頭口絵に史料として掲載され、本文中でも西郷の書簡を引用して明治六年政変について叙述がなされている。明治一〇年代以降の自由民権運動に関わることなく、世を去った西郷がなぜ『自由党史』で大きな位置を占め、高く評価されているのだろうか。また、『自由党史』は後述するように、明治六年政変を重視した記述を行っているが、なぜ『自由党史』は明治維新から明治六年政変の経過を重視したのか。こうした背景にある土佐派の「明治維新観」とはどのようなものであったのか。

以上のような問題関心と疑問を踏まえ、本章では以下の課題を設定する。第一に、『自由党史』における西郷隆盛・江藤新平に関する叙述を検討した上で、『自由党史』に至るまでの西郷・江藤に関する土佐派の歴史叙述の変遷を検討する。第二に、第一の検討結果を踏まえた上で、土佐派の歴史編纂事業を検討し、『自由党史』における西郷・江藤像形成の歴史的背景を明らかにする。その上で、西郷・江藤像の形成につながった土佐派の「明治維新観」の特徴について指摘することとしたい。

一　『自由党史』における西郷隆盛像

本節では、西郷隆盛がどのように『自由党史』で叙述され、その叙述はどのような変遷を経て形成されたのかを表6を参照しつつ、検討する。(2)

まず、板垣退助と西郷の明治六年政変に至る「提携」関係の成立（表6―1）について検討する。(3)『自由党史』では、板垣が政府部内の腐敗に落胆する西郷を説得、意気投合し、互いに同志として征韓論を実行していく経緯が「西郷面色火の如く、身戦き、座為めに震ふ。語の了るを俟ち、声を励まして曰く『板垣サンやりませう』」と劇的に描かれている。この部分は『自由党史』の中できわめて重要な部分である。なぜならば、この叙述に続いて明治六年七

表6　『自由党史』に至る西郷隆盛に関する記述の変遷

記述に変更がみられる箇所	1　山城屋和助事件を経て政府改革、征韓のため板垣と西郷が提携する場面(明治六年カ)	2　明治六年政変後、西郷と板垣の提携関係が冷却化する場面(明治六年一〇月以降カ)	3　2の続き、西郷が民撰議院設立に賛成する場面(明治六年一〇月以降カ)	4　佐賀の乱直前、林有造が西郷に挙兵を勧める場面(明治七年一月カ)
①「林有造氏履歴」(国立国会図書館憲政資料室所蔵「憲政史編纂会収集文書」七二一、明治一五年)	×	×	×	西郷氏曰、木戸氏吾レヲ悪ムコト久シ、然ニ今日土国ト合セハ木戸氏吾レヲ征スル志シ不立、請フ、貴君ハ板垣氏ヲ勧メ木戸氏ヲ鼓動シ吾ヲ征セシメンコトヲ、政府手ヲ下シ吾ヲ責ム、吾レ怒ル、国中ノ有志士怒リ防戦セン、戦事ニ至リテハ吾方略定ル矣、戦時ニ至ル後事ヲ供ニスルモ可ナリ、又政府ヲ保助スルモ可ナリ。余曰、貴君木戸氏ヲ見ル熟セリ、余輩木戸氏ト論ヲ異ニス、然ルヲ木戸氏ヲ進メ貴君ヲ征セシムベケンヤ。併シ貴君ノ言余ハ傲慢ニ過ルナリト思考ス。
②「国会論ノ始末」(『自由新聞』明治一七年二月五日号社説)	×	×	此ノ建白ノ稿ノ成ルヤ、板垣君ハ別ニ一本ヲ写サシメ特ニ林有造氏ヲシテ之ヲ携ヘテ鹿児島ニ赴キ西郷隆盛君及ビ桐野利秋君等ニ示サシメラレタリ。西郷君等ハ因テ林有造氏ニマデ答ヘテ、御建白ノ趣ハ至極当然ノ儀	

	③坂崎斌『林有造氏旧夢談』(嵩山堂、明治二四年)
	×
	×
ト存ジ候、然レドモ天下ノ事ハ議論ノミニテハ行ハル可ラザル儀ニ候ヘバ、僕等ノ考ニテハ先ヅ腕力ヲ用ゐテ然ル後チ此事成ル可シト存ジ候トノ旨ヲ以テセラレタリト云フ。吾人ハ蓋シ聞ク、明治十年西郷隆盛君等敗ル、ニ及ンデ桐野利秋君ノ書類ヲ検シタルニ、亦タ立憲政体ヲ設立スル云々ノ語アリタリト。(中略)蓋シ木戸君及ビ西郷君ノ如キハ、流石ニ維新ノ初其ノ経綸ノ間ニ労セラレタルコトノ甚ダ厚カリシノ故ヲ以テ、常ニ公議輿論ノ中興維新ノ政府ニ於ケルノ由来ヲ記シテ忘レラレズ、躍然トシテ其前ニ在リテ民選議院ノ説ノ如キモ其心ヲ動カスコト亦タ自カラ甚ダ切ナル者アリタル歟、誠ニ維新中興ノ元勲タルヲ辱メラレズト謂フ可シ。	×
×	翁(西郷)大笑善と称し、始て胸襟を披きて談ずること数刻に及ぶ。翁の曰く、木戸氏我を悪むこと久し、然るに今ま我れ土佐と合せバ木戸氏決して我れを討つ能ハず、故に君にハ板垣氏に説き、木戸氏を煽動して我を征

				討せしめよ、政府先づ手を下し我を撃つ、我乃ち怒る、薩摩国中の志士皆怒て防戦せん、戦に至りてハ則ち我略已に定れり、戦端開けし後にハ君と事を共にする可なり、君が或は政府を助くるも亦可なりと。余曰く先生の木戸氏を見る頗る悉せり、僕輩固より木戸氏と其の意見を異にす、何ぞ木戸氏に加担し先生を征せんや、余を以て之を見れば、先生の言傲慢に過ぐるに似たりと。翁敢て答へず（四頁）。
④板垣退助伯談「自由党創立に係る実歴」（『太陽』六巻一号、明治三三年一月三日）	×	×	当時余は西郷の帰国に先つこと一夕、之と西郷の宅に会合して、民選議院の自説を話せしに、西郷は「御同意であるが、天下の事は議論のみにて行はれず、寧ろ我々が政府を取つてから行ふがよいと云ふた、夫れを「国会論之始末」と云ふ書中に、林有造を鹿児島に遣つて之を告げたとあるは、全くの誤聞である、	×
⑤「板垣翁伝記原稿」（高知県立図書館所	⑤余は為めに蹶然起ちて老西郷を訪ひ、我々戊辰の役の死者に対して何の面目ある、決して一	×	×	×

蔵坂崎家文庫K二八九—イタ) ⑤—②「坂崎紫瀾の原稿」(K九一三—サカ)	身の安を思ふへきにあらす云々。西郷も余に同意し、同行して伊地知を問ひ談合して是非余に之を打ち出せと云ふ。 ↓⑤—②直くに西郷の宅を叩いて之を西郷に語ると、西郷も大息して「私も此の時世がイヤになつた、北海道でも帰農しやうかと思ひます」と、余は熱心に其の不可を争つた末に「西郷さん夫れでは九段の招魂社に祭つてある同志の霊に済まんではありませんか」と、西郷は深く之に感激した様にて満面火の如く身をふるはして「板垣遺りませう」と云つて(後略)			
⑥『自由党史』上巻(明治四三年、五車楼)	板垣は遂に黙視する能はずと為し、一夕往て西郷を薬研堀の邸に訪ふ(中略)西郷曰く、予は今日の時世に厭きたり、故に北海の地に退隠して老を養はんと欲すと。板垣切に其不可なるを説き、曰く、今日の腐敗、堕落を一掃するの責任は我徒これを負はざる可らず。回顧すれば曩に維新の大業に当り、志士の身命を擲ちし所以のもの、豈今日あるを予期せんや。(中略)今日の	依て予、君に嘱する所あり。従来君と予とは、志を同ふし、相信じて渝らず。故に今後と雖も、互に心を許し、善悪共に行動を一にするを約せんと。西郷大笑して曰く、君と予と相協力せば、天下に敵する者無けん。これ実に、政府に対するに於て、策の得たるものに非ず。故に予は啻に君の予を助けざるを望むのみならず、予に反対するも亦た憾む所にあらず(中略)。	斯くて板垣は更に西郷に告ぐるに、民選議院の設立を以て畢生の業と為すべきを以てしたるに、西郷は鼓掌して之を賛し、且つ曰く、予は言論を以て此目的を達し得べしと信せず、如かず、自から政府を取て、然る後ちにこの未曾有の盛事を行はんにはと。世或は西郷を以て武断家の亜流と為す者ありと雖も、此一事に徴すれば、彼も亦た民選議院論者の一人にして、たゞ	林意を決して切に挙兵を共にせんことを謀る。西郷曰く、斯の如きは策の得たるものにあらず、抑も木戸は予を殺さんと欲するも、土佐の予を助くるを恐れて敢て発せざるのみ。是故に予の切に足下に望む所は、土佐が木戸を助けて之を慫慂し、以て其手を予に加ふるに至らしめんこと是なりと。林之を峻拒し、且曰く、閣下の如きは之を称して驕兵といふ、兵驕る者は

	計を為す須らく不逞を糾弾し、仮借する所無かるべしと。熱情面に顕はれ、悃誠至らざるなし。西郷面色火の如く、身戦き、座為めに震ふ。語の了るを俟ち、声を励まして曰く『板垣サンやりませう』と。一語金鉄よりも重し。爾来二人志を同ふし、往来画策する所あり(四七〜四八頁)。	板垣之を聞て、西郷の慢心茲に至るかと為し、為めに長大息を禁する能はず(七四頁)	其執る所の手段を異にせるのみ(七四頁)。	克たざるなり、閣下願くは三思せられよと。而かも西郷は徒らに前言を繰返すのみ、議終に合はず(一九五頁)。

＊凡例　傍線部は『自由党史』(初版本)に至る記述の異同事項、×はその史料に記述がないことを示す。なお、記述の変更箇所の年月は『自由党史』に記述がないさいは「〇年〇月ヵ」とした。

月二九日から九月三日にいたる板垣退助宛西郷隆盛の書簡（合計七通）が『自由党史』の文中に全文引用され、明治六年政変の経緯が説明されているからである。(4)

では、『自由党史』に至る叙述はどのように変遷し、形成されたのか。この記述は⑤で初めて登場し、「西郷も余に同意し」と簡単に記されていた。ところが、⑤―②では、「西郷は深く之に感激した様にて満面火の如く身をふるはして『板垣遣りませう』」へと大きく脚色され、さらに『自由党史』では「西郷面色火の如く」、「板垣サンやりませう」という形に改変されて、劇的な形で西郷―板垣の「提携」関係が成立したとされている。

次に、西郷と板垣の「提携」関係の冷却化（表6―2）について検討する。西郷と板垣の強固な「提携」関係が冷却化した理由は、『自由党史』では鹿児島に帰る西郷が板垣に語ったとされる「故に予は啻に君の予を助けざるを望むのみならず、予に反対するも亦た憾む所にあらず」などの言葉であり、板垣はこれを聞いて「西郷の慢心茲に至るか」と西郷の慢心を嘆き、両者の関係が冷却化したとされている。

しかし、この表現は表6―2で明らかなように、それ以前に類似した叙述は管見の限り見られない。つまり、この叙述部分は『自由党史』で創出されたものであり、強固であったはずの西郷＝板垣の「提携」関係がなぜ突然冷却化したのか、その原因を読者に説明するために、西郷の慢心という話が創作されたと考えられる。

次に、西郷隆盛が「民選議院論者」として描かれた叙述の変遷（表6―3）を検討する。『自由党史』は西郷を「彼も亦民選議院論者の一人」と描いているが、西郷を「民選議院論者」として描く傾向は土佐派の歴史編纂の中でかなり早い時期から見出すことが可能である。この記述は②では、板垣が林有造を派遣し、西郷や桐野利秋が建白は至極当然であるが、「先ヅ腕力ヲ用ゐテ然ル後チ此事成ル可シト存ジ候」と述べたとされ、城山陥落後に桐野の書類から立憲政体樹立云々の語が発見されたとしている。しかし、板垣の回想談である④では、林有造を鹿児島に派遣した話は否定され、桐野の話も消滅しており、基本的には④が⑥の『自由党史』へと継承された。(5) しかも、『自由党史』では、西郷が「民選議院論者の一人」であると強調、修正されるのである。

最後に、林有造が西郷に挙兵を勧める場面を検討する（表6―4）。『自由党史』の叙述では、西郷は「土佐が木戸を助けて之を慫慂し、以て其手を予に加ふるに至らしめんこと是なりと」と発言したことになっている。この発言も土佐派の歴史編纂の中で早い時期から見出すことができる。具体的には、①・③で西郷が後事を共にするも、政府軍を援助するもどちらでもよいと林に発言したのに対し、⑥では木戸孝允と共に薩摩を攻撃するよう示唆する表現へと変化しており、より西郷の「傲慢さ」を強調する内容となっている。

このように、本節では、『自由党史』で特徴的な西郷に関する四つの叙述とその変遷を見てきた。その結果、『自由党史』の西郷像には、『自由党史』やその前段階の坂崎による「板垣翁伝記原稿」などの執筆段階で「創出」された西郷像（表6―1・2）と、明治一〇年代より『自由党史』刊行に至る段階までに加筆・修正された西郷像（表6―3・4）があることが分かった。そして、土佐派は明治一〇年代から「民選議院論者」西郷を描く一方、『自由党史』刊行やその直前に征韓論の発端を板垣＝西郷の「提携」関係に求める叙述を追加・修正したことが判明した。では、征韓論の発端を西郷＝板垣の「提携」関係に求める叙述はどのように形成されたのか。これについては次節で検討する。

二　土佐派の史料収集と西郷隆盛像の形成

本節では土佐派が西郷との関わりを重視して『自由党史』を編纂した背景について考察したい。まず、明治一〇年代において、土佐派による西郷評価は分かれていた。第一が、西郷＝逆賊説である。板垣退助は「今回の挙（西南戦争）たるや、大義を失ひ名分を誤り、実に賊中の賊なる者にして前の江藤前原が輩より数等の下級に位せり」と述べ、西郷を批判したことが報道されている(6)。

第二が、西郷＝抵抗者説であり、植木枝盛の「何ヲカ国賊ト云フ乎」に代表される。植木は、「政府ニ敵シ官兵ニ抗スル而已ニシテ、賊ヲ為サヾリシ也」と述べて、西郷らは賊ではなく、政府に敵対した人物に過ぎないと論じ、政府に敵対することは賊であるという「卑屈」の風潮を批判した(7)。

第三が、西郷＝「民選議院論者」説であり、大政奉還から自由党創設までの歴史を回顧した「国会論ノ始末」に代表される。この「国会論ノ始末」では前述のように、西郷が民選議院設立に賛成であったとの説が初めて登場しているが、こうした「民選議院論者」である西郷像は『自由党史』にも継承されるなど、土佐派をはじめとする自由党系に特徴的なものであった。(8)このように、明治一〇年代における土佐派の西郷像は、西郷が民選議院設立に積極的だったと評価する説の一方、西郷＝逆賊説や西郷＝抵抗者説など、多様な意見があったといえる。

しかし、明治二〇年代以降、土佐派による西郷像は大きく変容し、西郷を顕彰する動きが強まっていく。中江兆民は「凡派の豪傑非凡派の豪傑」で西郷を非凡派の豪傑とし、当時流布した西郷生存の伝説を「人心厭倦の極虚伝とは知りながら、想像を以て想像を怡ばして、姑く自ら慰むるには非ざる耶」と述べて、平凡な日本の現実への失望に対して、西郷を抵抗のシンボルとして捉えた。(9)また、曾田病鶴（本名曾田愛三郎・島根県出身で『自由新聞』・『自由平等経綸』記者）も「西郷復活論」でロシア皇太子の訪日にさいし、西郷復活論が高まる背景をその人望と東洋問題の切迫にあると分析している。(10)

こうした中で編纂されたのが坂崎紫欄（斌）による前述の『林有造氏旧夢談』である。(11)これは、明治一〇年の西南戦争にさいし、西郷に呼応して蜂起を計画した林有造が明治一五年に岩手県の獄舎でまとめた手記を、坂崎が明治二四年に編集して回顧録として出版したものである。林が西郷と面会する場面から始まり、蜂起計画の策定とその露見、取り調べと逮捕拘留を経て、林に対する刑の言い渡しと老母との別れまでを描いている。

明治二六年九月には栗原亮一・宇田友猪による『板垣退助君伝』第一巻が刊行された。(12)前述したように、『板垣退助君伝』第一巻は特に板垣の討幕における貢献を賛美し、「維新の元勲」として西郷との友好関係を強調している点が注目される（第Ⅱ部第一章第三節参照）。

では、明治二〇年代において土佐派の中で西郷が評価されていった背景には何があったのか。まず第一に、明治二二年の大日本帝国憲法発布とそれに伴う西郷らへの恩赦によって西郷の顕彰を妨げる制約が解けたことが重要と考えられる。また、明治二四年四月以降、いわゆる西郷伝説が広まったことも見逃せない。これは、河原宏氏によると、明治二四年のロシア皇太子ニコライの訪日（同年五月一一日には大津事件が発生）、すなわち、ロシアという対外的脅威への恐怖に基づくものであり、西郷の生死自体よりも、西郷の生存を信じたいという心理的事実に基づく伝説であるとされる。(13)

しかし、より重要な点は自由党系の西郷顕彰の動きに先行して、土佐派の「明治維新観」が形成されはじめた点にあると考えられる。植木枝盛はすでに明治一〇年に発表した「極論今政」で有司専制を批判し、民撰議院の設立、君民共治の政体樹立を主張したが、その中で明治維新が「公論の力」で実現したものの、廃藩置県以降、武断専制へ逆行したとの歴史観を示している。(14)

こうした歴史観が体系化され、土佐派が「明治維新観」について具体的に明らかにしたのが、明治二一年に『東雲新聞』に発表された栗原亮一の「維新革命の精神」であった。(15)栗原は明治維新の精神を「世襲門閥の制を廃し、封建割拠の弊を破り、武断専制の政を改め、公議輿論の勢を張るに在」ったとする。つまり、「公議輿論の勢」こそ明治維新の精神と捉えたのである。しかし、この「公議輿論」は廃藩置県以降、衰退したとされており、この部分は前述の「極論今政」と共通している。

さらに、明治二五年六月には、板垣退助の「新陳代謝論」が発表された。(16)板垣は明治維新が「新陳代謝の道理に成る者」とし、「我国に於ける立憲政体の精神は既に維新改革の際に胚胎せり」と論じた上で、立憲政体の今日においても、選挙干渉や政権居座りを図る藩閥政府を、新陳代謝にもとると批判している。また、明治二六年九月には、板垣が「我党之方針」を発表し、第五議会に向けた自由党の方針を表明した。(17)その中で、板垣は明治維新から第四議会までの自由党の歴史を回想した上で、明治維新について「我同志数輩ハ曩キニ朝ニ立チ、維新改革ノ精神ニ基キ、欧米政治ノ学説ニ則リ、封建世襲ノ制ヲ廃シ、四民平等ノ風ヲ興シ、以テ立憲政体ヲ創設」したが、「廃藩置県ノ後ヲ承ケ漸ク中央集権ノ勢ニ傾キ、奢侈逸楽ノ風ヲ成シ、維新改革ノ精神ハ衰耗シ（中略）、遂ニ此際征韓論ノ為メニ我同志数輩ハ袖ヲ聯ネテ職ヲ退キタリ」と回顧している。つまり、板垣は「維新改革ノ精神」に基づく諸改革が行われ、立憲政体の創設へと努力したものの、廃藩置県を契機に中央集権が行われ、政府の中で「維新改革ノ精神」が衰退したと考えたのである。そして、征韓論を契機にして板垣らは在野に転じ、民選議院の設立から自由民権運動へとつながったと論じたのであった。

次に、明治三〇～四〇年代における西郷像の形成について考察していきたい。明治三一年一二月、上野公園に西郷隆盛銅像が建設され、翌年九月に鹿児島城山の岩崎口に「南洲翁終焉之地」の記念碑が完成するなど、西郷の顕彰は進んでいった。だが、決定的な出来事は明治四三年八月二二日の韓国併合に関する日韓条約調印である。この韓国併合により、西郷は大陸進出の「先駆」として顕彰されていった。九月二四日には韓国併合を記念し、政教社同人の南洲三三回忌（西郷隆盛奉告祭）が開催された。この会では、板垣も「征韓論の真相」の題名で講演し、「吾々の議論が正論であつてさうして三十八年後の今日に至るも我が議論は全く正確であると私は信ずるのであります」と発言している。(18)また、同じ九月二四日に『日本及日本人』臨時増刊・南洲号が発刊されると、板垣は「西郷南洲と予との関係」も掲載した。(19)板垣は韓国併合がそもそも板垣や西郷が唱えた征韓論を実現したものであり、「征韓論は実に予と西郷との斯の如き交情に発し、二人相議して之を提唱するに至りたるもの也」と征韓論が板垣と西郷の交情から生まれたものであると主張した。その上で、板垣は明治維新の初めより韓国併合は「国是」であったと主張し、西郷を大陸進出のシンボルとして評価した。このように、韓国併合に伴う西郷顕彰の中でその一翼を担ったのが板垣であった。そして、韓国併合直前の明治四三年三月に刊行された『自由党史』でも板垣と西郷の交情によって征韓論が推進されたことがハイライトの一つとして取り上げられ、西郷が高く評価されたのである。

では、次にこうした西郷像を創出するさいに、土佐派がどのように西郷に関する史料を集めたのかを考察していきたい。そのさいに、まず『板垣退助君伝』第一巻における史料収集について検討する。『板垣退助君伝』第一巻におけるハイライトの一つが慶応三年五月二一日に土佐藩の板垣・中岡慎太郎らと薩摩藩の西郷・小松帯刀らが京都で会談、板垣が倒幕の誓いを西郷に披瀝する場面である。この会談を叙述するさいに、『自由党史』と同様、西郷の書簡の模刻が行われ、石川清之助（中岡慎太郎の変名）が西郷に宛てた書簡が『板垣退助君伝』第一巻に添付された。その書簡で、中岡は「今日午後乾退助同道御議論に罷出申度、仍ては大久保先生、吉井先生方にも御都合候はゞ、御同会奉願度内情に御座候」と述べ、今日午後板垣と同道の上、議論するので、大久保利通・吉井友実（幸輔）にも同席するよう西郷に依頼している[20]。

この書簡の写は国立国会図書館憲政資料室所蔵「栗原亮一関係文書」（一四三）にも存在しており、栗原が『板垣退助君伝』第一巻を執筆するさいに、模刻・掲載したと考えられる。では、栗原はこの西郷宛石川書簡をどこから入手したのであろうか。それを示すのが次の明治（二六）年九月五日付徳富蘇峰宛栗原亮一書簡である[21]。

先日拝借之宝帖御返納申上候。石川清之助書翰ハ今般板垣翁の伝紀編纂に付関係厚き人なるを以て文中に挿入致度考にて長谷場氏より所蔵之旨承ハリ石版摺にする積にて借用之旨申入候処、貴下之処に於有之に付、借り在れとの事にて拝借仕候次第なり。然る処、此書翰ハ貴下の珍蔵に係り候様に御見受申上候。果して然らハ長谷場氏より聞く所と少々相違有之が如くなれ共、不取敢模刻して伝紀中に挿入する事に致候間、此段不悪御諒承被下度候也。

このように、栗原は『板垣退助君伝』第一巻を執筆するさいに、同じ自由党の長谷場純孝から情報を得て、徳富から書簡を借用・模刻したのである。このことから、板垣と西郷が倒幕を密約した会談に関する史料を栗原がいかに重視したかが読み取れよう。

次に、板垣の史料保存と選別、廃棄について検討する。板垣は明治三三年一一月、「全体私は拘へられやうとして危険な目に遭ふたことが前後三回ばかりあつて、其時に保存して置ては、面倒な書類は、一切焼き捨て丶後日になつてア、惜しい事をしたと思ふものも多いが其中で、征韓論の当時西郷から私へ送つた書簡が十一通纏まつて、不思議にも保存されてある」と回想した上で、明治一二年頃に板垣の妻がこの書簡を焼こうとしたところ、「何れも征韓論のときの西郷の手紙だから、其頃は最早焼く必要も無いときだで、イヤ其義に及ばぬといふで保存して置たのが、此頃取出された」としている(22)。

このように、板垣の発言は他の書簡をことごとく焼いているにもかかわらず、西郷の書簡だけは残したという不自然な内容であり、板垣が西郷関係の史料を意図的に重視して保存していたことがうかがわれる(23)。そして、この残された西郷の書簡の多くが『自由党史』に収録されることとなったのである。

一方、『自由党史』に掲載された西郷の肖像画について、明治四三年に西郷の長男西郷菊次郎はキヨソネの有名な西郷像とは別に「此の他にも父の知人の作ッたものもあります、板垣伯も父の肖像を作りたいから心附けて呉れとの御相談でしたが、固より一朝一夕に真を写すことは到底出来得るものではない、デ折角ですが御辞退の為め出掛て行つたら、矢張つかまえられた、これが伯の著書中に載せられたといふことですが、マダ拝見致しません」と述べている(24)。この「伯の著書」こそ同年刊行の『自由党史』と考えられるが、板垣の行動により、キヨソネの有名な肖像画と異なる西郷の肖像画を『自由党史』上巻の巻頭口絵に見ることができるのである（詳細は第Ⅱ部付論参照）。

このような西郷関係の史料収集と保存・廃棄は、『自由党史』編纂に至る土佐派の歴史編纂の中でいかに西郷が重視されたかを示しているといえよう。

三　『自由党史』における江藤新平像

本節では、江藤新平がどのように『自由党史』で叙述され、その叙述はどのような変遷を経て形成されたのかを表7を参照しつつ、検討する。(25)『自由党史』における江藤は板垣にとって明治六年政変における同志であり、「法制の知識に富み、既に戊辰兵馬倥偬たる際、早くも立憲政体の必要を唱へたる者」として高く評価されている。(26)しかし、それ以上に『自由党史』では、江藤が帰郷して佐賀の乱に巻き込まれるさいに、板垣や林ら土佐派がこれを引き留める点が強調されている。

まず、第一に、佐賀の乱の直前に帰郷する江藤とそれを引きとめる板垣の叙述（表7―1）について検討する。⑤の『自由党史』では、「板垣猶ほ鎮撫の難きを慮り、江藤の或は誤りあらんことを憂ふ」として、江藤の佐賀帰還を引き留めることとなっているが、この叙述は③「片岡健吉談　佐賀事変談」から登場し、『自由党史』まで継承されていることが分かる。しかし、③では、江藤引き留めのさいに板垣が立憲政体を開くことを重視し、征韓論の余波を論拠とするべきではないと主張したのに対し、江藤も徹頭徹尾、民権論でやると答える叙述が加筆されており、この部分は④には継承されるが、⑤の『自由党史』では削除された。その背景には板垣と江藤のやりとりが征韓論を否定する表現を含んでいることから、征韓論を推進した西郷の顕彰が進行していた明治四三年の『自由党史』では削除されたとも推測される。

第二に、林有造が江藤と長崎（『自由党史』の佐賀深堀は誤り）で会見し、挙兵を自重して次の機会を待つように勧めるさいの記述（表7―2）について検討する。『自由党史』では、林が自重を求め、挙兵のさいは佐賀と土佐の軍

表7 『自由党史』に至る江藤新平に関する記述の変遷

記述に変更がみられる箇所	1 民選議院設立建白書提出の直前、佐賀に鎮撫のために帰る江藤とそれをとめる板垣を描いた場面(明治七年一月一二日)	2 佐賀の乱直前における林と江藤の会見(明治七年一月)
①「林有造氏履歴」(明治一五年)	×	余貴君ト別ル県地隔絶大意ヲ略陳セン、西郷氏国ニ在リテ士気ヲ養フ貴君亦同シ、余モ帰国同シク愛国ノ士ナリ、一朝事ヲ挙ク同志ト雖モ遠隔ノ地俄然応ズベカラス、貴君西郷氏ハ九州ノ人ナリ九州ニ起リ兵ヲ挙グ、熊本鎮台ヲ掌握セサレバ同志士ト雖モ応ズ可ラズ。況ンヤ他ノ有志士ヲヤ。余ハ四国ノ人四国ヨリ起ル、大阪鎮台ヲ奪取セズンハ天下ノ同志士ハ不応ノ見込ナリ。鎮台ヲ握リ数日ヲ経テ不応ハ同志ニ非ルナリ、況ンヤ唯一県下ニ兵ヲ挙ゲ天下ノ応ズルヲ期スルハ大ニ誤レリ、貴君能ク此意ヲ察セヨ。江藤氏曰吾明日帰県貴君諸士ト吾県ヲ経過シ博多港ニ乗船帰県セヨ、余惟ク彼地ニ入リ万一江藤氏壮士ニ迫ラレ兵ヲ挙ク、余ハ大ニ嫌疑ヲ受ケ帰県不調モ不計ト、余曰余ハ帰県ヲ急ナリ、貴国ニ入ルヲ不得請フ士同行可ナリ、余江藤氏ト別ル。其夜江藤氏尋来リ曰今島義勇着港、曰岩村高俊君県令ノ職ヲ奉シ、飛脚船ニテ下ノ関ニ上陸、直チニ熊本鎮台ノ兵ヲ引率シ吾県ニ入アラント、島氏ハ同志ナリ、県令高俊君ハ貴君ノ弟ナリ。如何。余曰余ハ兄弟志ヲ異ニス、余ハ兄通俊ノ県令ヲ知ルモ弟ノ県令ナルヲ不知、余ハ弟ト議論ヲ異ニス、貴君決シテ疑フ勿レ、大事ニ志アル者ハ兄弟ト雖トモ志ノ違フ時ハ方向ヲ同スルコト不能(中略)江藤氏曰、大丈夫ノ言ナリ。翌朝江藤氏同行ハ長岡杉山氏ナリ(中略)。十六日晩神戸港ニ着シ上陸三菱社ニ至ル。肥前江藤氏昨日兵ヲ挙ケ県庁ヲ囲ム。県令岩村氏ハ囲中ナリ。政府征討ノ令ヲ発シタリト、余ハ江藤氏兵ヲ挙ルモ如此神速ナルハ思考セス、江藤氏壮士ニ迫ラレ此挙ニ及シナラン必ス誤ルベシ。

②坂崎斌『林有造氏旧夢談』(嵩山堂、明治二四年)	×	僕一たび君に別る、山海隔絶して声息通ぜず、請ふ余の心事を吐露して去らん、西郷翁国に在りて士気を養ふ、君も亦之に倣ひて重を持せよ、一朝軽挙せば同志と雖も遠隔の地に在る者ハ勢ひ必ず応ずるを得ず、況や天下の有志をや、抑々余ハ四国の人なり、四国より起り大坂鎮台を乗取るにあらざれバ、天下の同志ハ之に応ずるを得ず、若し鎮台に拠ること数日にして起て応ぜる《ママ、ざ欠カ》者ハ、固より同志にあらずと知るべし、漫に一県下に兵を挙げて天下一時に響応すべしと思へるハ誤れり、君の聡明なる能く此利害を熟計せよ。江藤氏曰く、僕明朝帰県すべし、貴君等我県を経過して博多より乗船海路帰国せられよと勧めらる。余ハ万一江藤氏壮士に迫られ倉卒兵を挙げバ之に累せられて大事去らんを慮り、乃ち之を辞して曰く、僕は帰心箭の如く貴地に入るを得ず、他の同行者は各自の意にまかすべしと江藤氏と別れたりしに、此夜江藤氏余の寓に来りて曰く、只今島義勇着港せり、岩村高俊君佐賀県令の職を奉じ、外国郵船にて馬関に上陸、直ちに熊本鎮台の兵を率ゐ将さに我県に入らんとす、高俊君ハ即ち貴君の令弟なりと。余声を励まして曰く、兄弟固より其心事を異にす、君決して疑ふこと勿れ、男児大事を企つ、豈に兄弟の親を問ふに暇あらんや(中略)江藤氏之を快とし曰く、天晴れ大丈夫の言なりと。乃ち江藤氏再会を期して別る。余長崎を発して神戸港に着すれバ、已に佐賀騒乱の警聞頻りに至る。余再び東京に上るや、程もなく江藤氏等の敗報至る。余覚えず之が為めに憮然たり噫(八～一〇頁)。
③「片岡健吉談佐賀事変談」(明治三二年)	副島氏ハ江藤氏ニ謂テ曰ク、「此ノ事ハ板垣君ニハ話ンテモ宜シキニ非ズヤ」江藤氏曰ク「宜シ」ト是レニ於テ二氏ハ板垣伯ニ語テ曰ク、「今ヤ佐賀ノ人心ハ非常ニ激昂セリ、故ニ之レヲ鎮撫センガタメニ我輩等ハ明日東京ヲ去リ密ニ佐賀ニ帰ラン決心ナリ」ト。(中略)板垣伯更ニ論ジテ曰ク、「両君ノ為メニ謀	余ノ心事ヲ吐露シテ去ラン、西郷氏国ニ在リテ士気ヲ養ヘ君モ亦タ之ニ倣ヒテ重キヲ持セヨ、一朝軽挙セバ、同士ト雖モ遠隔ノ地ニ在ル者ハ勢ヒ必ラズ応ズルヲ得ズ、抑モ貴君ト西郷氏トハ九州ノ人ナリ、九州ニ起リテ兵ヲ挙グ熊本鎮台ヲ掌握スルニアラズンバ、同士ノ士ト雖モ応ズルヲ得ズ、況ヤ天下ノ有志ヲ

ルニ、恐ラクハ是レ大ナル誤リナラン、若シ今日両君ニシテ帰県セバ、県下人士ノ勇気ハ百倍シ、忽チ両君ハ騎虎ノ勢ヒヲ免ル可カラザルニ至ラン、故ニ両君ハ其ノ身躬ラ東京ニ在リテ、遙カニ書ヲ寄セ人ヲ遣シテ、之レガ鎮撫ノ策ヲ運ラスニ若カズ（中略）副島氏（江藤氏の誤り）謂テ曰ク「板垣君ノ言ハ誠ニ道理アリ、且ツ其ノ衷情ニ対シテモ我輩等ハ自カラ省ミル所ナキヲ得ズ、因ッテ足下ハ東京ニ滞在シ拙者一人ニテ帰県スル事ニ決スベシ」ト副島氏モ亦板垣伯ニ語リテ曰ク「然ラバ貴君ノ忠告ニ対シ拙者等ハ東京ニ滞在シ江藤君ニ帰県ノ労ヲ煩ハサン、江藤君一人ノミハ今日ノ勢ヒ実ニ已ヲ得ズ」ト。（中略―板垣は）「且ツ今ヤ我々同志ハ茲ニ公党ヲ組織シ立憲政体ノ基ヲ開クノ大業ヲ企ダツルノ時ナ（リ欠ヵ）彼ノ征韓論ノ余波ヲ以テ論拠トスルガ如キノ事アリテハ、甚ダ将来ヲ誤ルノ虞レアレハ茲ニ自ラ戒メラレン事ヲ希望ス」ト江藤氏答ヘテ曰ク、「幸ヒニ高慮ヲ煩ハス勿レ、拙者ハ決シテ騎虎ノ勢ニ《ママ》制セラレズ、又タ徹頭徹尾民権論ヲ以テスルノ決心ナリ云々」ト、板垣伯ノ曰ク「然ラバ江藤君ハ帰県ト定マタリ」。

ヤ而シテ余ハ四国ノ人ナリ、四国ヨリ起リテ、大阪鎮台ヲ乗リ取ラン、トルニアラザレバ、天下ノ同志ハ応ゼザル見込ミナリ、若シ鎮台ニ拠ルコト数日ニシテ起ツテ応ゼサル者ハ同志ニ非ラサルナリ。唯漫リニ一県下ニ兵ヲ挙ゲ天下応ズ可シト思ヘルハ大ナル誤リナリ、君夫レ熟図セヨト、林氏ハ実ニ赤心ヲ披瀝シテ忠告ヲ与エハ江藤氏モ亦タ善シト称ス（中略）然ルニ江藤氏ハ終ニ林氏ノ苦言ヲ容ル、能ハズ、亦タ板垣後藤二氏ニ対シ「必ス誓ッテ鎮撫ス可シ決シテ高慮ヲ煩ハス勿レ」トノ誓言ヲモ反故ト為シ畢ンヌ、江藤氏ノ林氏ニ別ル、後僅ニ三日島義勇氏及ビ壮士等ノ迫ル、所トナリテ騒乱ノ渦中ニ捲キ込レヌ噫。

④坂崎紫瀾『梟せられし司法卿』（明治三九年）

君は自己の秘密を板垣に打明けて云ふに、郷里の佐賀が不穏であるから、私共は鎮撫の為めに明朝急に帰国致しますと、板垣は驚いて、夫れは意外千万である、両君は現に西郷の届捨帰国を非難せられたではないか、御用滞在中に押して帰国とは甚だ宜しくないと（中略）、板垣は眉をひそめて、イヤ夫れは却て危険ぢや、両君帰県せられると、騎虎の勢に陥るかも知れない、寧ろ人を遣つて諭したなら、真逆に両君を捨殺しにはならんから、暴発を躊躇するに違ひない、且つ征韓論は政府に在つた時の主張であるが、民間に於て其の目的を達せられぬ、唯我々は飽くまで民選議院の設立に尽すべきではないかと、君は之に対し、勿論私も御同様であるから、先づ征韓派の者を鎮撫してま

窃に君に告くるに、西郷は容易に起ぬ意中を示し、土佐とても同様の次第であると忠告した、所が君は兎も角も明朝帰朝しやうと思ふ、林君も是非佐賀を経過して博多港に出でられよと勧めた、林もなか〳〵の男ゆへ、若し挙兵の渦中に巻き込まれてはと、帰途を急くを名として、体よく之を辞して別れたのだ（中略）此夜長崎に着した島義勇が、岩村権令の熊本鎮台兵を率ひて、佐賀城下に繰込むと云ふの一大警報を伝へた一事である（『法律新聞』三三二号）。

	ゐる心得であると、（中略）是れ全く板垣の直話であつて、板垣は今に至るまでも、君の最初より挙兵の心事なかりしを信ずるの一人である（『法律新聞』三三〇号）。	
⑤『自由党史』（明治四三年）	両人遂に板垣氏のみは差問なからんとて、談ずるに佐賀不穏の状あるを以てし、且つ二人倶に鎮撫の為めに西下せんとするの意を告ぐ。板垣眉を顰めて曰く、事洵に憂ふべしと雖も、両君の為に謀るに、恐らくは策の得たる者に非ず。両君は鎮西の重望、衆の仰いで宗と為す所、今日両君帰県せば、県下人士の勇気は百倍し、忽ち騎虎の勢制すべからざるに至らん。若かず身は東京に在りて、遙かに書を寄せ人を遣はして、之が綏撫の策を運さんには（中略）。江藤曰く、板垣氏の言、至理あり、我輩豈に自ら省ずして可ならんや。因て副島氏は京に留り、余一人西帰せん、是れ勢の已むを得ざるに属すと。板垣猶ほ鎮撫の難きを慮り、江藤の或は誤りあらんことを憂ふと雖も、其の制すべからざるを見て、懇に戒告する所あり、遂に別る（九五～九六頁）。	斯の如くにして林は西郷の志の在る所を知り、帰途佐賀深堀に於て江藤に会し、其見る所を告げ、其燥急事を誤るを戒め、且曰く、兵は持重を尚ぶ、足下宜しく満を持して敢て放たず、飽く迄も其勢を抑へ、之を抑へて終に制す可らざるに至つて、一時に之を放つべし。且つ兵を九州に挙ぐる者は宜しく熊本鎮台を取るべく、其四国に起る者は宜しく大阪鎮台を抜くべし。熊本、若くは大阪の陥りて而かも猶ほ起たざるものは事を共にするに足らざるなりと。林の江藤に別れて帰り、神戸に着するや、忽ち佐賀の暴発あり。林為めに江藤の其言を用ゐずして事を誤りしを惜む（一九五～一九六頁）。

＊凡例　傍線部は『自由党史』（初版本）に至る記述の異同事項、×はその史料に記述がないことを示す。

で熊本鎮台と大阪鎮台を占領しようと江藤を説得している。しかし、『自由党史』の叙述は以下の三点で『自由党史』以前の歴史叙述を削除した内容となっている。まず、江藤が林に佐賀経由で高知に帰るように勧めたのに対し、①では林が江藤の挙兵に連座し、帰県できなくなることを恐れて佐賀経由で帰らなかったとしているが、②では、江藤の挙兵に連座することを恐れて佐賀経由で帰らなかったとしている。そして、この部分は③で削除され、④では一時的に復活するが、⑤の『自由党史』には掲載されていない。また、林の説得に対し、③では江藤が受け入れたことになっているが、①②④⑤では江藤の返事は記されていない。さらに、江藤が再度林を訪ねて、林の実弟岩村高俊が県令として佐賀に赴任したことを詰問する話は①②に記されているが、③④⑤には記されていないのである。

このように、本節では、『自由党史』で特徴的な江藤に関する二つの叙述とその変遷を検討した。そして、③の「片岡健吉談　佐賀事変談」をピークに江藤像が大きく変化・削除されていたことを示した。まず、第一に、「片岡健吉談　佐賀事変談」から江藤を引き留める板垣像が形成される一方、板垣が江藤を説得するさいに征韓論よりも立憲政体を重視するべきだと論じた部分が『自由党史』では削除されたことを指摘した。第二に、当初の『林有造氏旧夢談』にあった、林が帰県の困難（ないしは江藤との連座）を恐れて佐賀経由で帰らなかったことや、実弟岩村高俊の赴任について江藤が林に詰問したという土佐派にとっていわば「都合の悪い」部分が「片岡健吉談　佐賀事変談」で大幅に削除され、それが『自由党史』に継承されたことを示した。つまり、この「片岡健吉談　佐賀事変談」の叙述こそが『自由党史』における江藤像に大きな影響を与えたと考えられるのである。

四　板垣退助の九州遊説と江藤新平像の形成

では、なぜ、『自由党史』には土佐派が江藤を繰り返し説得するシーンが登場するのか。本節では『自由党史』に大きな影響を与えたと考えられる「片岡健吉談　佐賀事変談」の成立過程と併せて土佐派の江藤像形成の過程を検討する。

明治初年から一〇年代にかけて土佐派にとって江藤新平は大きな位置を占めていなかった。いや、むしろ土佐派は民選議院の実現を妨げたのは、赤坂喰違の変と佐賀の乱であるとして、「江藤新平君ガ奔テ佐賀ニ還リ、島義勇君等ト倶ニ兵ヲ挙ゲテ叛シ、事敗レテ斬ニ処セラレタルノ事ナリ。吾人ハ今日ヨリシテ之ヲ追叙スルモ、甚ダ江藤新平君ノ事ヲ憤リタルニ憾ナキコト能ハズ」と江藤を批判的に捉える見方もあったのである。[27]

こうした土佐派の姿勢は明治二〇年代においても変わることがなかった。前述の『林有造氏旧夢談』においても林が江藤に対して冷淡な態度を示した場面や江藤に疑われている場面も隠さずに執筆されており、特段の配慮は感じられない。むしろ、こうした林の行動に対して、『林有造氏旧夢談』の「序」を執筆した志賀重昂が「林氏復タ為ス無キカ。咄々氏ニシテ復タ為ス無キカ。地下何ノ顔アリテ江藤新平ト相見ンヤ」と、佐賀の乱における林の行動を批判しているほどである。[28] 進歩党も明治三一年に板垣が「寧ろ狡獪、滑脱、難を避け、利に趨るの軟腸反覆漢」である証拠として、佐賀の乱では「佐賀の志士をして其の肉を啖はんと欲せしむ」、西南戦争では「薩摩の健児をして其の軽薄怯劣に切歯せしむ」ことを挙げた。[29] これは志賀の林批判と通底するものであった。

こうした土佐派の江藤像が大きく変容する契機となったのが明治三二年六月一〇日～七月三日に行われた板垣の九州遊説であった。板垣は憲政党の衆議院議員藤金作（福岡県）・多田作兵衛（福岡県）らの依頼で側近の衆議院議員龍野周一郎（長野県）・森本（櫻井）駿（非議員）とともに九州遊説に出発した。[30] 板垣は「我党の本領」の題で政談演説する一方、商業会議所の招待会などでは経済問題や政治と実業の関係についても演説した。また、板垣らは三池炭坑や佐世保鎮守府などの視察も行った（表8参照）。

だが、板垣は当初遊説日程に含まれていた佐賀県（および小倉・若松）を遊説せず、長崎遊説の後、帰京することとなった。その公的な理由としては、板垣の推挙した旧藩主山内侯爵家の家扶が死亡したことが挙げられている。[31]

しかし、その背景には佐賀の乱における板垣の行動への反発があった。憲政党幹部の松田正久（佐賀県）は佐賀新聞社社長江副靖臣から電報を受け、板垣歓迎のために帰郷していたが、選挙民の激しい批判にさらされた。第六回総選挙（明治三一年八月一〇日）で当時の大隈重信首相の推薦で衆議院議員に当選した松田が「我地に板垣伯を呼び入

表8　明治三二年板垣退助九州遊説日程表

日時	演説当初予定	訪問地	行動内容	備考
六月九日		京都	憲政党関西大会後の京都実業団体招待会	
一〇日	京都発	神戸三宮を出港	移動	福岡県選出衆議院議員永江純一、熊本県県会議員松岡永康ら出迎え
一一日	門司→行橋	門司到着→福岡県行橋町	政談演説会、懇親会	
一二日	福岡（博多）着	行橋→博多	商業会議所招待会	板垣、経済問題で演説
一三日	福岡政談演説会	博多	政談演説会	
一四日	甘木町演説会	博多→甘木町	政談演説会、懇親会	二日市で下車、板垣腫れ物のため輿にのって甘木町へ
一五日	吉井町演説会	甘木町→吉井町	政談演説会、懇親会	
一六日	久留米市演説会	吉井町→久留米	政談演説会、懇親会	板垣、微恙のため舟で移動、実業問題で演説
一七日	柳河町演説会	久留米→舟小屋温泉	温泉、鵜飼を観覧	随行者の龍野周一郎、森本駿のみ演説、懇親会出席（板垣は病気のため欠席）
一八日	熊本着	舟小屋温泉→柳河町	政談演説会、懇親会	旧藩主立花寛治伯爵の来訪、古賀柳河町長ら宴会に参加、演説会には自由主義者など多数つめかける
一九日	熊本市大会臨席	柳川→大牟田町到着→熊本春日駅下車、本山河原へ	大牟田では三池炭坑など視察、熊本本山河原で板垣の挨拶・宴会	「数十挺の酒樽」を場内に配置、二万五〇〇〇人がつめかける盛会
二〇日	山鹿町演説会	熊本	東雲座で政談演説会、懇親会	聴衆五〇〇〇人
二一日	熊本へ帰着	熊本→山鹿町	政談演説会、懇親会	板垣は挨拶のみ、龍野らが演説
二二日	八代演説会臨席	熊本	商業会議所招待会	板垣、実業上に関する演説を行う、徳久知事、辛島市長ら列席
二三日	佐賀着	熊本→八代町	政談演説会	二三日八代より佐賀へ行く予定が直接長崎へ行くことに変更、月末に佐賀来県の可能性も（『佐賀』明治三二年六月二〇日号）

二四日	佐賀会臨席	八代町→長崎	政談演説会、懇親会	板垣咽喉カタルにもかかわらず、同県衆議院議員らを旅館に招き引見
二五日	長崎着	長崎	面会謝絶、医者を呼び療養	
二六日	長崎市大会臨席	長崎	長崎港視察、政談演説会、長崎市実業家の招待会	板垣、政談演説会で「我党の本領」、実業家招待会で政治と実業の関係について演説、松田正久が佐賀より到着、宮崎栄治と会談
二七日	佐世保大会臨席	長崎→佐世保	政談演説会、実業家、党員の歓迎会	
二八日	福岡着	佐世保→長崎（佐賀行き取りやめ、東京へ帰京決定）	佐世保鎮守府訪問、佐世保造兵工廠の工場および建築中の船渠、港内巡覧	佐賀行き取りやめ、佐賀、宮崎などについては、松田正久、櫻井駿の両名が演説を続行。佐世保港では東郷平八郎司令長官以下に面会、副官が案内
二九日	若松大会臨席	長崎港出港		
三〇日	小倉大会臨席	門司到着→馬関→神戸へ	赤間関市より市助役、実業家ら訪問、馬関の歓迎会出席	板垣、実業と政治の関係につき演説
七月一日		神戸→東京		
七月二日				
七月三日		東京新橋駅到着		

出典　『憲政党党報』一巻一四号（明治三一年六月二〇日）、二巻一五、一六号（明治三一年七月五、二〇日）。
『佐賀』明治三一年六月六、一〇、一一、一三、一四、一五、一六、一七、一八、二〇、二一、二二、二三、二七、二八、二九、三〇、七月一、二日号。

れ自由党の党勢を張らんとするが如きは元来我選挙区民最初の意志に背くのみならず、又貴下が代議士としての公徳に悖る」と選挙民に批判されただけでなく、「加之彼の狡黠なる土佐人士は我が佐賀人士終点の恨みなり。其歓迎は吾等之を地下の先輩に恥づ」として各町村総代人の談判難詰を受けたために、松田は「即ち断乎板垣伯の入肥を謝絶」したと憲政本党系の『報知新聞』に報じられている[32]。

　こうした背景には、佐賀を中心に江藤に同情する庶民の遺恨の思いが佐賀の乱以降も残ったことがあり、この遺恨が実は板垣遊説にも暗い影を落としていたのであった(33)。たとえば、『報知新聞』は「元来伯は西郷以下の畏友を売りたりとの悪感一体に行き渡り居る故何とかして九州行を逃れんと藻掻くの色あり」と報じており、板垣が征韓論の同志であった西郷らを売ったとの批判が存在していたことがわかる(34)。なお、同紙はこれらの批判により、板垣に対して福岡・佐賀・大分・熊本で「冷遇を極む」とし、鹿児島では「不況」と観測している。このように、板垣批判は九州でも地域差があったが、批判が根強いのは佐賀・鹿児島であった。特に、佐賀は憲政本党が佐賀出身の大隈を中心とした強固な地盤を持ち、第一三議会で憲政本党と憲政党が地租増徴問題で厳しく対立した経緯もあって「全県板垣伯の入肥を拒絶し来り」とまで報じられていた(35)。

また、憲政本党とその地元機関紙『九州日報』や『西肥日報』がこうした板垣への批判を増幅していたことも見逃せない。『九州日報』は板垣の遊説中、「板垣伯と九州人士」の題名で一〇回の連載特集を組み、征韓論で消極的な姿勢を取ったこと、佐賀の乱で江藤を見捨てたこと、西南戦争で西郷らを裏切ったことなど、板垣ら土佐派の「旧悪」を暴露し、現在に至る自由党系の政治行動・政策も批判した(36)。特に、『九州日報』は佐賀の乱について江藤の元配下から聞き取りを行い、「始め江藤等の事を挙げんとするや先つ板垣以下の土佐人士及び愛知県令鷲尾某等と内応」しておきながら、板垣の配下である片岡健吉・林有造が「殆んど前日密約の交誼を忘れたるが如く冷然として」これを見捨てたと批判し、「佐賀人士の仇敵」・「正義の敵」として板垣ら土佐派を指弾した(37)。さらに、『西肥日報』と憲政本党の江藤新作（江藤新平の次男・佐賀県選出の衆議院議員）らは「彼の七年の役に関し伯を以て佐賀の敵なりとし除族者始め県民一般に伯へ対する悪感情を惹起せしめ以て伯の来遊を妨げん」とした(38)。板垣に対する反対運動はさらにエスカレートしていくが、それを示すのが次の史料である(39)。

彼来らは実に我県民は同志者を語らい、当地の両劇場及び旧城内江藤招魂碑前に於て少くも（と欠カ）二万五千の大勢を集めて懇親会を開き、特に七年除族者は招魂場に集会し、談判委員二十名を挙げ板垣に面談をなし、或る場合にありては或る行動を示し、青年者は其宿所に就て彼の主張を聞き若し面会拒絶され候時は其附近に焚出しをなして彼の外出を待ち受けることに決議し、又た茶屋劇場旅館料理屋人力車夫等は一切彼等の需に応ぜざるの意気込みを有し、傍々彼等来らは余程の興味あらむかと皆人共に面白かりて待ち居り候。

このように、憲政本党とその系列紙は江藤新平と佐賀の乱にからめた組織的な板垣遊説妨害の計画を立て、板垣に対する談判とそれが拒否されたさいの「直接行動」の可能性も示唆していた。つまり、板垣の九州遊説が途中で中止された背景には江藤・西郷を「見殺し」にした板垣ら土佐派に対する九州、特に佐賀県の反発を利用して、憲政本党や同党系の『九州日報』、『西肥日報』などがネガティブキャンペーンを展開したことがあったのである。そして、この「事件」は土佐派が独自の江藤像を生み出す契機となった。

板垣の九州遊説で憲政本党から組織的なネガティブキャンペーンを受けた土佐派の反応は素早かった。板垣が九州遊説から帰京した約一ヵ月後の八月一〇日、土佐派の山田平左衛門と富田双川が佐賀の乱当時について知る片岡健吉を高知種崎に訪問した(40)。そして、「江藤新平氏ニ対スル土佐人士ノ行為ニ関シ進歩党一派ノ輩ハ自由党攻撃ノ一材料《（ママ）》」としたために、「片岡健吉氏ノ談話セシ所記シテ彼ノ派ノ妄ヲ弁ズ」ることとし、まず七部構成の「片岡健吉談佐賀事変談」が作成された(41)。そして、これをベースに片岡の談話をまとめた「佐賀事変談」が九月五日に『憲政党党報』に掲載されたのである(42)。

「佐賀事変談」は「其一、板垣伯の忠告」、「其二、林有造氏の忠告」、「其三、江藤氏の真情」、「其四、土佐における江藤氏」の四部から構成されており、其二と其四はそれぞれ『林有造氏旧夢談』の「二回　長崎にて江藤氏に出会する事」、「三回　江藤氏等軍敗れて高知に来る事」からほぼ引用した内容であるが、土佐派にとって都合の悪い部分は削除されている（第三節参照）。また、其一と其三は「佐賀事変談」の加筆部分であり、「佐賀事変談」の「其一、板垣伯の忠告」、「其二、林有造氏の忠告」の部分は『自由党史』に要約の上、掲載された（表7）。このことからも、土佐派が重視したのが「江藤を引き止める土佐派」であることを暗示している。このように、板垣の九州遊説に対する反発を契機に土佐派は新たな江藤新平像を創出し、公式見解として繰り返し発表していった。

そして、明治三八年六月から坂崎紫瀾が「梟せられし司法卿」を五〇回にわたって連載、発表した。坂崎は土佐派が江藤を説得、庇護した経緯を再度強調する一方、「一個の銅像を司法省の構内に建立」し、「君の位階を復旧する様に、畏き辺へ奏請」する形で江藤の慰霊・顕彰を主張した。(43)

こうした土佐派による江藤像の形成に弾みをつけたのが、西郷同様、明治四三年八月の韓国併合である。明治四四年三月一五日には第二七議会に玄洋社の一員で立憲国民党の的野半介（福岡県）らが「前参議司法卿江藤新平表彰ニ関スル建議案」を衆議院に提出し、二一日に可決された。これは、「維新ノ大業ニ翼賛シタル功臣」であり、「東邦ノ禍源タル朝鮮問題ヲ解決シ永遠ノ平和ヲ維持セムコトヲ主張シタ」江藤の恩典を求めるものであった。(44)その直前の一月には板垣が「江藤新平を救はんとせし俠者」を発表しており、「土佐の立志社の者一人」が捕吏をだまして、江藤に海外逃亡を勧めた話が登場する。(45)

このように、板垣ら土佐派は佐賀の乱で江藤を見捨てた土佐派から「片岡健吉談　佐賀事変談」を契機に江藤をかばった土佐派へと転回しようとした。さらに、「梟せられし司法卿」や「江藤新平を救はんとせし俠者」などによって江藤を助けた土佐派像が強調されていったのである。

明治四四年四月一三日、韓国併合を記念して南白三八回忌奉告祭が東京築地本願寺で開催され、板垣も参加した。同年八月三〇日、昭憲皇太后が江藤未亡人に三〇〇〇円を下賜し、翌大正元年九月一二日大審院検事総長より江藤の罪名消滅の証明書が発行されている。(46)大正三年に江藤の顕彰を目的として刊行された、的野半介『江藤南白』が刊行されると、板垣は「序文」を寄せて、東京遷都と司法権の独立に活躍した江藤を称え、「予や征韓論並に民選議院の建白に於て君と事を共にしたる者」として伝記の完成を祝った。(47)しかも、『江藤南白』では板垣・林の「実話」が登場するだけでなく、『林有造氏旧夢談』、『梟せられし司法卿』、『自由党史』が史料として掲載・引用された。

つまり、土佐派は江藤新平の伝記編纂にも関与し、土佐派の江藤像を繰り返し主張することにより、江藤を見捨てた土佐派像の払拭を図ったのであった。こうした土佐派の創った江藤像やその史料は戦後の江藤の伝記にも一部が掲載されていった。(48)

おわりに

最後に、なぜ板垣ら土佐派が西郷・江藤にこだわったのか、という点を考察・整理しておきたい。その第一の理由として考えられるのが、西郷の顕彰と併行して明治二〇年代以降に具体化された土佐派の「明治維新観」である。

明治三一年三月、片岡健吉は「維新改革の精神を論じて憲政の完備に及ぶ」を発表した。この論説は現在の政界を明治維新の改革の精神と比較することで批判し、政党操縦や選挙干渉を行う政府と収賄や買収を行う政党の双方の改良を主張する内容であった。(49)その中で、片岡は五箇条の御誓文だけでなく明治初年の維新の改革は全て正しいとした上で、その理由を「維新の改革は眼中公議ありて、心裏渾て私欲を挿む無し」と述べる。つまり、片岡は明治維新、すなわち「公論衆議を尚ぶ」初期の藩閥政府の改革を高く評価し、公論衆議（公議輿論）こそ、「維新改革の精神」と考えたのである。

しかし、片岡は明治四年の廃藩置県以降、藩閥政府が漸次専横に傾いたとする。そして、明治六年政変では征韓の議を衆議一決しながら「中間有司の専制に決するに至り、維新改革の精神蕩然として既に政府の施政に視るべからず」の形となって藩閥政府には「維新改革の精神」が消滅したと述べる。その結果、片岡は「維新改革の精神に駆られ」、立志社の創設、憲政の樹立へと進んだとしたのである。つまり、片岡は明治六年政変が自由民権運動への分岐点であり、藩閥政府ではなく、明治六年政変で下野した土佐派が明治維新の公議輿論＝「維新改革の精神」を継承する「本流」であるという歴史観を示したのである。

こうした「明治維新観」は明治三〇年代前半に土佐派の中で確立され、『自由党史』へと継承されていった。『自由党史』は、明治六年政変を「明治政界に於ける朝党、野党―換言すれば非立憲党、立憲党―の二大潮流は、征韓論を其分水嶺と為して、爾来全く其流派を分つに至れり」と、図式化している。(50) つまり、板垣・西郷・江藤・後藤・副島ら「野党」・「立憲党」対大久保・大隈・伊藤・黒田ら「朝党」・「非立憲党」の対立、すなわち自由民権運動への分岐点として明治六年政変は描かれるのである。そして、土佐派の「明治維新観」に沿って「維新改革の精神」（公議輿論）を明治六年政変で下野した勢力が持っていたとするならば、西郷・江藤は「民選議院論者」で、征韓論を共有する板垣の同志であらねばならない。それゆえに、土佐派は「民選議院論者」・征韓論者（明治六年政変の同志）としての西郷・江藤像を創出し、『自由党史』の巻頭に西郷の肖像・江藤の写真を登場させるなど、最大限の評価を西郷および江藤に与えたと考えられる。

第二に、土佐派への政治的批判の回避という問題がある。明治三〇年代に至るまで九州を中心に西郷・江藤を「見捨てた」土佐派像が土佐派批判へと結びついていった。特に、明治三二年の板垣の九州遊説は江藤を利用した憲政本党系の激しいネガティブキャンペーンに直面したために、土佐派は江藤を顕彰、評価する歴史像を形成し、「佐賀事変談」から『自由党史』の江藤像へとつながっていった。つまり、『自由党史』は明治三〇年代における土佐派の直面した政治状況に沿って創られた側面があるといえよう。

第三に、西郷伝説や韓国併合の中で西郷・江藤が再評価されたという点も重要である。西郷については、明治一〇年代から土佐派の中で意見が分かれつつも「民選議院論者」として評価する動きがあった。そしてそれは、明治二〇年代以降、西郷伝説の広まり、自由党の政府への接近という状況下で、西郷を顕彰し、評価する動きへとつながっていく。特に、西郷・江藤の再評価の動きを決定づけたのが、明治四三年の韓国併合に至る日本の大陸「進出」であった。その結果、土佐派は「民選議院論者」で征韓論者という独自の西郷・江藤像を創出し、彼らと結びついた板垣＝土佐派像を強調していったのである。

註

（1）　板垣退助監修、宇田友猪・和田三郎編纂『自由党史』上巻（五車楼、明治四三年）巻頭口絵。

（2）　土佐派の西郷隆盛に関する主要な歴史叙述は、年代順に①「林有造氏履歴」→②「国会論ノ始末」→③『林有造氏旧夢談』→④「自由党創立に係る実歴」→⑤「板垣翁伝記原稿」、⑤―②「坂崎紫瀾の原稿」→⑥『自由党史』がある。本文叙述の番号はこれらの史料番号を表すものとし、典拠・発行年については表6でふれた。

（3）　明治六年政変については数多くの研究成果があるが、本節では主に家近良樹『西郷隆盛と幕末維新の政局』（ミネルヴァ書房、二〇一一年）第一章を参照。

（4）　前掲註(1)『自由党史』上巻、五三～六三頁。

（5）　なお、明治二六年四月、明治六年政変などに関する桐野利秋の問答録（「桐野利秋談話」）が新聞『日本』に掲載された（『日本』明治二六年四月一二、一三、一四、一六、一七日号雑報「桐野利秋談」一～五）。その内容は、正院における征韓論の論争中に板垣が動揺し、桐野が板垣を説得して陳謝させたとする内容であり、これに対して板垣は事実誤認であると紙面上で強く反論した（『日本』明治二六年七月一二日号雑報「板垣伯の正誤」）。こうした経緯もあって、桐野に関する記述は削除された可能性もある。なお、「桐野利秋談話」の詳細な書誌的分析については、田村貞雄「『桐野利秋談話』（一名『桐陰仙譚』）について」（『国際関係研究』二六―一、二〇〇五年）参照。

（6）『東京曙新聞』明治一〇年六月二〇日号。ただし、この板垣の発言は西南戦争に呼応した土佐派の蜂起計画が摘発される直前の発言であり、注意が必要であろう。西南戦争中における板垣の動向については、小川原正道『西南戦争と自由民権』（慶應義塾大学出版会、二〇一七年）第二章を参照。

（7）植木枝盛「何ヲカ国賊ト云フ乎」（『植木枝盛集』第三巻〈岩波書店、一九九〇年〉九三～九五頁）。なお、この演説は西郷の死から三日後の明治一〇年九月二七日に行われた。こうした植木の主張は明治二一年の「西郷隆盛賊名論」へと継承された。植木は当時の西郷に対する賊名解除の動きに対して、西郷は政府の敵であっても、賊ではないのでわざわざ賊名を除く必要はないと述べている（『植木枝盛集』第五巻〈岩波書店、一九九〇年〉二四一～二四五頁）。

（8）無記名「国会論ノ始末」（『自由新聞』明治一七年二月五日号社説）。

なお、「民選議院論者」西郷像に親和的な西郷の伝記として、西南戦争に従軍した自由党―政友会系の重鎮で衆議院議長も務めた長谷場純孝（鹿児島県）の遺著『西郷南洲』（博文館、大正三年）がある。長谷場は西郷を「最も進みたる立憲主義者」と評価し、西郷が内閣に留まれば帝国議会が明治一〇年前後には開会されたであろうと予測した（二四七～二四八頁）。また、『西郷南洲』は西郷の宿志である大陸発展・国権発揚の政策が日清・日露戦争を経て、韓国併合によって実現されたとしており、西郷を大陸「進出」のシンボルと評価する視点も板垣らと共通している（二九八～二九九頁）。

（9）中江兆民「凡派の豪傑非凡派の豪傑」（『自由平等経綸』四号、明治二四年四月一五日）。

（10）曾田病鶴「西郷復活論」（『自由平等経綸』四号、明治二四年四月一五日）。

（11）坂崎斌『林有造氏旧夢談』（嵩山堂、明治二四年）。

（12）栗原亮一・宇田友猪『板垣退助君伝』第一巻（自由新聞社、明治二六年）。

（13）河原宏『西郷伝説』（講談社、一九七一年）。なお、西郷伝説について分析した研究として、佐々木克「西郷隆盛と西郷伝説」（『岩波講座日本通史』第16巻〈岩波書店、一九九四年〉所収）、猪飼隆明「士族反乱と西郷伝説」（松尾正人編『日本の時代史21　明治維新と文明開化』〈吉川弘文館、二〇〇四年〉所収）、小川原正道『西南戦争』（中公新書、二〇〇七年）などがある。

（14）植木枝盛「極論今政」（前掲註（7）『植木枝盛集』第三巻、六七～八二頁）。

(15)　無記名「維新革命の精神」(『東雲新聞』明治二一年五月二五、二六日号社説)。『東雲新聞』は主筆を中江兆民が務め、社員として栗原亮一・江口(小松)三省ら土佐派の人物が参加した新聞であった。なお、この社説は「日本政党の起源」(六月一、二日号)、「大阪大会議の始末」(六月八、九、一〇日号)、「明治十年の内乱」(八月九、一〇、一一日号)へと継承されている。執筆者は桑原武夫編『中江兆民の研究』(岩波書店、一九六六年)では中江兆民とされているが(二六〇頁)、松永昌三氏は植木枝盛としている(松永『中江兆民の思想』〈青木書店、一九七〇年〉第三章)。しかし、筆者は栗原が雑誌『新演説』三、四号(明治二二年六月一、一五日)に署名付で「維新革命の精神」と同名・同内容の「維新革命の精神」を執筆していることから、執筆者は栗原亮一であると考える。

(16)　板垣退助「新陳代謝論」(『自由党報』一四号、明治二五年六月一〇日)。

(17)　板垣退助「我党之方針」(『自由党党報』四五号、明治二六年九月二五日)。

(18)　板垣退助「征韓論の真相」(『日本及日本人』五四四号、明治四三年一〇月一五日)。

(19)　板垣退助「西郷南洲と予との関係」(『日本及日本人』臨時増刊・南洲号〈以下、『南洲号』と略す〉、明治四三年九月二四日)。

(20)　慶応(三)年五月二一日付西郷隆盛宛石川清之助(中岡慎太郎)書簡(前掲註(12)『板垣退助君伝』第一巻、八四頁)。

(21)　明治(二六)年九月五日付徳富蘇峰宛栗原亮一書簡(徳富蘇峰記念館所蔵)。なお、栗原は西郷の書簡を当初長谷場の所蔵と考えたようであるが、その後徳富の手元にあることを知り、八月一七、二〇日の二度、使者を派遣して「紛失」や「手違」のないことを確約した上で、書簡の借用を求めている(明治〈二六〉年八月一七日付徳富蘇峰宛栗原亮一書簡、明治〈二六〉年八月二〇日付徳富蘇峰宛栗原亮一書簡、ともに徳富蘇峰記念館所蔵)。

(22)　「板垣君を訪ふ」(『太陽』五巻二七号、明治三二年一二月二〇日)。板垣は西郷からの書簡を一一通としているが、実際に『自由党史』に収録されたのは八通(この内七通は征韓論政変に関する明治六年の書簡)であり、残りの三通は不明である。なお、栗原も板垣が「挙て焼棄すること数回に亘り」書簡を焼いたため、史料が少なく、執筆が困難であったと述べている(栗原亮一「序」〈前掲註(12)『板垣退助君伝』第一巻〉所収)。

(23)　この点について、姜範錫氏は板垣が西郷から受け取った書簡を秘蔵したのは「これらが単なる通信用の書簡でなく、西郷のいわば遺書と受け取ったからではないだろうか」と推測している(姜範錫『征韓論政変』〈サイマル出版会、一九九〇年〉、一三六頁)。

(24)　西郷菊次郎「思ひ出づるまゝ」(前掲註(19)『南洲号』)。

（25）江藤新平に関する土佐派の主要な歴史叙述については、年代順に①「林有造氏履歴」→②『林有造氏旧夢談』→③「片岡健吉談佐賀事変談」→④『梟せられし司法卿』→⑤『自由党史』があり、以下、本文叙述の番号はこの史料番号を表すものとし、典拠・発行年については表7でふれた。
（26）前掲註（1）『自由党史』上巻、八三頁。
（27）前掲註（8）無記名「国会論ノ始末」（『自由新聞』明治一七年二月五日号社説）。
（28）志賀重昂「序」（前掲註（11）『林有造氏旧夢談』所収）。
（29）無記名「自由党堕落の略歴史」（『進歩党党報』二二号、明治三一年三月一二日）。
（30）『佐賀』明治三二年五月四日号雑報「板垣伯愈々九州遊説を諾す」。
（31）『佐賀』明治三二年六月二九日号雑報「板垣伯帰京の事情」。また、板垣は腫れ物（六月一四日）、微恙（六月一六日）、咽喉カタル（六月二四日）を患い、健康状況の悪化も帰京の一因と考えられる（表8参照）。
（32）『報知新聞』明治三二年七月二日号雑報「選挙民の主張」。
（33）高野信治「『士族反乱』の語り」（『九州史学』一四九、二〇〇八年）。
（34）『報知新聞』明治三二年六月八日号雑報「板伯の九州下り」。
（35）『報知新聞』明治三二年六月一八日号雑報「板垣伯方向に迷ふ」。
（36）『九州日報』明治三二年六月一四〜二五日号雑報「板垣伯と九州人士（一）〜（一〇）」。
（37）『九州日報』明治三二年六月二四、二五日号雑報「板垣伯と九州人士（九）〜（一〇）」。
（38）『佐賀』明治三二年六月三〇、七月一日号雑報「我利派の恐慌笑話」。
（39）『九州日報』明治三二年六月三〇日号雑報「板伯出奔」。
（40）立志社創立百年記念出版委員会編『片岡健吉日記』（高知市民図書館、一九七四年）二〇四頁。そのさいに、山田と富田は片岡から「当時の事情を探求して大に得る所」があったようである（富田双川・小原峴南『嗚呼江藤新平』〈開成舎、明治三三年〉序文）。
（41）無記名「片岡健吉談　佐賀事変談」（高知市立自由民権記念館所蔵外崎光広文庫B―3―44）一頁。
（42）無記名「佐賀事変談」（『憲政党党報』二巻一九号、明治三二年九月五日）。なお、明治三三年一月には富田双川が同趣旨の「佐賀事変と土佐人」を発表している〈富田「佐賀事変と土佐人」〈前掲註(40)『嗚呼江藤新平』所収〉〉。
(43)　坂崎紫瀾「梟せられし司法卿」(『法律新聞』三五〇号、明治三九年四月三〇日)。
(44)　「前参議司法卿江藤新平表彰ニ関スル建議案」〈衆議院編『帝国議会衆議院議事速記録』二五〈東京大学出版会、一九八一年〉四七七～四八一、五七八頁〉。
(45)　板垣退助「江藤新平を救はんとせし俠者」(『日本及日本人』明治四四年元旦号)。なお、江藤新作「南白先生小伝」〈江藤新平稿『南白江藤新平遺稿』〈明治三三年〉所収〉に江藤を助けた「捕吏の長」として山本守時という人物が登場するが、立志社の人物としては描かれていない。なお、後述する江藤の伝記『江藤南白』にも江藤を逃がそうとした人物として山本が登場する〈的野半介『江藤南白』復刻版下巻〈原書房、一九六八年〉五四九頁〉。
(46)　「江藤南白年譜」〈的野半介『江藤南白』復刻版上巻〈原書房、一九六八年〉三一～三三頁〉。
(47)　板垣退助「江藤新平君を憶ふ」(前掲註(45)『江藤南白』下巻序文)。
(48)　杉谷昭『江藤新平』〈吉川弘文館、一九六二年〉一九二～一九四、二二九～二三二頁。
(49)　片岡健吉「維新改革の精神を論じて憲政の完備に及ぶ」(『自由党党報』一五二号、明治三一年三月一〇日)。
(50)　前掲註(1)『自由党史』上巻、七三頁。

付論　光永眠雷「西郷隆盛肖像」の成立

はじめに

西郷隆盛は明治維新における薩摩藩の政治指導者、そして明治維新後は藩閥政府の中枢を担い、参議・陸軍大将などを歴任した人物である。そして、明治三一（一八九八）年、東京上野公園に西郷隆盛銅像（図4）が建てられ、それは日本でもっとも有名な銅像の一つとなった。

この西郷銅像は主に美術史の分野を中心に検討されており、青木茂氏は西郷銅像の特徴や制作者、建設場所について絵画論から指摘した。(1) また、吉田千鶴子氏は西郷銅像の建設経緯について紹介する一方、西郷銅像の犬についても言及し、(2) 田中修二氏も彫刻家後藤貞行が西郷銅像の犬を制作する過程について検討した。(3)

恵美千鶴子氏は宮内省や東京府の公文書を分析対象に加えて、西郷銅像建設の経緯とその像容を詳細に検討した。(4) 恵美氏は西郷銅像の設置場所が当初宮内省から許可された宮城前（皇居前）ではなく、最終的に上野公園へ移った理由について明治二五年一月一二日付の井上毅意見書を参照して、華族たちの反対があったこと、『読売新聞』の社説から、西郷が西南戦争を起こした「国賊」だった点が問題となったことを推定した。その上で、恵美氏は西郷銅像が陸軍大将の軍服から和服姿になった経緯も指摘し、西郷銅像が素朴で国民が愛慕する西郷のイメージ形成に寄与し、国民の英雄として敬愛されることとなったと結論づけた。この恵美論文は実証的で優れた研究であるが、宮内省関係者の個人史料や西郷銅像を建設した発起人側の史料が分析対象とされていないため、明治二五年に西郷の銅像が宮城前から上野に移った背景についてはなお疑問が残る。

一方、西郷の肖像については、村野守治氏が西南戦争関連錦絵の点数（一一四一点、六一一場面）を明らかにした上で、西郷の錦絵に虚構が多く、西郷に髭が生えた錦絵が多いことを指摘した(5)。しかし、錦絵以外の数多く描かれた西郷の肖像については、個別実証的な学術研究は管見のかぎりほとんど進んでおらず、特に西郷銅像建設後に描かれた西郷像についてはほとんど研究がなされていない。

図４　上野公園の西郷隆盛銅像（著者撮影）

以上のような先行研究の状況を踏まえて、本論では西郷隆盛銅像がなぜ宮城前から上野公園に移ったのかを検討した上で、西郷銅像の建設後に描かれた、光永眠雷の「西郷隆盛肖像」について考察する(6)。これを検討することにより、一枚の「西郷隆盛肖像」がなぜ描かれたのかを明らかにし、その政治的背景や歴史観に迫りたい。

一　西郷隆盛銅像の上野移設と政治的背景

明治三一年一二月一八日、高村光雲・林美雲・後藤貞行が制作し、岡崎雪声が鋳造した西郷隆盛銅像の除幕式が、上野公園において挙行された(7)。この銅像は元々、宮城前に建設される予定であり、明治二三年七月二八日、銅像発起人総代樺山資紀（薩摩藩出身・海軍大臣）、九鬼隆一（三田藩出身・特命全権公使・帝国博物館総長兼宮中顧問官）が東京府知事に西郷銅像の宮城正門外設置を願い出るため添翰願を提出、八月八日東京府知事から宮内大臣にこの建設願を上申した(8)。そして、明治二四年一〇月一四日、土方久元宮内大臣が宮城正門外に西郷銅像の建設を許可したが、その決定を宮内大臣から東京府に伝達する公文書には「右聴許ス、但場所ノ義ハ追テ相達スヘシ」と具体的な場所について指定していなかった(9)。

しかし、明治二五年一二月八日、宮内省は宮城正門外の設置許可を「詮議ノ次第有之取消」したが、但書で「上野公園地内ニ建設ノ望有之候得ハ博物館長ニ協議ノ上場所選定更ニ出願致サスヘシ」と記されていた(10)。この時の帝国博物館長は出願者の九鬼隆一であり、上野公園はその管理下にあった。その後、九鬼ら発起人は明治二六年三月一五日に上野公園地内への建設を願い出て、同年四月一三日に設置許可を得ることとなったのである(11)。

この経緯について、恵美氏は井上毅の意見書に付記された「故贈三位西郷隆盛ノ記念碑ヲ丸ノ内ニ建設スルノ事ニ付テハ未ダ世ニ発表セズト雖、既ニ物議ノ種子トナリ、殊ニ華族中ニ不服ノ言アルヲ聞ク」との文言を取り上げて華族の反対があったことを指摘した(12)。その上で、恵美氏は『読売新聞』が社説で「国賊」西郷の銅像を宮城正門外に建設することに反対したことを挙げて、華族たちが反対した理由を西郷が「国賊」であったためと推測しているが(13)、具体的に反対した人物やその理由については明らかではない。

西郷銅像の上野移設に関して重要となるのが、明治二五年一二月に西郷銅像の設置許可を取り消した宮内省とそれに応じた銅像発起人総代樺山・九鬼らの動向である。当時の宮内大臣は土方久元（土佐藩出身）、宮内次官は花房義質（岡山藩出身）であったが、皇太后宮大夫の杉孫七郎（長州藩出身）は花房に対して西郷銅像の宮城正門外建設を懸念し、批判的な立場を示していた。杉は明治二五年一月九日、花房に対して書簡を送り、「西郷隆盛銅像西丸下旧元老院辺へ建設之事ハ業已ニ大臣より思食伺定発起人へ内達（ママ）」されることが新聞紙に掲載されて以来、諸有志が議論し「新聞論説を以西郷末路ノ事ヲ引出し論し宮城下ニ銅像建設之不都合ヲ論し候勢ニ可相成」と観察、考慮を促していた[14]。

そして、杉は花房に薩摩出身の元勲黒田清隆や長州出身の元勲伊藤博文・山県有朋、内務大臣の品川弥二郎らと「篤と御協議」するように促したのである。杉は「西郷氏ノ功と罪とハ自ラ天下之公論可有之」と見ており、西郷を「終始勤王ノ功ヲ全して死候維新之功臣」と同列視すべきでないと考えていた。このように、杉は西郷銅像建設に関する新聞報道を憂慮しており、花房に薩長の元勲らとの協議を促したのであった。

さらに、杉は一月一四日付花房宛書簡の中で、一二日朝に発起人総代で宮中顧問官を兼任する九鬼と面会し、西郷銅像に関する自らの意見と「世人之議論等実ニ不穏ニ而考候」と伝えている[15]。これに対して、九鬼は「業已銅像建設之地ハ西城下ハ不都合ニ候、上野公園中へなるも致度事ハ樺山氏ニハ申談置同氏も同感ニ有之」と回答し、建設予定の宮城前（西城下）が西郷銅像に不都合であることを認め、樺山とともに西郷銅像を上野公園に移す形でも建設したいとの意志を示した。このさいに、九鬼は建設有志者には伝えていないが、「いつれ場合を見合て西城下ハ差止候心付ニ而安神致呉候様の確答」をしており、杉も「西城下云々之事ハ都合を以御取消願出候方穏当と考」ていたのである。

一方、九鬼もこの前後と推定される時期、杉に宛てた書簡で「併該件（西郷隆盛銅像）委員若物（ママ）共之情勢ニ於而目下説破致シ難キ次第有之」と伝え、銅像設置場所の変更に対して委員の若者達が納得していない状況を知らせている[16]。その上で、九鬼は「必然願下げ之順序ヲ執リ候積ニ御座候次第」と、宮城前建設の願書取り下げに言及したが、「万一此際速ニ願下げ相成兼候事情」が生じた場合は「事ニより御許可御取り消し之運ヲ願候哉も可被図候」と宮内省による許可取消の可能性についても示唆していた。このように、西郷銅像の建設場所を宮城前（西丸下旧元老院跡）とすることに宮内省内で批判を唱えたのが杉であった。長州藩出身の杉は西南戦争の首謀者西郷を「維新之功臣」と同列視すべきでないと考えており、銅像発起人総代で宮内省とも関わりの深い九鬼と面会し、九鬼から西郷銅像の「西城下ハ差止」との確約を得ていた。

また、九鬼や樺山も宮城前が不都合であれば、九鬼が館長を務める帝国博物館の管理下にあった上野公園への西郷銅像建設に同意していた。杉と九鬼ら西郷銅像発起人のこうした交渉もあって、西郷の銅像は明治二五年一二月八日に宮城正門外の設置許可が取り消され、翌年四月一三日に上野公園への設置が許可されることとなったと考えられる。

二　西郷隆盛銅像の制作とキヨソネの「西郷隆盛肖像」

紆余曲折の末、上野公園で除幕式が行われた西郷隆盛銅像については多くの異論が寄せられた。除幕式に臨席した、西郷隆盛の未亡人糸は「アラヨウ、宿ンしは、（家の人は）、こげん（こんな）人じゃなかってえ（なかったのに）」と叫んだとされている[17]。この発言の意図については、西郷本人と顔が違うからとする説や平素礼儀正しかった西郷が膝

図5　キヨソネ「西郷隆盛肖像」（『日本及日本人』臨時増刊南洲号口絵）

までの着物に兵児帯姿だったからとする説がある。

しかし、西郷銅像が本人に似ていない（?）と思ったのは糸だけではなかった。西郷銅像建設の発起人総代樺山資紀の養子、樺山愛輔は「これを製作するには、高村光雲氏は随分苦心したらしい。何としても西郷さんの特徴であった唇の感覚が出ない」と具体的に唇が似ていない点を指摘している[18]。西郷銅像の木型を制作した、高村光雲本人も西郷の写真がなく、顔を再現するのが困難だったと述べている[19]。そのため、高村は西郷の従兄弟大山巌らに細かく西郷の顔について尋ねて銅像を制作したとしており、高村は「其れをドウやら斯うやら纏めましたが、併し自分ながら不完全で恥ぢ入ります」と述懐している。

また、明治六年政変当時参議であり、西郷とともに下野した板垣退助も「所が世間に伝はる写真油絵石板の類は申すに及ばず、上野の銅像まで私の記臆《ママ》する所とは非常の相違である」と述べており、西郷の顔と銅像が違っている点を指摘した[20]。

こうした背景には、西郷が写真を嫌っていたために、西郷の写真が存在しないという事情があった。[21] 西郷の写真に関しては、西郷の長男で京都市長となった西郷菊次郎が「父は生前写真といふものは唯の一度も取つたことがありません」と述べている。[22] また、板垣も「元来西郷と云ふ人には写真と云ふものがない」と述べており、西郷の写真を参考にして銅像を制作することができなかったのである。[23]

このため、上野公園の西郷銅像制作の原型となったのがキヨソネの「西郷隆盛肖像」であった（図5）。イタリア人の御雇技師キヨソネは明治八年から明治二四年まで大蔵省印刷局に在職、明治天皇らの肖像画などで著名な人物であり、明治一六年にキヨソネが西郷の肖像画を描くこととなった。この時描かれたキヨソネの「西郷隆盛肖像」について、西郷菊次郎は「ソレは額は誰眼や鼻や口は誰といふ様に、一々兄弟や、近親の顔の一部分宛ツギハギして、どうやら父の俤に似たものが出来た」と述べており、[24] 弟の西郷従道や大山巌ら、兄弟親族の顔の一部を組合わせたことが想定される。

三　光永眠雷「西郷隆盛肖像」の成立と政治的背景

西郷銅像の原型となったキヨソネの「西郷隆盛肖像」に対して、反発したのが熊本県出身の洋画家光永眠雷であった。光永は明治一三年に東京工部大学校教授ジケローに入門し、洋画を習得した。そして、明治一七年に光永は印刷局御雇キヨソネの下で油絵を研究した。しかし、光永はキヨソネが描いた西郷の肖像を「実は『西洋人たる南洲翁』とでもいふべき画であつて、日本人たる南洲翁の肖像では無かつたのである」と批判しており、「南洲翁の真像を大成する」決意を固めたとされる。[25] その後、光永は明治三七年に上京、板垣退助を訪問して、その勧めを受ける形で西郷の肖像を描くこととなった。

図6　光永眠雷「西郷隆盛肖像」（岡山県立記録資料館所蔵・著者撮影）

明治三九年二月、板垣と大山巌が両者の眼中に残る西郷の肖像を某画伯（光永）に描かせたことが報道されている[26]。五月三〇日に板垣は光永と西郷侯爵邸を訪問、隆盛未亡人糸、従道未亡人清子、上村彦之丞海軍大将らと面談し、彼らの意見を受けて西郷の肖像を修正した[27]。その修正作業は「其の親しく教へられし所を参照して描き、描きし所の肖像に就きて更に批評を請ひ、批評せらるゝ所に徴して更に似ざる点を正たした《ママ》」というものであり、光永は西郷の縁戚や関係者を訪問しながら、教えられた点を参考にして描き、さらに彼らの批判を得て容貌の異なる点を修正して完成に近づけていったのである[28]。

明治四〇年一一月、光永の描いた西郷の肖像は「最も能く真を得たり」と評価され、板垣や西郷家など関係者から西郷の「真像」との評価を受けた[29]。そして、一一月二八日に西郷家より大山巌の手を経て宮内省に献上されたが、一度下げ渡しとなり、翌四一年一二月九日に明治天皇に「献納済み」となった[30]。さらに、明治四三年九月、日韓合邦（日韓併合）記念として東京神田今川橋青雲堂が光永の描いた「西郷隆盛肖像」の写真版を印刷・発行し、「西郷隆盛肖像」が頒布されることとなった[31]。

図7　光永眠雷「西郷隆盛肖像」（『自由党史』上巻口絵１頁）

それが、岡山県立記録資料館所蔵の光永眠雷「西郷隆盛肖像」（図6）である。[32]「西郷隆盛肖像」の上には明治天皇が見たことを示す「賜天覧」の文字が大書されている。また、光永の跋文が「西郷隆盛肖像」の下部にあり、「賜天覧」の文字と光永の跋文の間に「西郷隆盛肖像」が配置される構図となっている。光永眠雷「西郷隆盛肖像」の跋文は西郷を「翁夙ニ世界ノ形勢ヲ達観シ中興ノ宏謨ニ尽瘁シ維新ノ大業既ニ成ルヤ更ニ大陸ニ向ツテ大抱負ヲ試ントス」とし、明治維新の功績と征韓論の「大抱負」からその功績を高く評価している。しかし、西南戦争にはふれておらず、「時利アラス悠然トシテ逝ク」と記すのみであり、維新の元勲、征韓論＝大陸進出の先駆者としての評価が際だっている。

では、板垣退助が光永眠雷に「西郷隆盛肖像」を描かせた理由は何か。前述したように、板垣は上野の西郷銅像が生前の西郷の顔と違っているとして、違和感を示していた。板垣は「斯様な真像は一あッテ二なき

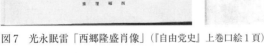

図8　板垣退助写真（『自由党史』上巻口絵2頁）

ものでありますからどうか之（光永の「西郷隆盛肖像」）を以て上野の銅像を改鋳するまでに運びたいと思ッて居ります」とまで発言しており、生前の「西郷真像」を残したいという思いがあったと考えられる。(33)

しかし、より重要な理由として、韓国併合と同じ明治四三年に刊行された板垣退助監修『自由党史』との関係が挙げられる。板垣は明治三二年の政界引退後の仕事として、「自由党史及び南洲肖像を成すを以て自己一生の事業と定め居る」と語っていたのである。(34)

なぜ、自由民権運動の歴史を描いた板垣監修『自由党史』と西郷の肖像が関係するのか。それは（図7）のように、『自由党史』上巻の巻頭口絵に光永の「西郷隆盛肖像」が掲載されているからである。(35)『自由党史』では主たる登場人物の顔写真や肖像画が上・下巻の口絵に掲載されているが、その順番と写真・肖像画の大きさが自由民権運動で活躍した人物の序列を示している。そのため、本来ならば元自由党総理である板垣が一頁目のはずであるが、板垣は二頁目（図8）であり、西郷が一頁目に登場しているのである。

この理由については、第Ⅱ部第四章で詳述したが、板垣が征韓論の同志・「民選議院論者」として西郷を高く評価したために、光永の「西郷隆盛肖像」が描かれ、『自由党史』の巻頭口絵を飾ることとなったと考えられる。

おわりに

本論では、西郷隆盛銅像がなぜ宮城前から上野公園に移ったのかを検討した上で、上野の西郷銅像建設後に描かれた、光永眠雷「西郷隆盛肖像」とそれが描かれた政治的背景や歴史観について考察した。

明治三一年に上野公園で除幕式が行われた西郷隆盛銅像は元々宮城前に建設される予定であった。しかし、西郷隆盛は明治維新の立役者で明治維新政府の参議、陸軍大将であったが、同時に明治一〇年の西南戦争の首謀者でもあった。そのため、一度は宮城前に建設を許可した宮内省内からも反発の声が上がることとなった。その急先鋒となったのが長州藩出身の皇太后宮大夫杉孫七郎であった。杉は西南戦争の首謀者西郷を「維新之功臣」と同列視すべきでないと考えており、明治二五年一月に銅像発起人総代の九鬼隆一と面会し、九鬼から西郷銅像の「西城下ハ差止」との確約を得た。これによって、西郷の銅像は明治二五年一二月八日に宮城正門外の設置許可が取り消され、翌年四月一三日に上野公園への設置が許可されることとなったと考えられる。

しかし、紆余曲折の末に上野に建設された西郷銅像は生前の西郷と似ていないなどの批判を浴びた。また、洋画家光永眠雷は西郷の写真が存在しないことから、西郷銅像の原型となったキヨソネの「西郷隆盛肖像」に対しても「西洋人たる南洲翁」と反発したのである。光永の「西郷隆盛肖像」制作に協力したのが板垣退助であり、板垣は自らが監修した『自由党史』の口絵巻頭に光永の「西郷隆盛肖像」を掲載した。その背景には、西郷を征韓論の同志、「民選議院論者」として高く評価する板垣の歴史観があったと考えられる。

註

（1）青木茂「上野の山の西郷さんより発した連想的絵画論」（『伝統と現代』四七、一九七七年）。
（2）吉田千鶴子「西郷隆盛の銅像」（『うえの』三六九、一九九〇年）、同「西郷さんの愛犬」（『うえの』四一七、一九九四年）。
（3）田中修二『近代日本最初の彫刻家』（吉川弘文館、一九九四年）Ⅲ—3。
（4）恵美千鶴子「西郷隆盛銅像考」（『文化資源学』三、二〇〇五年）。なお、恵美氏の研究成果を踏まえて、西郷隆盛銅像の建設過程について検討した研究として、平瀬礼太『銅像受難の近代』（吉川弘文館、二〇一一年）Ⅰ—2、Ⅱ—2、木下直之『銅像時代』（岩波書店、二〇一四年）第三章三などが挙げられる。
（5）村野守治「西南戦争錦絵について」（『鹿児島女子短期大学紀要』一七、一九八二年）。
（6）なお、本論の原型となった拙稿「光永眠雷『西郷隆盛肖像』の成立」（『中京大学文学会論叢』一、二〇一五年三月）発表後、公文豪「板垣退助と西郷隆盛肖像画」（『土佐史談』二五九、二〇一五年八月）が発表された。公文氏は宮内庁書陵部の新史料「西郷隆盛翁肖像画説明幷画者履歴書」などを駆使し、光永眠雷の詳細な経歴や光永の「西郷隆盛肖像」が西郷の真像に酷似している点を指摘している。
（7）前掲註（3）田中『近代日本最初の彫刻家』一一二〜一一六頁。
（8）前掲註（4）恵美「西郷隆盛銅像考」七〇〜七三頁。
（9）「宮城正門外ニ贈正三位西郷隆盛銅像建設ノ件ニ付宮内大臣ヨリ指令ノ件」（東京都公文書館所蔵『明治廿五年普通第一種稟申録第二課』一〇所収）。
（10）「西郷隆盛銅像宮城正門外ニ建設方聴許ノ処詮議ニ依リ取消シ更ニ上野公園地内ニ於テ場所選定出願ノ儀東京府へ達ノ件」（『明治廿五年重要雑録　総務課』一六号所収、宮内庁書陵部図書課宮内公文書館所蔵）。
（11）前掲註（4）恵美「西郷隆盛銅像考」七二〜七三頁。
（12）前掲註（4）恵美「西郷隆盛銅像考」七二頁および井上毅「特別召集議会に処する意見二通」（平塚篤校訂『秘書類纂　帝国議会資料』下巻〈秘書類纂刊行会、一九三五年〉四三〜四四頁）。
（13）前掲註（4）恵美「西郷隆盛銅像考」七二頁および『読売新聞』明治二五年四月二四日号社説「元寇紀念碑と西郷隆盛の銅像」。
（14）明治二五年一月九日付花房義質宛杉孫七郎書簡（岡山県立記録資料館所蔵「花房端連・義質関係資料」七八七）。なお、杉は書

簡の追伸で西南戦争にさいして「西郷ノ心事ハ可悲可憐当時西郷隆盛叛　天皇震怒ノ字ハ摩滅スヘカラズ」と付記しており、西郷に好意的だったとされる明治天皇の「震怒」についてもふれている。

(15) 明治（二五）年一月一四日付花房義質宛杉孫七郎書簡（前掲註(14)「花房端連・義質関係資料」七八八）。

(16) 年月不詳二六日付杉孫七郎宛九鬼隆一書簡（首都大学東京図書館所蔵「花房義質関係文書〈マイクロフィルム〉」八九―二六）。九鬼隆一は第一次松方正義内閣が臨んだ第二回総選挙（明治二五年二月一五日投票）の選挙干渉を側面から指揮・支援するため、一月一五日に京阪神地方に出張、二月一七日まで滞在している。この書簡には「先比（一月出発前）申上候」の文言があり、また西郷銅像に関する内容から明治二五年一月以降に出された書簡と推定されるが、現時点では確定できない（佐々木隆「干渉選挙再考」〈『日本歴史』三九五、一九八一年〉五八～六〇頁）。

(17) 西郷隆盛銅像除幕式については、島津久敬「西郷隆盛の顔を全調査する」（芳即正編著『大西郷　謎の顔』〈著作社、一九八九年〉所収、六七～七〇頁）、日本放送協会編集『大西郷の謎』（日本放送出版協会、一九八九年）六四～六六頁。

(18) 樺山愛輔『父、樺山資紀』（大空社、一九八八年）一四九～一五一頁。

(19) 『中央新聞』明治三一年四月二七日、四月二九日号雑報「名匠苦心譚西郷南洲像の原形（一）（二）」。鋳造を担当した岡崎雪声も、高村が西郷銅像の制作にさいして、西郷の写真がなく、生前の肖像を知る人物がいなかったこと、「元印刷局御雇キヨソネ氏の石版画を根拠として翁が生前の知己親戚に付き一々其の好否を問」うたことを証言している（『国民新聞』明治三一年一二月一八日号雑報「岡崎雪声氏の西郷銅像鋳造談」）。

(20) 『土陽新聞』明治三九年六月五日号雑報「老西郷の面影（板垣伯の談）」上。

(21) 明治五年、岩倉使節団に随行中であった西郷の盟友大久保利通が米国で撮影した写真を西郷に送付したさい、西郷は「尚々貴兄の写真参候処、如何にも醜体を極候間、もふは写真取は御取止可被下候。誠御気の毒千万に御座候」と返書しており、大久保に対して写真撮影を取りやめるように勧告している（明治五年二月一五日付大久保利通宛西郷隆盛書簡〈大川信義編『大西郷全集』二巻、大西郷全集刊行会、一九二七年、五八六～六〇四頁〉）。この書簡は西郷が写真を嫌っていたことを示す史料としてしばしば引用される。

(22) 西郷菊次郎「思ひ出づるまゝ」（『日本及日本人』臨時増刊・南洲号〈以下、『南洲号』と略す〉明治四三年九月二四日）。

(23) 註(20)と同じ。

(24)　註(22)と同じ。なお、西郷銅像の作成にさいしては、西郷従道の写真や西郷が維新期に着用した衣冠なども参考に用いられたことが報道されている（『時事新報』明治二六年六月一日号雑報「故西郷翁の銅像」）。
(25)　光永眠雷「南洲翁肖像を描きし径路」（前掲註(22)『南洲号』）。なお、光永は明治一九年に鹿児島の大龍学校の絵画教師となり、西郷像の資料を収集した後、明治二七年大龍学校を辞職、九州・中国・関西各地を漫遊したとされる。
(26)　『土陽新聞』明治三九年二月一四日号雑報「板伯と老西郷」。
(27)　『東京朝日新聞』明治三九年六月一日号雑報「板垣伯と南洲画像」。
(28)　註(25)と同じ。なお、明治四〇年二月一七日、板垣伯寿筵答礼園遊会が開催されたが、その席上、板垣が食堂に「半ば出来」した「大西郷の油絵」が展示されていることを紹介し、観覧を呼びかけている。この「大西郷の油絵」は光永が作成中であった「西郷隆盛肖像」と考えられる（『土陽新聞』明治四〇年二月二〇日号雑報「板垣伯の園遊会」）。
(29)　註(25)と同じ。
(30)　「六尺の筆を以て画く　光永眠雷氏」（『東京エコー』二巻二号、明治四二年一月一五日）、明治四一年一二月九日付大山巖宛田中光顕書簡写（岡山県立記録資料館所蔵「賀陽郡川入村犬養家資料」二〇〇五、「光永眠雷筆西郷隆盛画像（印刷）」表紙）。
(31)　『読売新聞』明治四三年九月八日号雑報「西郷南洲の肖像」、『東京朝日新聞』明治四三年九月八日号雑報「西郷隆盛肖像発行」。
(32)　光永眠雷「西郷隆盛肖像」（前掲註(30)「光永眠雷筆西郷隆盛画像（印刷）」）。前掲註(22)『南洲号』の口絵にも、光永の「西郷隆盛肖像」が掲載されている。
(33)　『土陽新聞』明治三九年六月六日号雑報「老西郷の面影（板垣伯の談）」下。
(34)　註(25)と同じ。
(35)　板垣退助監修、宇田友猪・和田三郎編纂『自由党史』上巻（五車楼、明治四三年）、巻頭口絵一頁。

第五章　板垣退助岐阜遭難事件の伝説化

——『自由党史』における記述の成立過程を中心に——

はじめに

明治一五（一八八二）年四月六日、岐阜県厚見郡富茂登村（現岐阜市）の中教院で開催された懇親会の終了後、自由党総理板垣退助が愛知県の学校教員相原尚褧に襲撃され、負傷した。この事件は板垣退助監修『自由党史』のハイライトであり、板垣が相原を睨みつけて、「板垣死すとも自由は死せず」と叫んだとされていることでも有名である(1)。本章ではこの板垣退助岐阜遭難事件（以下、板垣遭難事件と略す）の伝説化について考察する。

板垣遭難事件に関する先行研究は、名言「板垣死すとも自由は死せず」の真偽・脚色に関する研究が中心となってきた。尾佐竹猛氏は当事者板垣の聞き取りや各種史料からその名言を検討した上で、板垣が負傷後に発言した長い言葉の一句が他の言葉と切り離されて、漢文風の「板垣死すとも自由は死せず」となり、相原に対して一喝した形に美化されたと推定した(2)。一方、松井幸子氏は板垣の名言について小室信介の著書『東洋民権百家伝』と結びつけて議論した上で、板垣の発言は小室の文学的演出によって名言化したことを指摘した(3)。小玉正任氏は岐阜県御嵩警察署詰御用掛岡本都嶼吉の探聞史料などを中心に板垣が「吾死スルトモ自由ハ死セン」という「板垣死すとも自由は死せず」

に近い発言をしたことを論証した。その上で、小玉氏は、明治二六年の岩田徳義「板垣君岐阜遭難記録」でほぼ名言の形が決まり、明治四一年の岩田『板垣伯岐阜遭難録』を経て、『自由党史』で名言「板垣死すとも自由は死せず」に確定したことを明らかにした(4)。

福井淳氏は自由党、明治天皇・政府、後藤象二郎・井上馨ら官民調和派（板垣洋行を実現するグループ）の板垣遭難事件への対応を政治史の観点から分析した。その上で、福井氏は自由党本部が人員不足と後藤らの板垣洋行へ向けた策動から事件に対して組織的な対応ができなかった一方で、明治天皇・政府が勅使派遣により一時流動化した政局の主導権をふたたび掌握したことを論証した(5)。さらに、土谷桃子氏は板垣遭難事件が数ヵ月後に高知および岐阜・名古屋で芝居化されたことを分析し、両者の類似点・相違点を指摘した(6)。

一方、遠山茂樹氏は『自由党史』で特筆された、板垣の岐阜中教院における演説について、「貧富の懸隔が増大し、『国民同等の権利は其憲法上に認めらる、も、其実権は小数富者の為めに蹂躙せられ』との憂慮を述べているが（中略）、この箇所は、当時発行されたパンフレットおよび小久保喜七編『板垣先生演説』にはともにない。後人恐らくは編者の附加と考えて良いだろう」と指摘した(7)。これは、『自由党史』の改変に関する重要な指摘であるが、解説の末尾にわずか四行、「若干の実例」として言及されたにすぎない。

このように、板垣遭難事件とそれを特筆した『自由党史』には、先行研究では検討されていない疑問が残っている。第一に、板垣遭難事件のさいに自由党系新聞や、事件の舞台となった岐阜の濃飛自由党がどのように対応したのかという点である。これを解明することによって、板垣遭難事件を自由党系新聞の動向と濃飛自由党の顕彰運動という新たな視座から捉え直すことができよう。第二に、板垣遭難事件とその名言がどのように伝説化され、『自由党史』の記述に至ったのか、その問題点はどこにあるのかという点である。特に、小玉氏が指摘した岩田徳義「板垣君岐阜遭難記録」とその編纂過程や、板垣の中教院における演説を分析し、それが『自由党史』にどのように影響したのかを検討する必要があろう。

そこで、本章では、上記の疑問点を踏まえた上で、板垣遭難事件について以下の三点から検討する。第一に、板垣遭難事件直後の自由党系新聞による立憲帝政党とその機関紙『東京日日新聞』に対する批判を取り上げた上で、『東京日日新聞』の社説「名実ノ弁」誤報問題を考察する。第二に、板垣遭難事件の名言「板垣死すとも自由は死せず」の変遷を検討した上で、現在に伝わる『自由党史』の原型となった、岩田徳義「板垣君岐阜遭難記録」成立の背景を濃飛自由党による板垣遭難事件顕彰運動を踏まえて分析する。第三に、板垣の中教院における演説、「名実ノ弁」誤報問題について、『自由党史』によって改変された箇所を指摘した上で、その政治的背景を考察する。

これによって、板垣遭難事件が伝説化する過程を明らかにするだけでなく、『自由党史』の問題点やその歴史観、政治的背景を指摘することができると考える。そして、それは板垣ら土佐派や濃飛自由党関係者がどのような自由民権運動像を後世に残そうとしたかについても、明らかにするであろう。

一　板垣遭難事件と『東京日日新聞』の「名実ノ弁」誤報問題

明治一五年三月、岩田徳義を中心に「板垣来岐のために即成に作られ一本化した名目的組織」濃飛自由党が結成された[(8)]。その背景には、「依て先づ吾が岐阜県民の心を奮起せしむるには、板垣総理を迎へて一大運動を試るに若かず」というように、板垣の岐阜遊説によって当時停滞していた岐阜県の自由民権運動、ひいては濃飛自由党の党勢拡張を図る岩田の戦略があった[(9)]。

四月六日の板垣遭難事件直後から、自由党系新聞による立憲帝政党・『東京日日新聞』批判が開始された。自由党系の『愛岐日報』は板垣の名言は刺客をにらみつけたさいの発言であるとし、板垣の行動を「東洋ノ一人傑」、「吾人自由伸暢ヲ欲スルモノ誰レカ感奮セサランヤ」と高く評価した。そして、相原＝反対党（立憲帝政党）の一員が板垣を襲撃したと批判した上で、板垣の名言を引用して日本の自由は滅びずと論じている。さらに、勅使が板垣を見舞ったことを挙げて、板垣が「治世ノ姦雄」ではないと強調した。(10)

また、自由党系の『日本立憲政党新聞』も相原が漸進党派＝立憲帝政党系に属しており、『東京日日新聞』の板垣に対する讒言を信じて犯行に及んだと批判した。そして、事件の黒幕として立憲帝政党とその機関紙『東京日日新聞』の存在に言及した上で、板垣の「至誠」は勅使派遣により、明治天皇の知るところであると論じたのである。(11)このように、『愛岐日報』、『日本立憲政党新聞』の報道は相原の背後に立憲帝政党・『東京日日新聞』の存在を指摘し、天皇の勅使派遣を根拠に板垣は姦雄ではないと反論するものであった。

こうした批判に対して、『東京日日新聞』は社説で「甚シキハ是レ立憲帝政党ノ罪ナリトマデニ放言シ、直ニ我党ヲ天下ニ誣告シテ暗殺首謀ノ罪ニ陥ラシメント欲スルニ至レリ」と、立憲帝政党を暗殺首謀者とする批判に反論した。(12)

こうした板垣遭難事件をめぐる新聞紙上の批判合戦のさなか、『東京日日新聞』五月五日号社説に「名実ノ弁」が掲載された。(13)『東京日日新聞』の福地源一郎（主筆・日報社社長）は「頃日某政党ノ領袖タル某君ガ東山道某地ノ会場ニ於テ演説セル語中ニ日本人民代理○○君ハ云々ト憚ル色ナク申サレタリト云ヘリ」として、板垣と思しき「政党ノ領袖」が東山道の某地で、天皇を日本人民代理○○君と呼んだとする不敬発言を報道したのである。福地はこの字句を捉えて、板垣が天皇を代理と見るのは暗に臣民を主人とし、上下を倒置するものであり、日本の国体を傾けると批判したのである。

これに対して、『日本立憲政党新聞』は『東京日日新聞』の記事を「其尤モ譏誣ヲ極メ尤モ欺罔ヲ極メタルノ文ヲ我公衆ノ前ニ刊行シタリ」と厳しく批判し、「名実ノ弁」などを全文掲載して反論した。その上で、『日本立憲政党新聞』は『東京日日新聞』が言及した「政党ノ領袖」は板垣であることを論証した上で、この記事が岐阜遭難事件に続いて、「再ビ君ヲ刺シ君ヲ殺スノ兇行」を教唆するものと厳しく批判した。さらに、板垣の東海道遊説の演題から、板垣が尊王の実は我が党にあると述べたとし、板垣と自由党の「尊王論」を強調したのである[14]。一方、自由党本部も『東京日日新聞』の記事に敏感に反応した。五月九日、自由党の谷重喜らが『東京日日新聞』の福地に抗議、謝罪に追い込んだ。谷らと福地の談判で確認された条件は「第一　我党ニ対シ別紙ノ如キ謝罪状ヲ差シ出シタリ、第二　日報社社説ニ於テ謝罪ノ文章ヲ記載スルコト、第三　本月五日ノ該社説ハ全ク無根ノ空説ナルコトヲ社会公衆ニ広告スルコト」であった[15]。そして、自由党本部幹事の名前で各地党員に報告書・謝罪状の写しを急送し、自党の正当性を宣伝する一方、立憲帝政党系の卑劣さを強調したのである。

こうして、『東京日日新聞』は一連の経緯を説明し、謝罪文や謝罪広告を紙面に掲載することとなった。まず、『東京日日新聞』は五月一二日号社説「悔悟ノ趣意」で、「今ニシテ其果シテ無根虚搆ノ報道タルコトヲ知リヌ、吾曹茲ニ我ガ妄報ニ誤ラレ粗忽ニ虚説ヲ記載シタルハ吾曹生涯ノ過ナルコトヲ社会公衆ニ告ケテ之ヲ謝スル也」と、謝罪した[16]。

さらに、『東京日日新聞』は同日号雑報の「取消の顚末」で、自由党側が「名実ノ弁」は、板垣と自由党に対する名誉毀損であり、社会に風波を起こすものと批判したのに対して、福地が無根の虚説に誤られたとして謝罪した経緯を説明し、謝罪状も掲載した。その謝罪状には「貴党幷ニ貴党総理板垣君ノ名誉ヲ毀傷スルノ結果ヲ露ハシ兼テ社会ヲシテ風波ヲ起サシメントスルノ場合ニ立到リ候段、実ニ拙者ガ予期スル所ノ外ニ出デ弊社ニ於テ恐悚ノ至ニ堪へズ」と記されている(17)。さらに、『東京日日新聞』は自らの誤りを同日号の広告欄の左隅に「本月五日刊行ノ我日々新聞紙上ニ登録セル社説ハ全ク無根ノ説ヲ記セシモノナルヲ以テ茲ニ其取消ヲ社会公衆ニ広告ス。東京日報社」と掲載した(18)。この広告は人相見や古本屋の広告よりも小さく、『東京日日新聞』のささやかな抵抗を読み取ることができよう。

この事件について、政府系新聞『朝日新聞』は福地が取消の社説・謝罪状・広告案も自身で執筆したことを挙げて、「実に新聞創始以来未曾有の鄭重なる謝罪状なり」と論じている(19)。この誤報事件は、明治一六年四月の新聞紙条例全面改定の前であり、正誤文掲載要求権は規定されていなかったが(20)、福地と『東京日日新聞』は謝罪に追い込まれ、福地はその名声を失墜させた(21)。そして、この事件は『自由党史』に至る自由党系の歴史編纂にも影響することとなるのである。

二　濃飛自由党と板垣遭難事件の伝説化

1　濃飛自由党による板垣遭難事件顕彰運動

板垣遭難事件直後、板垣には見舞客や見舞状が殺到し、「此度の難を訪ふもの已に数百人電信文紙を寄する者は数千に及」ぶ状況であった(22)。また、静岡県の嶽南自由党は「吾党ハ其平生ノ友誼懇誠ヲ表シ君カ憂患ヲ慰センカ為メ」自由党本部へ寄付金を送るよう「駿遠豆有志諸君へ広告」しており(23)、自由党常議員の後藤象二郎らも檄文を出して、東京在住の高知県出身者に対して見舞金募集を呼びかけている(24)。

そして、板垣遭難事件の顕彰が、板垣の鮮血を浴びた遺物や写真をめぐって開始された。濃飛自由党員の大野斉市は血に染まった「右の袖」を「此血ハ我子孫に伝ふべき勲章なりとて之を秘蔵」しており、滋賀県の自由党員小倉英之も「其縮緬の羽織と八丈の衣服の朱に染りしを見て此衣千金の値を生ぜりとて衆人に誇示し揚々自得」している。(25)一方、東海自由党員村雨案山子の妻信子は板垣が着用していたシャツを貰い受け、「信子ハ悲しき中の喜ひとて最と大切になし堅固に秘蔵して後来の参考に供すること」としたが、これを聞いた東海自由党員が「東海自由党の蔵物として長く後世に伝へん」と語り合っている。(26)こうした顕彰と板垣人気は一種の社会現象となり、「板垣退助君が負傷の後は俄に其写真の値まで非常に騰貴して其購求者の多きが為め薬の焼過ぎて写し損じといふべきものまで残らず一時に売切りし」という有様であった。(27)

このような状況下で、板垣君記念碑建設運動が開始された。中心となったのは表9のように、一三名中一二名が濃飛自由党員であり、板垣遭難事件について執筆することとなる岩田徳義も参加していた。板垣君記念碑建設運動は、事件直後の八日頃にすでに建設の動きがあり、小室信介が八日夜に認めた書簡にもその動向が報じられている。(28)そして、板垣遭難を記念した「板垣君記念碑建設ノ広告」が明治一五年四月二〇日に『日本立憲政党新聞』、二五日に『愛岐日報』、二六日に『愛知新聞』にそれぞれ掲載された。「板垣君記念碑建設ノ広告」は「依之我輩ハ同志ト相謀リ一大記念碑ヲ建設シ同氏（板垣）カ英名ヲ千歳ニ垂レ自由ノ血痕ヲ不朽ニ伝ントス」るよう呼びかける内容であった。(29)

しかし、板垣は記念碑建設を断った。これに対して、濃飛自由党は建設準備をほぼ終えて、各地有志家からの金員も集まったとして板垣に再考を求めている。彼らは記念碑建設が「板垣君の一身の事を紀念せんが為のみならず、我自由主義の張揚の迹を紀念するが為めにする者なれば是非其の志を達し度」と熱望したが、結果的に実現しなかった。(30)

表9　板垣退助君記念碑建設の寄付者一覧表

	寄付者	住　所	寄付金額	濃飛自由党員	板垣遭難事件の際に現場にいたことが確認できる者
1	鈴木盛公	愛知県名古屋区裏門前町	2円		○
2	岩田徳義	岐阜県厚見郡岐阜町	5円	○	○
3	村山照吉	岐阜県方県郡安食村	5円	○	○
4	安田節蔵	岐阜県恵那郡岩村	5円	○	
5	早川啓一	岐阜県安八郡大垣町	5円	○	○
6	後藤秀一	岐阜県方県郡河渡村	5円	○	○
7	伊藤一蔵	岐阜県安八郡大垣町	5円	○	○
8	藤吉留吉	岐阜県山県郡太郎丸村	5円	○	○
9	杉山小五郎	岐阜県国山県郡高富村	5円	○	○
10	能勢元造	岐阜県方県郡雛倉村	5円	○	○
11	山田頼次郎	岐阜県厚見郡岐阜町	5円	○	○
12	曾我部市太	岐阜県方県郡曾我屋村	5円	○	
13	本多政直	岐阜県厚見郡岐阜町	5円	○	○

＊出典　『日本立憲政党新聞』明治一五年四月二九日号雑報，藤吉留吉編『自由党総理板垣君遭難詳録』，『岐阜県史』史料編近代1(岐阜県，1998年)540～562頁より作成．

こうした背景には、板垣遭難事件を利用した濃飛自由党による党勢拡張の動きがあった。

「又東美濃辺は近来勃然と自由家の興起なし、今度板垣君の来遊に付き岩村中津川苗木太田土田村等到る処自由家のあらざるハなき程なりしが、今度の変事あるや否又勃然と盛んになり甚しき増殖をなすに至りたりと云ふ」と報じられており[31]、東濃では二百余名が団結して各地へ党員を派遣し人心を誘導したことや、西濃では濃飛自由党本部が大垣へ移転し、『濃飛自由新聞』を刊行するといった具体的な党活動も報じられている[32]。

一方、濃飛自由党は板垣遭難事件の書籍出版も計画しており、四月二六日には「板垣君遭難詳録発兌広告」が『愛知新聞』に掲載された[33]。これは、同年五月、藤吉留吉編輯『自由党総理板垣君遭難詳録』(以下、『板垣君遭難詳録』と略す)として刊行された。その特徴は、濃飛自由党が編纂した正史であり、現場に居合わせた濃飛自由党員藤吉が編輯(実際には、岩田徳義が執筆—後述)、山田頼次郎が出版したことである。

彼らは「当時吾自由党諸士ガ同君ノ難ニ罹ラレタル現場ノ実況ヲ親シク目撃シタルモノヲ筆記」して全国の党員や世上の同好の

士に配布する目的で編集しており、当然、濃飛自由党の活躍も活写された。(34)また、板垣が大野斉市に「諸君嘆する勿れ退助ハ死すとも自由は滅せざるなり、諸君勉めよや」と語る名言が登場しており、自由党よりも立憲帝政党・政府が過激とする発言が登場する点も注目される。(35)

2 「板垣死すとも自由は死せず」の変遷と「板垣君岐阜遭難記録」の成立

本項では、板垣の名言「板垣死すとも自由は死せず」がどのように『自由党史』に収斂していったのかを検討した上で、『自由党史』の原型となった岩田徳義「板垣君岐阜遭難記録」編纂の政治的背景を考察する。表10では、板垣の名言と発言相手を、当時の探聞史料や板垣遭難事件についてまとめた主要な編纂物(①〜⑧)および自由党系・立憲改進党系・政府系新聞などの新聞各紙(⑨〜⑱)によってまとめた。この表10を参照すると、「板垣死すとも自由は死せず」は事件当初、三つのパターンが存在していたことが分かる。Aは板垣が相原に向かって叫ぶパターン(③・⑦・⑧・⑨・⑩・⑬)であり、『愛岐日報』⑨では「板垣は死すとも自由の精神は死ナン」となっている。

次に、Bは板垣が周囲の人物、あるいは大野斉市に向かって、慰めの言葉をかけるパターン(①・④・⑤・⑥・⑫・⑭・⑮)であり、『板垣君遭難詳録』④では「諸君嘆する勿れ退助ハ死すとも自由は滅せざるなり諸君勉めよや」となっている。そして、Cは相原に向かって発言し、大野にも発言するパターン(⑯・⑰・⑱)であり、『土陽新聞』⑰では、「汝予を殺すも自由は死せぬぞ」、「諸君嘆かれな退助は死するとも日本の自由は亡びませぬぞ」となっている。また、『愛知新聞』⑯では、第一報(四月八日号)でAのパターンを、第二報(四月九日号)でBのパターンを報道しており、AとBのパターンが結合されたのがCといえよう。

この内、相原に向かって発言するAのパターンが現在知られている『自由党史』の場面となっていった。明治二

表10 史料から見た板垣退助の名言一覧表

番号	史料名・出典	新聞・著者の党派・役職	板垣の名言	名言の発言相手
①	「自由党本部報」臨時報(明治一五年四月六日)	自由党本部	板垣ハ死スルトモ自由ハ亡ヒスト	(B)竹内綱、小室信介等
②	岡本都嶼吉「探偵上申書」(『公文別録』「板垣退助遭害一件」所収、明治一五年四月一〇日、別00093100)	岐阜県御嵩警察署詰御用掛	吾死スルトモ自由ハ死セン	(?)
③	川俣正名「岐阜県令小崎利準宛供覧文書」(『公文別録』「板垣退助遭害一件」所収、明治一五年四月九日、別00093100)	岐阜県警部長	我今汝カ手ニ死スルコトアランモ自由ハ永世不滅ナルヘキゾ	(A)相原尚褧
④	藤吉留吉編輯『自由党総理板垣君遭難詳録』(明治一五年五月)	濃飛自由党	諸君嘆する勿れ退助ハ死すとも自由は滅せざるなり諸君勉めよや	(B)大野斉市
⑤	東洋太朗閲、中島市平編輯『板垣君近世記聞』(明治二一年三月)		君等決して嘆かるゝなかれ仮令退助はこのまゝ死すとも自由は滅する事あらじ勉められよ〳〵	(B)大野斉市
⑥	岩田徳義「板垣君岐阜遭難記録」(明治二六年九月)	自由党濃飛支部	仮令退助は死すとも、自由は死せず	(B)諸氏
⑦	岩田徳義『板垣伯岐阜遭難録』(明治四一年一二月)	元濃飛自由党員	板垣は死すとも自由は死せず	(A)相原尚褧
⑧	板垣退助監修『自由党史』(明治四三年三月)	元自由党総理	板垣死すとも自由は死せず	(A)相原尚褧
⑨	『愛岐日報』明治一五年四月八、一一日号	自由党系	板垣は死すとも自由の精神は死ナン	(A)相原尚褧
⑩	『函右日報』明治一五年四月一一日号(東京通信者よりの報道)	立憲改進党系	咄何者の兇児ぞ吾を刺すたとへ吾死すも自由は死ざるなりと	(A)相原尚褧
⑪	『日本立憲政党新聞』明治一五年四月一一日号	自由党系	×	×

⑫	『朝日新聞』明治一五年四月一一、一三日号	政府系	嘆き玉ふな板垣は死すとも自由は亡びませぬぞ	(B)大野斉市
⑬	『読売新聞』明治一五年四月一二、一四日号		我を殺して何とかする板垣ハ死すとも自由の精神ハ死なぬぞ	(A)相原尚褧
⑭	『東京日日新聞』明治一五年四月一二日号(『愛知新聞』明治一五年四月九日号付録を参照)	政府系(立憲帝政党機関紙)	諸君歎ずる勿れ板垣退助死するも日本の自由ハ滅せざるなり諸君勉めよ哉	(B)大野斉市
⑮	『明治日報』明治一五年四月一三日号	政府系	諸君歎ずる勿れ板垣退助死するも日本の自由は滅せざるなり諸君勉めよや	(B)大野斉市
⑯	『愛知新聞』明治一五年四月八、九日号(自由党員起草・板垣総理閲覧としている附録)	自由改進主義	①我を殺して何を為さんとする我ハ設令ひ兇賊の手に斃るゝも自由の精神ハ変せぬぞ ②諸君嘆する勿れ板垣退助死するも日本の自由ハ滅せさるなり諸君勉めよ哉	(C)①相原尚褧②大野斉市
⑰	『土陽新聞』明治一五年四月一五日号	自由党系	①汝予を殺すも自由は死せぬぞ ②諸君嘆かれな退助は死するとも日本の自由は亡びませぬぞ	(C)①相原尚褧②大野斉市
⑱	『自由新聞』明治一五年七月六日号「板垣氏難ニ岐阜ニ遭フノ事実ヲ紀ス」(板垣に直接聴いて執筆したとしている)	自由党系	①卑怯哉爾縦ヒ能ク我ヲ殺スモ日本ノ自由豈滅焉乎哉 ②乞フ哀ムヲ休メヨ雖使板垣退助死スルモ豈ニ自由主義ノ滅スルアランヤ子且ツ勉焉	(C)①相原尚褧②大野斉市

＊名言の発言相手　冒頭に示した（A）（B）（C）はそれぞれ（A）は相原、（B）は周辺の人物あるいは大野、（C）は相原と大野両方を指す。なお、（？）は発言相手不詳、×は類似の発言自体が記載されていないことを示す。

六年の「板垣君岐阜遭難記録」⑥は「諸氏」に対して発言するBのパターンであるが、名言の内容は「仮令退助は死すとも、自由は死せず」であり、『自由党史』に近づいている。そして、明治四一年の『板垣伯岐阜遭難録』⑦で「板垣は死すとも自由は死せず」となって、相原に発言する現在の形となり、明治四三年の『自由党史』⑧の「板垣死すとも自由は死せず」へつながっていったのである。(36)

では、次に名言の原型を作ったとされる、岩田の「板垣君岐阜遭難記録」を検討する。「板垣君岐阜遭難記録」は明治二六年九月～二七年五月にかけて岩田が主宰した雑誌『文明之利器』に連載された[37]。第一篇の序文で、岩田は板垣遭難事件のさいに、「当時直ちに一ツの書冊を著はし、則ち『板垣君遭難詳録』と云る者を出版して之れを世に公にせり」と述べており、『板垣君遭難詳録』を岩田が執筆したことが分かる[38]。そして、岩田は十数年を経てふたたび板垣遭難の歴史を執筆するさいに『板垣君遭難詳録』を探したが見つからず、『板垣君遭難詳録』の中から「其事実を写出したるもの多きに似た」、「板垣近世記聞」を「彼此取捨して一篇の実歴史を草しぬ」と述べている[39]。

そこで、「板垣君岐阜遭難記録」の特徴を『板垣君遭難詳録』と比較して、類似点と相違点を指摘したい。まず、類似点としては「板垣君岐阜遭難記録」は一篇が板垣遭難事件、二篇で相原の素性と犯行準備、事件後の板垣の動向などについて叙述された点であり、文体などの類似性から、『板垣君遭難詳録』の影響が見受けられる。

一方、相違点としては、「板垣君岐阜遭難記録」では名言の原型となる「仮令退助は死すとも、自由は死せず」が誕生したことであり、発言相手も『板垣君遭難詳録』の大野から「諸氏」へと変更された。また、「板垣君岐阜遭難記録」では『板垣君遭難詳録』と異なり、三・四・五篇に岐阜重罪裁判所における相原の裁判記事が書き加えられた。さらに、「板垣君岐阜遭難記録」では、『東京日日新聞』批判が登場し、相原が「唯偏に板垣君を国家将来の賊とのみ思ひ誤りしは完く平素深く東京日々新聞を読みて心酔せしものに起因したりと云ふ」として、福地源一郎が「殊に自由党を攻撃することの太しかりし」ため、方向を誤った相原が出現したと強調したのである[40]。

岩田が『東京日日新聞』を批判した背景には、彼の歴史認識があった。岩田が明治二五年五月に執筆した「過激疎暴とは奈何」で「過激疎暴」の言葉は立憲帝政党、『東京日日新聞』が自由党を批判したさいに使用したものであり、その結果、相原が板垣を襲撃したとして『東京日日新聞』の「毒筆」を厳しく批判していた[41]。つまり、板垣遭難事件は『東京日日新聞』の「過激疎暴」論＝「毒筆」が生み出したものとの認識が明治二〇年代にも継承され、「板垣君岐阜遭難記録」の『東京日日新聞』批判へとつながったと考えられる。

明治二四年一〇月二〇日、東京神田錦輝館における自由党政談演説会で板垣が演説中、青年義団の暴漢金山米次郎に襲撃された板垣遭難未遂事件が発生した。しかし、板垣は負傷することなく、演説を続行し、板垣遭難事件の名言にふれたとされる。(42)『自由党党報』では、板垣が「諸君、性命が惜しい様な事で政治上の運動が出来る者ではありません、私は最早や死に残りの身である、曾て岐阜の難に遭ふや、板垣は死しても自由は亡びずと覚へず、口を突ひて出でたのであります」と述べたとされており、(43)『国民新聞』でも、板垣が「予豈に生命を惜むものならんや、予は幾度か万死を出でて今日に余生を送るものなり、予が論は予が云ふに非らず、輿論が之を云ふなり、板垣死すとも自由は死せずと云ひしに至りては、坐ろに往年岐阜の遭難を追懐せしめたり」と報道されている。(44)『国民新聞』の記事に登場する板垣の発言はまったく『自由党史』の名言と同じであるが、『自由党党報』と比較すると、記者が板垣の発言を漢文調に文飾していることが分かる。

また、当該期は自由党の歴史編纂に対する意識が高まった結果、小室重弘「党史編纂論」(明治二五年)、栗原亮一・宇田友猪編『板垣退助君伝』第一巻(明治二六年)が相次いで発表され、土佐派による「明治維新観」の形成が進行した時期であった。(45)こうした状況下で、小室は明治二六年五月に「板垣翁遭難十一周年」を発表し、板垣が岐阜中教院で「板垣は死すとも自由は死せず」の名言を発したことを取り上げた。(46)その上で、小室は「殊に板垣翁が、岐阜中教院に流がしたるの鮮血は、其最も悲むべく、痛むべきものにして、我立憲史と共に、永く消滅せざるの事迹なり、嗚呼、明治十五年四月六日は国民、長く之を記臆《(ママ)》せん」と論じて、立憲政治の成立過程に板垣遭難事件を位置づけたのである。

岩田も「板垣君遭難記録」の序文で、日本の立憲政体史を研究するには自由党の政党史を考究する必要があるとした。その上で、岩田は立憲政体を作ったのは自由党であり、それを首唱したのが板垣であるとして、「然らば彼の世に有名なる岐阜遭難事件の如きは、宜しく其事実を洩れなく伝へて世に公にせざるべからず、幸にして予は当時其事に関係して終始実歴史を詳悉し得るものあれば、毫も遺漏なく之れを記載すること、せり」と、小室同様、板垣遭難事件の重要性を立憲政体史に位置づけて述べている(47)。

このように、明治二〇年代には「板垣死すとも自由は死せず」に近い表現が定着しつつあった。そして、板垣遭難事件を立憲史に位置づける動きが自由党の中にあり、こうした状況下で、明治二六・二七年に板垣退助の岐阜遊説が計画された。明治二五年一二月二五日、岩田は上京して院外運動を展開する一方(48)、自由党事務所で「板垣総理及び河野氏に向つて岐阜県下へ来遊あらんことを請」うたのである(49)。これに対して、板垣は「故ありて」辞退し、石塚重平幹事から明治二六年三月一八日付で河野広中の遊説が決定したことが岩田に通知された。その前日の三月一七日付板垣退助宛岩田徳義書簡によると、岩田は第四議会開会中、河野の岐阜県漫遊について板垣より承諾を得て、石塚幹事も斡旋していたとした上で、「万々一河野君漫遊ノ儀ニ付行違ヒ候テハ将来我党ノ運動上ニ関シ大ニ信容(ママ)ヲ害シ併テ野生等ノ運動上ニ付困難無極次第ニ有之」として、河野の漫遊について再度板垣に石塚へのとりなしを依頼した(50)。この背景には、岩田の板垣と河野の遊説に対する期待があり、明治一五年の板垣遊説と同じ構図であることが理解できる。

四月二日、岐阜県自由党の会合で岩田が河野の招聘を主張する中、激論の末、「星、河野両氏の中都合よき人を招聘する」こととなり、河野だけでなく、自由党の領袖星亨衆議院議長の招請も決定されたのであった(51)。結局、河野の岐阜遊説は実現せず、星亨招聘事務準備委員に岩田・山田頼次郎・堀部松太郎・関口親章・勝野猪八の五名が決定された(52)。

そして、四月一八日から二三日に星亨の岐阜遊説が実施されたが、星の遊説に岩田は招聘事務準備委員でありながら姿を見せなかった(53)。こうした対立の背景には、自由党濃飛支部内で「温厚派」とされる「佐久間（国三郎）派」と、自由民権運動以来の伝統を保持する急進的な「濃飛派」の対立構造があったとされ、しかも「濃飛派」も「堀部（松太郎）派」と「岩田派」に分裂しつつあった(54)。「堀部派」は政治的距離の近かった自由党の領袖大井憲太郎が脱党した後、自由党の藩閥政府への接近を主導する星亨に接近した。そして、堀部と佐久間が名古屋滞在中の星に岐阜遊説を依頼した結果、板垣や河野に近く、河野招聘を主張する「岩田派」が強く反発したのである(55)。

明治二七年三月一日の第三回総選挙を前に、一月七日、自由党濃飛支部は集会で衆議院議員候補者を第一区（厚見・各務・方県郡・岐阜市）山田頼次郎、第四区（池田・大野・本巣・席田・山県郡）堀部松太郎、第五区（郡上・武儀郡）岩田徳義、第七区（大野・益田・吉城郡）井上利右衛門に決定し、第六区（加茂・可児・土岐・恵那郡）については、自由党東濃支部の選定に委任した(56)。しかし、岩田と堀部の対立は続き、自由党の分裂が報道される状況であった(57)。

こうした状況下で、自由党の候補者、特に岩田は苦戦を強いられた。岩田苦戦の原因は地盤の弱さ（愛知県岡崎町出身で地縁がない）と、選挙資金の不足にあり、「落魄不遇赤貧恰も洗ふが如き」状況であった(58)。岩田は有志者の協力で衆議院議員被選挙資格を得ようとしたが、うまくいかず、選挙直前に松田姓に改姓してようやく被選挙資格を得る有様であった(59)。また、郡上郡の自由党員三嶋栄太郎が自由党系で地価修正問題を掲げた三輪文三郎を第五区候補者に擁立したことも岩田の苦戦につながった。その結果、自由党系は本来の候補者岩田と三輪が競合し、国民協会の須田万右衛門との三つどもえの選挙戦に突入したのである(60)。

これに対して「岩田派」は三輪の除名を二月二四日の臨時大会に提案したが、否決された。一方、岩田と対立する「堀部派」も岩田の候補者辞退、三輪への一本化を提案したが、こちらも否決された。さらに、三嶋が山田と岩田の候補者資格無効を提案するが、これも否決されたため、岩田に反発した第五区の武儀郡・郡上郡自由党員が「直ちに脱党」し、第五区の自由党は分裂したのである[61]。

こうした苦境にあった岩田の切り札が板垣の岐阜遊説であった[62]。自由党濃飛支部員で「岩田派」の田中愛吉は総代として一月一七日、「板垣伯の遊演を乞ふため」上京した[63]。一月二五日の自由党濃飛支部総会では、板垣が岐阜市内で懇親会・演説会を開催するだけでなく、「但巡遊日数の都合により各郡適当の場所を選び開設」し、「総理巡遊日数は是非とも三日間充られんことを本部に懇請する事」を決議した[64]。つまり、板垣が県内各郡を三日間遊説することで、不利な選挙情勢を挽回する期待がかけられていたのである。

板垣一行は二月六日午後一時五六分、岐阜に到着、午後三時から岐阜市濃陽館で懇親会を開催した。翌二月七日は午前八時に岐阜市内に設置された「掛小屋」で演説会を開催し、板垣一行は午前一〇時四四分の列車で京都へ出発した[65]。この板垣岐阜遊説では板垣を浜松まで出迎えるなど、歓迎委員の岩田が主導したが、選挙応援の過密スケジュールから、板垣の岐阜滞在は短かった[66]。実際に、板垣に随行した自由党遊説員龍野周一郎は「本日ハ京都に赴き有権者談話会に臨むの約あるを以て、岐阜の演説会ハ午前八時ヨリ開会することとなりぬ」と記しており[67]、板垣の岐阜滞在時間はわずか一日弱であった。さらに、懇親会・演説会も盛況とはいえず、演説会の会場が確保できなかったため、「会場ハ新たに掛小屋を作りて之に宛て」る状況であった[68]。しかも、板垣が郡部を遊説する余裕もなかったため、自由党濃飛支部や岩田にとって板垣の遊説効果は限定的であった。

明治二七年三月一日、第三回総選挙が実施され、岐阜県第五区の結果は須田万右衛門四一八票＝当選、三輪文三郎二一一票＝次点、岩田徳義九票、棄権票五三票、その他二票であり、岩田は惨敗、岐阜県内の自由党も第六区の浅見与一右衛門以外全員落選という結果に終わった[69]。この後、岩田は「県下同党員の腐敗」に対して他府県に移転するか、「政治上の運動を絶ち」、県下各地に設置した法律研究会の発展を図って「学術普及人物養成」に尽力する決心を固めつつあったようであり、[70]明治二八年一月の『文明之利器』発禁事件を契機に「政治家・啓蒙家から教育家へ転向」したのである。[71]そして、岩田の「板垣君岐阜遭難記録」はこの明治二六〜二七年における板垣の岐阜遊説計画の最中に、その遊説を主導した岩田本人によって執筆されたのであった。

明治四一年一二月、岩田徳義『板垣伯岐阜遭難録』が刊行された。「緒言」によると、明治四一年夏、岩田が避暑で帰省し、岐阜中教院を訪問したのが『板垣伯岐阜遭難録』刊行の契機であり、岩田は「今や伯の生存中にありて活歴史を世に伝へなば、独り其事に誤りなきのみならず、自由党の経歴をして永く後代に遺すに至らん」と述べている。[72]実は、この『板垣伯岐阜遭難録』の第一〜三章は「板垣君岐阜遭難記録」の第一〜五篇の内容をほぼ継承するものであった。

しかし、『板垣伯岐阜遭難録』には「板垣君岐阜遭難記録」との相違点も存在する。それは、『板垣伯岐阜遭難録』の第三章の後半に恩赦後の相原が板垣に謝罪する場面とその末路が書き加えられたことであり、第四章に附録として「板垣伯の生涯」などが、第五章には「憲政の要旨及国会開設の秩序」や「憲法全文」、第六章には岩田の「余が前半世期の歴史」が新たに増補されたことである。また、「板垣君岐阜遭難記録」では名言が「仮令退助は死すとも、自由は死せず」であったが、『板垣伯岐阜遭難録』では「板垣は死すとも自由は死せず」となり、発言相手も「諸氏」(B)から相原(A)へと変更された(表10参照)。さらに、『板垣伯岐阜遭難録』には『東京日日新聞』批判が存在するが、「板垣君岐阜遭難記録」にあった福地源一郎に対する批判は消滅しており、『板垣伯岐阜遭難録』では新しく板垣の中教院における演説筆記も書き加えられている。[73]

一方、板垣が相原に「板垣は死すとも自由は死せず」と叫ぶ名言は、『板垣伯岐阜遭難録』から『自由党史』へほぼそのまま継承されることとなる[74](表10参照)。しかし、『板垣伯岐阜遭難録』と『自由党史』との相違点も存在し、

『板垣伯岐阜遭難録』では中教院における板垣の演説が掲載されているが、『自由党史』と異なり、大幅な改変はない（後述）。また、『板垣伯岐阜遭難録』にも『東京日日新聞』批判が存在するが、『自由党史』で記述された「名実ノ弁」誤報問題が記述されていないのである。

三　『自由党史』による板垣遭難事件の改変と政治的背景

本節では、『自由党史』で改変された中教院における板垣退助の演説と新たに記述された『東京日日新聞』による「名実ノ弁」誤報問題を考察し、改変の政治的背景を考察する。

板垣の中教院における演説は太陽の求心力、惑星の遠心力との平均から地球が成立しているように、政治社会や道徳社会でも二大力の平均が必要との趣旨である。[75] すなわち、政治社会では国家政権の求心力と人民自治の遠心力の平均が必要であり、これによって天皇の望む立憲政体の美がなし得ると結論づけるものであった。

この『自由党史』で改変された板垣の演説内容を確認するために作成したのが表11である。表11では、『自由党史』と校訂史料①『自由新聞』明治一五年七月一、二、四、七、九、一二、一三日号「板垣氏岐阜懇親会席上演説筆記」[76]および、校訂史料②『名家演説集誌』二二、二三、二四号の板垣退助「岐阜中教院懇親会席上演説」[77]を比較検討して、板垣の演説内容の異同を確認した。その結果、『自由新聞』および『名家演説集誌』と、『自由党史』を比較すると、前述の遠山氏が指摘した点だけでなく、[78] 演説内容の大幅な改変がなされていたことが分かった。これは、『自由新聞』と『名家演説集誌』の演説筆記にほとんど違いがないのに対して異様であり、改変は意図的になされたものと考えられる。

表11 『自由党史』で改変された板垣退助の岐阜中教院演説異同箇所一覧表

	頁	行	校訂史料①(『自由新聞』)	校訂史料②(『名家演説集誌』)	刊本(『自由党史』)
1	五七六	五	貨財	貨財	財富
2	五七六	六	カ貨財	カ貨財	の財富
3	五七六	六	仮令ヒ貨財ヲシテ	仮令ヒ貨財ヲシテ	若し財富者にして
4	五七六	十	〔然リト雖トモ若シ富厚ヲ愛好スルノ太甚クシテ〕×	〔然リト雖トモ若シ富厚ヲ愛好スルノ太甚クシテ〕×	〔然りと雖も若し富厚を愛好するの太甚くして〕富厚の上にも富厚を加へ、社会の富財を壟断し、薄産のものは勿論、中産のものと雖も終に其財富は大富厚者の為めに呑併せられ、社会の富財を挙げて小数大富者の専有に帰し、かの富厚を愛するの人情は、権利を屈し節操を枉くるも尚ほ富者の前に叩頭羅拝するに至りては、縦令有司専横の弊政を打ち破り、立憲政体を造り、国民同等の権利は其憲法上に認めらるゝも、其実権は小数富者の為めに蹂躙せられ、富者専制の大弊を醸成し、其極や社会は小数富者の主人と多数貧者の奴隷を見るに至らんとす。豈に恐れざる可けんや。然れとも這は是れ今日の問題に非ず、今日現に目撃する所に就て之を云はゞ、夫の富厚を愛好するの太甚しきや、
5	五七七	八	〔終ニハ唯黄白ノミ是レ愛シテ絶ヘテ其用ヲ達スルコト無キニ至ル〕×	〔終ニハ只黄白ノミ是レ愛シテ絶ヘテ其用ヲ達スルコト無キニ至ル〕×	〔終には唯黄白のみ是れ愛して絶へて其用を達することなきに至る〕もの、古今其人に乏しからず
6	五七八	九	嗚呼吾人分ヲ守ルノ心ハ或ハ人ヲシテ情ヲ矯メ意ヲ揉メテ自カラ鼻陋ノ地ニ甘ンゼシメタルノ失有リト雖トモ、然レトモ、亦タ能ク人ヲシテ銭ヲ愛シテ守銭奴ニ至ラズ、富ヲ好ンデ不義ノ人ニ陥ラシ	嗚呼吾人分ヲ守ルノ心ハ或ハ人ヲシテ情ヲ矯メ意ヲ揉メテ自カラ鼻陋ノ地ニ甘ンゼシメタルノ失有リト雖トモ、然レトモ、亦タ能ク人ヲシテ銭ヲ愛シテ守銭奴ニ至ラズ、富ヲ好ンデ不義ノ人ニ陥ラシ	×

6	五七八	九	メザルハ実ニ其遠心力ノ致ス所ナリ	メザルハ実ニ其遠心力ノ致ス所ナリ	×
7	五九一	十	〔蓋シ〕立憲政体ノ事タル〔是レ我ガ允文允武ナル天皇陛下ノ夙ニ望マセラル、所ニシテ〕	〔蓋シ〕立憲政体ノ事タル〔是レ我カ允文允武ナル天皇陛下ノ夙ニ望マセラル、所ニシテ〕	〔蓋し〕上一君を奉し中間の閥閲階級を打破し、下万民同等の権理を得る公議政体を建るは、実に維新改革の大勢なり、否大精神なり、抑も〔是れ我允文允武なる　天皇陛下の夙に望ませらる、所にして〕
8	五九二	一	〔嗚呼天下苟モ陛下ノ〕志〔ヲ成シ〕	〔嗚呼天下苟モ陛下ノ〕志〔ヲ成シ〕	〔嗚呼天下苟くも　陛下の〕御心〔を成し〕
9	五九二	二	〔誰レカ〕之レヲ〔勉メザラン哉〕	〔誰レカ〕之レヲ〔勉メサラン哉〕	〔誰れか〕又かの両力其平均を保ち権衡を失はざる所の完美なる立憲制度を制定するに〔勉めざらん哉〕
10	五九二	三	〔諸君モ亦タ〕×〔必ズ〕	〔諸君モ亦タ〕×〔必ス〕	〔諸君も亦〕之れを政府に一任せず〔必らず〕
11	五九二	四	〔必ズ〕×〔之ヲ勉メ之ヲ期スルコトヲ信ズル也〕	〔必ス〕×〔之ヲ勉メ之ヲ期スルコトヲ信スル也〕	〔必らず〕自から〔之れを勉め之れを期することを信するなり〕

凡例一　刊本は板垣退助監修『自由党史』（明治四三年・初版）であり、遠山茂樹・佐藤誠朗校訂『自由党史』中巻（岩波文庫、一九九七年〈第一二刷〉）についても適宜参照した。

校訂史料①は『自由新聞』明治一五年七月一、二、四、七、九、一二、一三日号「板垣氏岐阜懇親会席上演説筆記」、校訂史料②は『名家演説集誌』二二、二三、二四号の板垣退助「岐阜中教院懇親会席上演説」による。

凡例二　頁および行数は『自由党史』（明治四三年）の該当箇所が始まる部分を示し、〔　〕内の字句はその箇所の前または後に続く字句であり、字句の異同内容を示すために記した。

凡例三　×は校訂史料、刊本のどちらかには記述がありながら、もう片方には記述がないものを示した。

では、表11を参照しつつ、『自由党史』でなされた大幅な改変箇所を検討する（番号は改変箇所の番号）。第一に、「貨財」が「財富」、「財富者」（1・2・3）へと変更され、貧富の格差に言及し、立憲政体を設立しても富者による圧制は続くとの見通しを述べた部分（4）が『自由新聞』、『名家演説集誌』の演説筆記と『自由党史』で大きく異なる。これは前述した遠山氏が指摘した最も大きな挿入部分であり、当時の自由党の主張とは異なる部分である。しかも、『自由党史』では、「今日の問題に非ず」と挿入した部分を隠蔽したと考えられる記述まで加えられている。そして、この点を強調するために、守銭奴が「古今其人に乏しからず」（5）と付加され、さらに遠心力（人間の自省力）で守銭奴や不義の人を抑止するという部分が削除されているのである（6）。

第二に、『自由党史』では、立憲政体の樹立は天皇が望むものとする当初の表現が、「上一君を奉し中間の閥閲階級を打破し、下万民同等の権理を得る公議政体を建るは、実に維新改革の大勢なり、否大精神なり」（7）と大きく加筆された。さらに、天皇の「志」には「御心」という敬称が付され（8）、『自由新聞』や『名家演説集誌』の演説筆記にある「之レヲ」が「又かの両力其平均を保ち権衡を失はざる所の完美なる立憲制度を制定するに」（9）と大きく改変された。そして、『自由党史』は「之れを政府に一任せず」（10）、「自から」（11）勉めなければならないという結論に結びつけたのである。

そもそも、第一の改変箇所に登場する「富者専制の大弊」とは何であろうか。著者は第Ⅱ部第一章で明治三六年に土佐派が立憲政友会を脱会し、板垣を担いで自由党の再興を計画した経緯を論じたが、その自由党の社会政策の影響が「富者専制の大弊」に見受けられる(79)。明治三六年に坂崎紫瀾が立案した「板垣伯の新政党宣言書及び綱領政策私案」は現在の時勢が大きく転換した結果、「政治上の専制は則ち社会上、経済上の専制となり、権利問題既に解決せられて国民的生活問題の解決正に其急を告くるものあり」と宣言した(80)。その上で、「宣言書」では、立憲政治が確立された現在、「社会上、経済上の専制」を取り除くことが急務として、資本家と労働者の調和を主張していた。このように、第一の改変箇所は自由党再興計画のさいに立案された自由党の社会政策が反映された文章であり、立憲政体が確立し、資本家の専制が予期された時期の内容と考えられる。

また、第二の改変箇所に登場する「実に維新改革の大勢なり、否大精神なり」とは何であろうか。この「維新改革の精神」とは明治維新における公議輿論のことであり、明治六年政変で下野した土佐派こそが「維新改革の精神」を継承する「本流」であるという歴史観が『自由党史』には反映されたと考えられる。(81)『自由党史』は「維新の改革は実に公議輿論の力を以て、皇室の大権を克復し、国民の自由を挽回し、内に在ては以て一君の下、四民平等の義を明かにし、挙国統一の基礎を定むる」とする一方、「武門特権の階級的天地を破壊」すると論じており、(82)こうした土佐派の「明治維新観」が板垣の演説に挿入されているのである。

次に、『東京日日新聞』による「名実ノ弁」誤報問題における『自由党史』の問題点を考察していきたい。第一に、『自由党史』は「岐阜の変に先づこと一日、即ち四月五日を以て、帝政党の号令機関たる東京日日新聞は、其社説欄に『名実の辞（ママ）』と題する論文を掲げ、誣妄の言を騈べて、自由党総理板垣を毀傷」したとして、『東京日日新聞』の「名実の弁」の記事を明治一五年四月五日としている。(83)しかし、実際は五月五日であり、社説日付が一ヵ月も改変されている。なぜ、この改変はなされたのであろうか。その意図を読み取ることができるのが、次の『自由党史』の記述である。(84)

独り東京日々の記事は、正に刺客相原が懐抱せる思想と吻合する者あるのみならず、且つ其記事の出づる唯だ僅に凶変に先つこと一日にして、彼は五日に於てし、此は六日に於てし、人をして何等かの針線なきに非ざる乎を危擬せしめたり、是を以て流言雑出、人心沸騰、之を政府の指嗾となし、保守党の教唆と為し、一歩を誤れば、危機将に潰裂せんとしたるも、亦た宜へならずとせざるなり、

このように、『自由党史』は「名実ノ弁」誤報問題と板垣遭難を関連づけるために日付を改変したのである。そして、『自由党史』は相原と『東京日日新聞』の思想を結びつけることで、相原の背後に帝政党や藩閥政府が黒幕として存在することを示唆していた。(85)

また、「名実ノ弁」の文章自体も改変された。『自由党史』は『東京日日新聞』がわざと真偽をぼかした「(兎ニモ角ニモ信疑相半シテ今ニ之ヲ決スルコト能ハザルナリ、然レドモ)吾曹ノ推測ヲ以テスレバ某君ハ政党ノ領袖ナリ、急進論者ノ仰テ泰斗視スル所ノ先覚ナリ」という文章の内、( )の部分を省略することで、より断定的な記述にしたのである。(86)

こうした改変の背景には、『自由党史』が板垣遭難事件を激化事件の原因に位置づける意図があったと考えられる。板垣は『自由党史』の「題言」で次のように論じている。(87)

政府と自由党との相対峙せる間に於て、先づ暴力を用ひたる者は政府なりき。岐阜に於て頑固党の一壮年を使嗾し、武装を有せず、権柄を執らざる、在野の個人を刺さしめたる者は誰ぞ。福島に於て輿論を無視して暴政を布き、人民をして塗炭の苦に泣しめたる者は誰ぞ。自由党と火附強盗とを駢視し、生涯の間誓つて之を剿滅せんと放言したる者は誰ぞ。(中略)漫に苛法酷律を設けて自由党の志士を羅織、構陥し、之をして処在に反動の悲劇を演出せしめたる者は誰ぞ。(中略)然るに政府の為す所茲に出でずして、先づ暴力を以て之に臨み、立憲の聖詔に悖り、輿論を禁遏して、一意に政党を剗殺せずんは休まざらんとす、慷慨義に赴き、一死国に許せる自由党血誠の志士、時事の日に非なる斯の如きを見て、豈に黙して止むべけんや。其猛然として群起し、誓つて不信不義なる専制政府を掃蕩し、以て完美なる立憲政体を樹立せんと期したるもの、真に已むを得ざるなり。

このように、『自由党史』は相原が『東京日日新聞』と結びついた藩閥政府の教唆によって、板垣遭難事件を起こしたとすることで、「先づ暴力を用ひたる者は政府」であり、板垣遭難事件・福島事件などを挙げて、自由党急進派が激化事件に立ち上がらざるを得なかったと正当化する歴史像を形成したのであった。(88)

おわりに

本章では、板垣遭難事件の伝説化について、「名実ノ弁」誤報問題、名言の変遷と「板垣君岐阜遭難記録」成立の背景、『自由党史』における記述の改変の三点から再検討した。以下、本章で解明したことを整理し、大正期における自由民権運動像の展望を述べたい。

板垣遭難事件後、自由党系の新聞は立憲帝政党やその機関紙『東京日日新聞』に対する批判を強めた。これに対して、『東京日日新聞』は社説「名実ノ弁」を掲載したが、誤報であったために、謝罪に追い込まれた。また、濃飛自由党は板垣君記念碑建設運動や『板垣君遭難詳録』の刊行など多岐にわたる板垣遭難事件顕彰運動を実行した。それは、元々弱体であった濃飛自由党による党勢拡張策の意味を有していたのである。

一方、板垣の名言「板垣死すとも自由は死せず」は事件当初、三つのパターン（A・B・C）があり、発言相手がそれぞれ異なっていた。その後、明治二〇年代における板垣遭難未遂事件や自由党系の小室重弘、岩田徳義によって、名言は現在知られている「板垣死すとも自由は死せず」の表現に近づいていった。そして、明治二六年刊行の岩田「板垣君岐阜遭難記録」が名言を取り入れて（発言相手は諸氏＝B）、『自由党史』の原型となり、明治四一年の岩田『板垣伯岐阜遭難録』で名言の発言相手が相原（A）に変更され、『自由党史』へ継承されていった。また、「板垣君岐阜遭難記録」は明治二六〜二七年の板垣退助岐阜遊説計画のさいに、その遊説を主導した岩田本人によって執筆されたのである。

さらに、『自由党史』では、板垣の中教院における演説や「名実ノ弁」の日付が改変された。板垣の演説改変の背景には、明治三〇年代における土佐派の社会政策や「明治維新観」があった。一方、「名実ノ弁」の日付改変の背景には、相原と『東京日日新聞』の思想を結びつけ、事件の黒幕に『東京日日新聞』＝立憲帝政党・政府の存在を示唆し、自由党の激化事件に至る歴史を正当化しようとする政治的意図があった。このように、板垣遭難事件は事件後、自由党系によってストーリーが形成され、名言の変遷とともに、最終的に『自由党史』に描かれる形で伝説化されたのである。

その後、大正六（一九一七）年四月、国家学会の『明治憲政経済史論』を編纂していた吉野作造は林有造を通じて板垣と面会し、「自由党創立当時ノ歴史」に関する聞き取りを行おうとした(89)。板垣は年月日の記憶が曖昧な部分について、吉野が事前に調査して聞き取りを行うのが好都合と述べた上で、「尤モ自由党々《ママ》誌ニ依リ調へ置候へハトノ話ニ而其時ハ和田氏ニ列席候様申居候へハ予メ御打合置候必要可有之歟」として、『自由党史』の事前調査とその編纂者和田三郎の同席を要求したのである(90)。大正八年四月に刊行された『明治憲政経済史論』には『自由党史』をベースとする板垣の「我国憲政ノ由来」も掲載され、板垣の中教院における演説も改変されたまま特筆された(91)。このように、板垣らは大正期も『自由党史』を自由民権運動の「正史」として語り継いでいったのである。

註

（1）板垣退助監修、宇田友猪・和田三郎編纂『自由党史』上巻（五車楼、明治四三年）、五九三頁。板垣遭難事件の名言が生まれた背景と板垣の決意については、拙稿「第8講　自由民権運動と藩閥政府」（小林和幸編『明治史講義〔テーマ編〕』〈筑摩新書、二〇一八年〉一三一～一三三頁）も参照。

（2）雨花子〔尾佐竹猛〕「板垣伯岐阜遭難事件の真相」（『新旧時代』第二年第四・第五冊、自由民権号、一九二六年）、同「板垣伯岐阜遭難事件」（尾佐竹『明治秘史　疑獄難獄』〈一元社、一九二九年〉所収）。

（3）松井幸子「板垣退助名言の表裏」（『信州白樺』四四・四五・四六合併号、一九八一年）。

（4）小玉正任「そのとき板垣は何と言ったか」（『土佐史談』一八六、一九九一年）、同「板垣死すとも自由は死せず」（小玉『公文書が語る歴史秘話』〈毎日新聞社、一九九二年〉所収）、同「そのとき板垣は何と言ったか」（『北の丸』二七、一九九五年）。

（5）福井淳「板垣退助岐阜遭難事件に対する諸政治勢力の対応」（『書陵部紀要』四九、一九九七年）。

（6）土谷桃子「板垣退助岐阜遭難の芝居」（『岐阜大学　国語国文学』三八、二〇一二年）。

（7）遠山茂樹「解説」（板垣退助監修、遠山茂樹・佐藤誠朗校訂『自由党史』下巻〈岩波文庫、一九五八年〉所収）四五〇～四五一頁。

（8）若井正「岐阜県初期自由民権運動史」（『東海近代史研究』四、一九八二年）一〇〇～一〇一頁。岩田徳義は元岡崎藩士で愛知県の新聞『愛岐日報』社員となり、明治一二年に『岐阜新聞』を設立、愛知県自由民権運動の指導者内藤魯一と連携して岐阜県の自由民権運動に着手したが、当時、運動は停滞していた。

（9）山田三次郎『岩田徳義翁小伝』（教育奨励会、一九一八年）五～六頁。

（10）『愛岐日報』明治一五年四月一二日号論説「板垣ハ死ストモ日本ノ自由ハ滅ヒサルナリ」。

（11）『日本立憲政党新聞』明治一五年四月二九日号社説「板垣退助君ガ刺客ノ難ニ遭ハレタルコトヲ論ズ」。

（12）『東京日日新聞』明治一五年四月一四日号社説「讒誣粗暴ヲ慎ムベシ」。

（13）『東京日日新聞』明治一五年五月五日号社説「名実ノ弁」。

（14）『日本立憲政党新聞』明治一五年五月一一、一三、一六、一七、一八日号社説「東京日々新聞ノ讒誣ヲ正ス」一～五。

（15）『日本立憲政党新聞』明治一五年五月一六日号社説「東京日々新聞ノ讒誣ヲ正ス」三および同日号雑報。

（16）『東京日日新聞』明治一五年五月一二日号社説「悔悟ノ趣意」。

（17）『東京日日新聞』明治一五年五月一二日号雑報「取消の顚末」。

（18）『東京日日新聞』明治一五年五月一二日号広告。

（19）『朝日新聞』明治一五年五月一七日号雑報。なお、「名実ノ弁」誤報問題に関する経過や新聞記事などをまとめて出版された、『自由党雪冤録』も『東京日日新聞』の迅速な謝罪と訂正を評価している（藤井麗輔編『自由党雪冤録』〈明治一五年〉七～八頁）。

（20）佐々木隆『日本の近代14　メディアと権力』（中央公論新社、一九九九年）九五～九八頁、小野秀雄『日本新聞発達史』（大阪毎日新聞社、一九二二年）一三八～一四〇頁。

(21)「名実ノ弁」誤報問題の概要については、前掲註(20)小野『日本新聞発達史』一三八〜一四〇頁、柳田泉『福地桜痴』(吉川弘文館、一九六五年)二四八〜二四九頁、小山文雄『明治の異才　福地桜痴』(中公新書、一九八四年)一八六頁。
(22)『朝日新聞』明治一五年四月一三日号雑報。
(23)『函右日報』明治一五年四月一五日号広告、『静岡新聞』明治一五年四月一八日号広告。
(24)『朝日新聞』明治一五年四月一六日号雑報。
(25)『朝日新聞』明治一五年四月一三日号雑報。
(26)『愛知新聞』明治一五年五月一六日号雑報。
(27)『朝日新聞』明治一五年四月二六日号雑報。
(28)『日本立憲政党新聞』明治一五年四月一二日号雑報。
(29)『日本立憲政党新聞』明治一五年四月二〇日号広告、『愛岐日報』明治一五年四月二五日号広告、『愛知新聞』明治一五年四月二六日号広告。
(30)『日本立憲政党新聞』明治一五年五月一七日号雑報。
(31)『日本立憲政党新聞』明治一五年四月二〇日号雑報。
(32)『自由新聞』明治一五年六月二五日号雑報。
(33)『愛知新聞』明治一五年四月二六日号広告。
(34)藤吉留吉編輯、山田頼次郎出版『自由党総理板垣君遭難詳録』(明治一五年五月)一〜二頁。
(35)同右、七頁。
(36)前掲註(4)小玉「板垣死すとも自由は死せず」一四頁。小玉氏は板垣の名言とその変遷を検討し、「板垣君岐阜遭難記録」の重要性を指摘したが、「板垣君岐阜遭難記録」成立とその背景については検討対象としていない。
(37)對山逸史〔岩田徳義〕「板垣君岐阜遭難記録」一、二、三、四、五篇(『文明之利器』四、五、六、七、九号、明治二六年九月〜明治二七年五月)。
(38)同右、一篇(『文明之利器』四号、明治二六年九月)。
(39)「板垣近世記聞」は東洋太朗閲、中島市平編輯『板垣君近世記聞』(翻刻発行者柳澤武運三、印刷者南谷新七)のことであり、挿絵入りで一編が板垣の経歴、二編が板垣遭難事件、三編が相原の裁判記録となっている。しかし、板垣の名言は「君等決して嘆かる、なかれ仮令退助はこのま、死すとも自由は滅する事あらじ勉められよ〳〵」であり、『板垣君遭難詳録』、「板垣君岐阜遭難記録」とも異なる。一方、「板垣君岐阜遭難記録」には板垣の経歴に関する叙述が存在しないなど、その違いは大きい。

(40) 前掲註(37)「板垣君岐阜遭難記録」第二篇(『文明之利器』五号、明治二六年一〇月)三〇頁。

(41) 對山生〔岩田徳義〕「過激疎暴とは奈何」(『濃飛』明治二五年五月七日号論説)。

(42) 前掲註(4)小玉「そのとき板垣は何と言ったか」(一九九五年)三五～三七、四三～四四頁。

(43) 『自由党党報』一号、明治二四年一〇月二五日。なお、観衆の歓声は省略した。

(44) 『国民新聞』明治二四年一〇月二一日号雑報「自由党大演説会」。

(45) 本書第Ⅱ部第四章第二節参照。

(46) 屈山〔小室重弘〕「板垣翁遭難十一周年」(『新愛知』明治二六年五月一一日号評論)。

(47) 前掲註(37)「板垣君岐阜遭難記録」第一篇(『文明之利器』四号、明治二六年九月)二〇頁。

(48) 『自由』明治二五年一二月二七日号雑報「岩田徳義氏」。

(49) 『岐阜日日新聞』明治二六年三月二二日号雑報「河野広中氏来県に就て」。

(50) 明治(二六)年三月一七日付板垣退助宛岩田徳義書簡(国立国会図書館憲政資料室所蔵「河野広中関係文書」五七二)。

(51) 『岐阜日日新聞』明治二六年四月八日号雑報「岐阜県自由党の会合」。

(52) 『自由』明治二六年四月六日号雑報「岐阜県自由党員の会合」。

(53) 星の遊説は、四月一八日岐阜、一九日大垣、二〇日太田→岐阜、二一、二二日名古屋、二三日関町で実施されたが、岩田がこれに参加した記事は管見のかぎり見あたらない(『岐阜日日新聞』明治二六年四月一八日号雑報「星氏一行関町にも之く」、『自由』明治二六年四月二三日号雑報「太田町に於ける星氏の一行」、四月二六日号雑報「関町に於ける星氏の一行」)。

(54) 星亨遊説問題と濃飛自由党内の派閥対立については、『岐阜県史』通史編近代下(岐阜県、一九七二年)二八二～二九〇頁参照。

(55) 『岐阜日日新聞』明治二六年三月二八日号雑報「岐阜県自由党の内輪揉め」、四月一日号雑報「星亨氏の来県に就き」。

(56) 『岐阜日日新聞』明治二七年一月九日号雑報「本県自由党の候補者選定」。

(57) 『岐阜日日新聞』明治二七年一月七日号雑報「県下の自由党分裂せん」。

(58)『岐阜日日新聞』明治二七年一月一九日号雑報「岩田徳義氏の涙」。
(59)『岐阜日日新聞』明治二七年一月二三日号雑報「岩徳翁資格を作る」、二月六日号雑報「岩徳翁の資格出来ず」、二月二八日号雑報「第五区」。
(60)『岐阜日日新聞』明治二七年二月一七日号雑報「第五区の大勢」、二月二〇日号雑報「三輪文と農民協会」。
(61)『岐阜日日新聞』明治二七年二月二六日号雑報「岐阜県自由党臨時大会」、伊藤克司「大野亀三郎について（二）」（『岐阜県歴史資料館報』一八、一九九五年）五六～五八頁。
(62) 明治二七年の板垣退助岐阜遊説については、『岐阜日日新聞』の記事から分析した、前掲註(61)伊藤「大野亀三郎について（二）」があるが、「板垣君岐阜遭難記録」との関係についてはふれておらず、「甲午西遊録」などの史料も分析していない。
(63)『岐阜日日新聞』明治二七年一月一九日号雑報「濃飛自由党総理の出馬を促す」。
(64)『濃飛日報』明治二七年一月二六日号雑報「自由党濃飛支部総会」。
(65) 龍野周一郎「甲午西遊録」（国立国会図書館憲政資料室所蔵「龍野周一郎関係文書」一七〇）二月六、七日の項。
(66) 同右、二月六日の項、前掲註(61)伊藤「大野亀三郎について（二）」五六～五七頁。
(67) 同右、二月七日の項。
(68) 同右、二月七日の項。なお、演説会は三千余名収容の「掛小屋」に二千余名（「甲午西遊録」二月七日の項）、あるいは六〇〇名（『岐阜日日新聞』明治二七年二月八日号雑報「板垣伯の演説会」）とそれぞれ報道されていた。
(69)『岐阜日日新聞』明治二七年三月六日号雑報「腐敗党の喰逃げ」。
(70)『岐阜日日新聞』明治二七年四月一八日号雑報「松徳翁の決心」。
(71) 伊藤克司「明治二十八年の『文明之利器』発禁事件と岩田徳義」（『岐阜史学』八三、一九九〇年）三二～三三頁。
(72) 岩田徳義『板垣伯岐阜遭難録』（對山書院、明治四一年）三～四頁。
(73) 同右、一五～三五頁。
(74) 同右、三五～三八頁。
(75) 前掲註(1)『自由党史』上巻、五七一～五九二頁。
(76) 宮地茂春「板垣氏岐阜懇親会席上演説筆記」（『自由新聞』明治一五年七月一、二、四、七、九、一二、一三日号論説）。

(77)　板垣退助「岐阜中教院懇親会席上演説」（渡辺隆編『名家演説集誌附討論筆記』二二、二三、二四号〈法木徳兵衛、明治一五年七～八月〉）。
(78)　前掲註(7)遠山「解説」四五〇～四五一頁。
(79)　本書第Ⅱ部第一章。
(80)　高知県立図書館坂崎文庫所蔵「板垣伯の新政党宣言書及び綱領政策私案」。
(81)　本書第Ⅱ部第四章。
(82)　前掲註(1)『自由党史』上巻、五頁。
(83)　同右、六一〇頁。
(84)　同右、六一四～六一五頁。
(85)　柳田泉氏は福地源一郎の伝記で「同じ四月五日（『自由党史』上）、『東京日日』紙上の社説『名実の弁』と題した一文をのせたところ、翌日板垣の刺客事件があって、大騒ぎとなり、自由党では大いに怒って日日社にねじこんで来たので、これには源一郎も閉口して取消し謝罪をせざるを得なかった。（中略）刺客は源一郎のこの一文に刺激されて起ったという取り沙汰になったので、自由党が怒ったのである」と論じている（前掲註(21)柳田『福地桜痴』二四八～二四九頁）。『自由党史』の政治的意図は柳田氏によって部分的には達成されたといえよう。
(86)　前掲註(13)『東京日日新聞』明治一五年五月五日号社説「名実ノ弁」および前掲註(1)『自由党史』上巻、六一一頁。
(87)　板垣退助「題言」（前掲註(1)『自由党史』上巻、題言四～六頁）。
(88)　なお、板垣や『自由党史』の認識は激化事件参加者の認識とも共通するものであり、名古屋事件参加者の奥宮健之も板垣遭難事件後、同様の認識を示していた（前掲註(5)福井「板垣退助岐阜遭難事件に対する諸政治勢力の対応」六五頁）。
(89)　『吉野作造日記』大正六年四月一二日の項（『吉野作造選集』一四〈岩波書店、一九九六年〉）。ただし、吉野と板垣の面会については、日記に記載されていない。
(90)　大正(六)年四月一八日付吉野作造宛林有造書簡（吉野作造記念館所蔵「吉野作造旧蔵史料」九）、高野淳一・狭間直樹・田澤晴子「新史料紹介　吉野作造旧蔵史料を中心に」（吉野作造記念館『吉野作造記念館研究紀要』創刊号、二〇〇四年所収）。
(91)　板垣退助「我国憲政ノ由来」（国家学会編『明治憲政経済史論』一九一九年所収）。

終章　総括と展望

一　本書の総括

本書では、自由党系土佐派による政党指導と国家構想・経済政策の変遷、歴史編纂について検討した。以下、序章で提示した論点を中心に本書を総括する。

第一に、板垣退助はなぜ非議員として帝国議会に臨むこととなったのか。そして、板垣は院外からどのように政党指導を行い、自由党の構造はどのように変化したのか。

第I部第一章では、板垣の天皇観がイギリスの立憲君主制を模範とした、天皇と人民が一体化する一君万民論であったこと、国民の意思が誤ったさいにそれを矯正するために、天皇が国民の上に立って裁可する権限（最上権）を有すべきであると考えていたことを指摘した。一方、板垣は天皇と人民の間に華族のような身分的障壁を設けることに強く反対して明治二〇年に爵位を辞退したが、藩閥政府によって受爵に追い込まれた経緯を明らかにした。

そして、板垣の受爵は衆議院議員選挙法の規定によって結果的に衆議院議員への道を閉ざす一方、明治二三年に板垣が貴族院勅選議員も辞退したために、政党党首が院外から指揮を執る最初の事例となった点についても指摘した。

さらに、明治二四年三月に自由党総理に就任した板垣は総理を政務調査部が補佐し、政策立案を行う体制を整備する一方、第二～第四議会では非議員である自らの衆議院における代理として河野広中を院内総理（議場内総理）に指名したこと、明治二七年六月に政務委員が設置されると、少数の党幹部による指導体制が成立したことを解明した。

第二に、板垣ら土佐派はいかなる国家構想や経済政策を構築し、政治過程の中で提示していったのか。

第Ⅰ部第二章では、明治二〇年の旧自由党系によるアジア貿易計画を検討した。板垣退助の側近で土佐派の政策立案者であった栗原亮一は「亜細亜貿易趣意書」の中で、イギリスをモデルとし、海産物の清国などへの輸出により、商権の拡張、ひいては国権の拡張を行う構想を立案したことを明らかにした。アジア貿易計画自体は資金不足や三大事件建白運動の展開によって挫折したが、栗原の「亜細亜貿易趣意書」が「通商国家構想」の原点となったことを指摘した。

第Ⅰ部第三章では、自由党土佐派の「通商国家構想」を分析し、それが初期議会期に各種の法案として提出され、日清戦争後の第九議会に実現する過程を明らかにした。栗原が発案した「通商国家構想」は日本が四面環海の島国であることから「海運通商」を国是として、工業を重視し、貿易により国を発展させるというものであった。そして、「通商国家構想」の主要な政策的支柱となったのが、海軍拡張・殖民・航路拡張の三政策であり、工業振興政策の棉花輸入税廃止や海関税の創設案などであった。

第一議会開会以降、栗原ら土佐派は「通商国家構想」の基本政策である海軍拡張、殖民、航路拡張、棉花輸入税廃止（工業振興）に関する論説を発表する一方、自由党の政務調査部を掌握した土佐派の衆議院議員と共同で第三、第四議会へ法案として提出していった。日清戦争後、党内で勢力を拡大した土佐派は伊藤博文内閣と提携し、第九議会において海軍拡張・殖民・航路拡張・棉花輸入税廃止などの主要政策を提案・立法化したのである。

第Ⅰ部第四章では、自由党系が第一次日清戦後恐慌以降、外資輸入による鉄道国有化によって国内の資本不足を解消し、経済界救済を目指したことを解明した。また、自由党系が隈板内閣成立を機に、前農商務次官金子堅太郎らの工業銀行設立計画を継承し、添田寿一や栗原亮一らを中心に外資輸入のための興業銀行の設立に取り組んだことも明らかにした。そして、隈板内閣崩壊後、金子らが興業銀行期成同盟会を結成し、栗原、松田正久前大蔵大臣と興業銀行設立のために第一三議会で「連携」したことを指摘した。

第三に、『自由党史』はどのような編纂過程の下、いかに叙述されたのか。そして、『自由党史』の背景にある歴史観や政治的背景はどのようなものであったのか。

第Ⅱ部第一章では、明治三〇年代における土佐派について検討し、明治三二年の板垣退助の政界引退が従来説明されてきた横浜埋立事件をめぐる党内の主導権争いだけでなく、党則改正問題もその一因であったことを指摘した。また、明治三六年の板垣らによる自由党再興計画を検討し、自由党が社会政策を掲げた新党として再興されたが、日露戦争後に解散したことを解明した。そして、立憲政友会結成に批判的であった板垣が『自由党史』の編纂を監修し、それが『自由党史』に影響したことを指摘した。

第Ⅱ部第二章では、内藤魯一の「憲政創設功労者行賞に関する建議案」の政治的背景を中心に検討し、小久保喜七の「加波山事件殉難志士表彰に関する建議案」についても併せて検討した。その結果、日露戦後における旧自由党系の激化事件顕彰運動、とりわけ、加波山事件の顕彰運動がその背景にあったことを解明した。そして、『自由党史』の刊行に約一〇年の歳月を要した一因に日露戦後における激化事件関係者の史料収集とそれによる時間の経過があったことを指摘した。

第Ⅱ部第三章では、宇田の『自由党史』稿本が直接『自由党史』となったのではなく、和田によって『自由党史』の本質に関わる重要な削除や加筆・修正が行われたことを解明した。宇田の『自由党史』稿本は土佐派の歴史観が反映される一方、藩閥の伊藤博文や山県有朋らを批判するだけでなく、華族制度批判を強めたために明治天皇への批判につながりかねない内容であった。これに対して、和田は『自由党史』で土佐派の活躍をさらに強調して加筆・修正する一方、明治天皇に対する批判的な叙述は削除したのである。

第Ⅱ部第四章では、『自由党史』で最大限の評価を与えられた西郷隆盛・江藤新平像の形成過程を検討した。そして、その背景に土佐派が自らを明治維新の公議輿論＝「維新改革の精神」を継承する「本流」であるとする「明治維新観」が存在したこと、その結果、明治六年政変で板垣とともに下野した西郷と江藤が「民選議院論者」・征韓論の同志として高く評価されたことを指摘した。また、西郷・江藤像の形成には、九州を中心に西郷・江藤を「見捨てた」とする土佐派への政治的批判を回避する目的や韓国併合によって西郷・江藤が再評価・顕彰されたことが影響した点も併せて指摘した。

第Ⅱ部付論では、西郷隆盛銅像が当初建設を予定された宮城前から上野公園に移った背景に宮内省内部の反対があったこと、上野に建設された西郷銅像は生前の西郷と似ていないと批判されたことを指摘した。その結果、洋画家光永眠雷が板垣の支援の下、「西郷隆盛肖像」を描き、板垣が自ら監修した『自由党史』上巻の巻頭口絵に光永の「西郷隆盛肖像」を掲載したことを明らかにした。その背景には、前述のように、板垣が西郷を「民選議院論者」、征韓論の同志として高く評価する歴史観があったのである。

第Ⅱ部第五章では、板垣遭難事件直後の自由党系新聞による立憲帝政党とその機関紙『東京日日新聞』に対する批判を取り上げた上で、『東京日日新聞』が社説「名実ノ弁」誤報問題で謝罪に追い込まれた経緯を明らかにした。

また、板垣退助岐阜遭難事件における名言「板垣死すとも自由は死せず」は事件当初、三つのパターンがあり、発言相手がそれぞれ異なっていたことを指摘した。そして、明治二六年刊行の岩田徳義「板垣君岐阜遭難記録」が名言の原型となり、明治四一年刊行の岩田『板垣伯岐阜遭難録』で名言の発言相手が犯人相原に変更され、『自由党史』へ継承されていったこと、明治二六〜二七年の板垣退助岐阜遊説計画を主導した岩田本人によって「板垣君岐阜遭難記録」が執筆されたことを指摘した。

さらに、『自由党史』で板垣の中教院における演説が改変された背景に、明治三〇年代における土佐派の社会政策やその「明治維新観」があったこと、「名実ノ弁」の日付改変の背景には、相原と『東京日日新聞』の思想を結びつけ、事件の黒幕に『東京日日新聞』＝立憲帝政党・藩閥政府の存在を示唆し、自由党の激化事件に至る歴史を正当化しようとする政治的意図があったことを指摘した。

二　本書の意義

上記の総括を踏まえ、本書の意義を整理する。

まず、本書では、自由党総理板垣退助が帝国議会開会後、結果的に政党党首が院外から指揮を執る最初の事例となったことを指摘した。もちろん、衆議院議員が内閣総理大臣に就任する戦後の議院内閣制と戦前の内閣制は大きく異なるが、衆議院議員でない政党党首が政党を指揮する構造の先駆的事例となったのが板垣といえよう。その結果、板垣は院外から政党の指揮を執るために、院内総理を設置し、自らを補佐する政務調査部を設置したのである。

こうした板垣の党改革は紆余曲折を経て結果的に挫折し、明治二七年に政務委員制＝少数の党幹部による指導体制が成立した。しかし、板垣が創設した政務調査部は政策立案機関に特化して日清戦後も存続し、少数の党幹部による指導体制は日清戦後の自由党、憲政党へと継承されていったといえよう。その意味で、板垣による院外からの政党指導とその模索は結果的に自由党の党内構造に大きな影響を与えることとなったのである。

また、本書では、土佐派の政策立案者栗原亮一が発案した「通商国家構想」に基づき、自由党系土佐派が主体的に政策を立法化したことを明らかにし、藩閥政府の「積極政策」に同調する自由党という評価を修正するに至った。そして、先行研究で軽視されてきた政策立案者栗原亮一が板垣によって創設された政務調査部を拠点に、自由党系の政策立案の中枢を担ったことを指摘した。さらに、隈板内閣前後における自由党系と金子堅太郎らの経済政策の共通性も明らかになり、両者が立憲政友会に参加する背景の一つにこの経済政策の共通性があったことも指摘できよう。

一方、本書では、『自由党史』の編纂過程や叙述の変容、歴史観を検討した。そして、板垣を中心とする土佐派が『自由党史』で自らを「維新改革の精神」を継承した本流とする「明治維新観」を主張する一方、板垣退助岐阜遭難事件の叙述を改変し、藩閥政府に対する武力行使を伴った激化事件を正当化したことを指摘した。

『自由党史』は明治二二年の大日本帝国憲法発布で擱筆する。『自由党史』は「中間擅私の閥族」（藩閥政府）が大日本帝国憲法を制定したのは、激化事件などに関わった「在野党（民権派）の志士」の身命を擲った功績のためであり、大日本帝国憲法は「全く皇室と人民との契合」によって制定されたと叙述する。(1) この背景には、「維新改革の精神」を継承した土佐派を中心とする民権派が藩閥政府と苦闘した結果、大日本帝国憲法発布に大きく貢献したとする「明治維新観」が存在していた。

これまでの自由民権運動研究は『自由党史』の叙述について、その問題点や誤りを修正することで進展してきたが、『自由党史』自体の分析はほとんど行われてこなかった。その意味で、本書による分析は『自由党史』の叙述に関する研究にとどまらず、板垣ら土佐派による歴史編纂の過程やその歴史観についても明らかにしたといえよう。今後の自由民権運動研究においても、『自由党史』は「歴史書」・「史料集」の一つとして参照されることとなろう。

しかし、本書で解明した『自由党史』に関する研究成果は自由民権運動や板垣ら土佐派の実像を検討する際に重要な検証材料の一つになると考える。本書による『自由党史』の検討が今後の自由民権運動研究に寄与することとなれば幸いである。

三　今後の課題と展望

本書では解明できなかった今後の課題と展望について、以下の三点を示すこととする。

第一に、自由民権運動期における板垣退助の政党指導についてである。板垣退助は明治維新の元勲であり、軍人、参議という経歴を経て政党指導者となった。著者は別稿で明治一四年の東北遊説のさい、板垣が戊辰戦争の「軍事英雄」から自由民権運動の指導者へと転身した経緯を説明した「会津開城の逸話」を初めて語ったことを解明した(2)。そして、明治一五年四月六日の板垣遭難事件の結果、自由民権運動の指導者・板垣像が定着していく中で、「軍事英雄」の板垣像は後景に退いたことを指摘したが、明治一〇年代における板垣の政党指導については検討対象としなかった。

この点については、本書で批判的に検討した『自由党史』の分析を継続しつつ、自由民権運動と板垣のカリスマ性の関係、板垣をめぐる顕彰運動も含めて再検討したい。

第二に、大正期における自由民権運動像の展開である。大正一三年一一月、吉野作造・尾佐竹猛らの明治文化研究会が発足、自由民権運動研究において重要な役割を果たすこととなった(3)。たとえば、明治文化研究会の機関紙『新旧時代』は大正一五年八月に特集として「自由民権号」を刊行し、板垣遭難事件の名言について批判的に検討した尾佐竹の「板垣伯岐阜遭難事件の真相」などを掲載した。[4]同年一一月には、元自由党員で衆議院議員の小久保喜七から提供された「板垣伯岐阜中教院に於ける演説」が『新旧時代』に掲載されている。[5]こうして、『自由党史』によって伝説化された板垣遭難事件は歴史学的な批判や検証に直面することとなるが、大正期における自由民権運動像の展開については、今後の課題としたい。

第三に、『自由党史』の編纂者宇田友猪が執筆し、近年、公文豪氏の校訂、安在邦夫氏の解説を加えて刊行された、板垣退助の未完の伝記『板垣退助君伝記』全四巻と『自由党史』の異同も検討課題である。『自由党史』が明治二二年の大日本帝国憲法発布で擱筆しているのに対して、『板垣退助君伝記』は板垣の伝記という性格にとどまらず、明治維新における板垣ら土佐藩の政治動向や自由民権運動～日清戦後経営期における自由党系の思想と政治行動を考察する上でも重要な手がかりとなり得ると考えられる。

また、『板垣退助君伝記』は『自由党史』同様、「史料集」としての側面を有し、『自由党史』に収録されなかった板垣の征韓論に関する回想談なども掲載する。[6]宇田は『板垣退助君伝』第一巻、『自由党史』の編纂者のため、『板垣退助君伝記』は『板垣退助君伝』第一巻や『自由党史』の影響を大きく受けている。しかし、『自由党史』刊行（明治四三年）から『板垣退助君伝記』が未完のまま宇田の死により擱筆する昭和五（一九三〇）年までに約二〇年の歳月があり、『自由党史』などとの異同も見受けられる。

こうした『自由党史』と『板垣退助君伝記』の叙述の異同やその背景についても、今後の課題としたい。

註

（1）板垣退助監修、宇田友猪・和田三郎編纂『自由党史』下巻（五車楼、明治四三年）、六八五～六八九頁。

（2）拙稿「板垣退助と戊辰戦争・自由民権運動」（『歴史評論』八一二、二〇一七年）。

（3）　安在邦夫『自由民権運動史への招待』（吉田書店、二〇一二年）第2章1（2）。

（4）　雨花子〔尾佐竹猛〕「板垣伯岐阜遭難事件の真相」（『新旧時代』第二年第四・第五冊、自由民権号、一九二六年）。なお、「尾佐竹史学」の形成と明治文化研究会の関係については、渡辺隆喜「尾佐竹史学の成立」・長沼秀明「明治文化研究会をつらぬく駿台学の系譜」（共に明治大学史資料センター編『尾佐竹猛研究』〈日本経済評論社、二〇〇七年〉所収）参照。

（5）　「板垣伯岐阜中教院に於ける演説」（『新旧時代』第二年第八冊、大正一五年一一月）。

（6）　宇田友猪著、公文豪校訂『板垣退助君伝記』（原書房、二〇〇九年）第一巻、五二〇頁。

あとがき

本書は、二〇〇六年に名古屋大学大学院文学研究科に提出した博士論文『栗原亮一の「通商国家構想」と経済政策—自由党系「土佐派」の国家構想と政策立案過程—』の一部に、現在までに発表してきた論文を加え、Ⅱ部構成としたものである。すでに、最初に発表した論文から一三年の歳月が経過し、各論文はその時々の研究動向を反映しているものの、一部内容については加筆・修正などを加えざるを得なかった。ただし、論旨自体は大きく変更していない。なお、既発表論文と各章の関係を示せば、次の通りである。

序章　書き下ろし
第Ⅰ部　自由党系土佐派の国家構想と経済政策
第一章「板垣退助の天皇・華族観と政党指導の展開」(『日本史研究』六四二、二〇一六年)
第二章「栗原亮一と旧自由党系のアジア通商計画」(『日本歴史』六八三、二〇〇五年)
第三章「栗原亮一と自由党『土佐派』の『通商国家構想』」(『日本史研究』五一六、二〇〇五年)
第四章「憲政党内閣前後における経済政策の展開—自由党系『土佐派』の外資輸入論を中心に—」(『ヒストリア』二〇五、二〇〇七年)
第Ⅱ部　『自由党史』の成立過程と歴史観
第一章「板垣退助の政界引退と『自由党史』」(『高千穂論叢』四七—三、二〇一二年)

第二章「日露戦後の激化事件顕彰運動と『自由党史』」（高島千代・田﨑公司編著『自由民権〈激化〉の時代―運動・地域・語り―』〈日本経済評論社、二〇一四年〉所収）
第三章「『自由党史』の編纂方針と記述の変容」（羽賀祥二編『近代日本の歴史意識』〈吉川弘文館、二〇一八年〉を大幅に修正）
第四章「『土佐派』の『明治維新観』形成と『自由党史』」（『明治維新史研究』六、二〇〇九年）
付　論「光永眠雷『西郷隆盛肖像』の成立」（『中京大学文学会論叢』一、二〇一五年）
第五章「板垣退助岐阜遭難事件の伝説化―『自由党史』における記述の成立過程を中心に―」（『日本史研究』六二九、二〇一五年）
終章　書き下ろし

著者は子供の頃から歴史好きで、城めぐりが趣味であった父に同行する少年だった。そして、政治や政党に漠然とした興味を持ち始めたのは、一九九三年の自民党一党支配の崩壊と細川連立政権の成立であった。当時は新聞やテレビのニュース番組を通じて、淡い「変化への期待」を抱いたものであった。ただし、それから二五年の後、自らが政党史の専門書を出すことになるとは思いもよらなかった。

立命館大学産業社会学部で社会学を学んでいた著者が、同じ大学の文学部で日本近代史を担当されていた山崎有恒先生に、先生主催の研究会で初めてお目にかかったのは一九九六年の冬だったように記憶している。河島真・岸本覚両先生のご紹介によるものであった。このことをきっかけに一九九八年に文学部に転入し、自民党の「利益誘導政治」への関心から明治期における岐阜県の地方政治史を研究テーマとして選んだ。しかし、著者の関心が初期議会期の政治史に移行した結果、卒業論文では第一議会の「土佐派の裏切り」に着目し、自由党土佐派の動向を中心に検討した。

山崎先生は非常に包容力のある方で、ゼミは和気藹々としていた。先生のゼミ運営のあり方と実証史学の手法は現在の著者に大きな影響を与えており、一九九九年に初めて高知を史料調査のために訪れたのも先生の激励によるものであった。

山崎先生がサバティカルで四年次後期から一年間留学されたさいに、卒業論文を懇切丁寧に指導してくださったのが皇學館大学文学部の田浦雅徳先生であった。田浦先生には大学卒業後も、当時編纂中の伊勢市史にお誘い頂くなど、自治体史の編纂についてご教示頂いただけでなく、研究全般も含めたご助言を賜った。

著者は卒業後、山崎先生のすすめもあって名古屋大学大学院へ進学した。羽賀祥二先生には、修士課程から博士課程、博士論文提出に至るまで一貫して著者の研究をご指導頂いた。羽賀先生はゼミ報告や口頭試問の場で、著者の研究対象である自由党土佐派について本質的な質問を繰り返される一方、著者の拙い論文を懇切丁寧に見てくださった。研究に対する真摯な姿勢やバイタリティ、歴史的な事象の本質を見抜く先生の姿を通じて、歴史研究者とは何かを学び得たのではないかと感じている。

また、在学中には、稲葉伸道先生、池内敏先生、古尾谷知浩先生にも、近代史に限定されない立場から有益なご質問・ご助言を賜った。そして、修士論文の審査では溝口常俊先生から歴史地理学の視点で、博士論文の審査では春日豊先生から経済史の視点で、それぞれ貴重なご助言を頂くことができた。さらに、中西聡先生からは著者が先生のゼミで学ぶことをご快諾頂き、史料調査や研究に関するご指導を賜った。

博士課程修了後、著者は『自由党史』上巻の巻頭口絵に板垣退助ではなく、なぜ西郷隆盛の肖像が掲載されているのかという、素朴な疑問から『自由党史』の研究を始めた。当時、羽賀先生が『自由党史』の研究について、激励してくださったのを鮮明に記憶している。このように、懇切丁寧なご指導を賜った各先生に厚く御礼を申し上げるとともに、本書をお届けできることを喜ばしく思っている。

また、著者は卒論以来、研究上のフィールドワークである高知の各研究機関で史料調査を行った。特に、高知市立自由民権記念館前館長の松岡僖一先生、現館長の筒井秀一先生、土佐史談会副会長の公文豪先生から惜しみないご支援とご助言を頂いた。二〇一二年から東京で参加している、激化事件研究会の安在邦夫先生、高島千代先生、田﨑公司先生、横山真一先生をはじめとする方々には、研究報告や論文発表の場を与えて頂き、かつ貴重なご助言を賜った。著者が激化事件の顕彰運動について再検討するようになった一因はこの研究会での有益な議論だったように感じている。

さらに、著者の研究環境を支え続けた存在として、日本史研究会や明治維新史学会、名古屋の近現代史研究会などの存在も大きい。特に、近現代史研究会では後藤致人先生をはじめ、東海圏を中心に様々な研究者から貴重なご意見を承ることができたと思う。

本書刊行に至るまで、立命館大学では、谷口真康・奈良勝司の両氏、名古屋大学では堀田慎一郎・石川寛・関口哲矢・河西秀哉の各氏からそれぞれゼミや研究会の席上でご助言を頂いた。さらに、長屋隆幸・小山俊樹・吉田武弘の各氏には本書の校正にさいして多大なご助力を頂いた。お世話になった方々に心より御礼を申し上げたい。

二〇一一年に着任した高千穂大学商学部では、同僚の先生方の温かい支援を受けて研究を進め、本書第Ⅱ部に関する史料の多くを収集することができた。そして、二〇一四年に着任した中京大学文学部の諸先生方には、諸事親切に接して頂いている。あらためて御礼と感謝の気持ちを申し上げたい。

本書刊行にさいして、吉川弘文館の長谷川裕美氏のご尽力は必要不可欠であった。校務など諸事多忙の中、著者の原稿がなかなか進まなかった時も辛抱強くお待ち頂き、編集作業の中で適切なご助言を頂いた。この場を借りて、厚く御礼を申し上げたい。

最後に、私事にわたることをお許し願いたい。研究を志しながらも、歩みの遅い著者を支えてくれたのは、厳しく励まし続けてくれた父と優しく褒め続けてくれた亡き母、そして、弟と、祖父・祖母であった。また、妻も週末のたびにパソコンに向き合う夫を、温かい目で見守ってくれた。本書を今年生まれたばかりの娘を含めた、家族全員に捧げたい。

二〇一八年八月

中元崇智

人名索引

あ行

か行

さ行

た行

な行

は行

ま行

や行

わ行

著者略歴
一九七八年　兵庫県に生まれる
二〇〇〇年　立命館大学文学部史学科卒業
二〇〇七年　名古屋大学大学院文学研究科人文学専攻博士後期課程修了　博士（歴史学）
現在　中京大学文学部歴史文化学科准教授

〔主要論文〕
「日清戦争後における経済構想—金子堅太郎の『工業立国構想』と外資輸入論の展開—」（『史林』九一—三、二〇〇八年）
「板垣退助と戊辰戦争・自由民権運動」（『歴史評論』八一二、二〇一七年）

明治期の立憲政治と政党
自由党系の国家構想と党史編纂

二〇一八年（平成三十）十月一日　第一刷発行

著　者　中《なか》元《もと》崇《たか》智《とし》

発行者　吉　川　道　郎

発行所　株式会社　吉川弘文館
郵便番号一一三—〇〇三三
東京都文京区本郷七丁目二番八号
電話〇三—三八一三—九一五一（代）
振替口座〇〇一〇〇—五—二四四番
http://www.yoshikawa-k.co.jp/

印刷＝株式会社 三秀舎
製本＝誠製本株式会社
装幀＝山崎　登

ISBN978-4-642-03878-2